W0059949

DENN SIE WUSSTEN ZU VIEL ...

1. Auflage November 2008
2. Auflage Januar 2010

Copyright © 2010, 2008 bei
Kopp Verlag, Pfeiferstraße 52, D-72108 Rottenburg

Alle Rechte vorbehalten

Lektorat: Dr. Renate Oettinger
Umschlaggestaltung: Angewandte Grafik/Peter Hofstätter
Satz und Layout: Agentur Pegasus, Zella-Mehlis
Druck und Bindung: CPI – Clausen & Bosse, Leck

ISBN: 978-3-938516-80-5

Gerne senden wir Ihnen unser Verlagsverzeichnis
Kopp Verlag
Pfeiferstraße 52
D-72108 Rottenburg
E-Mail: info@kopp-verlag.de
Tel.: (0 74 72) 98 06-0
Fax: (0 74 72) 98 06-11

Unser Buchprogramm finden Sie auch im Internet unter:
www.kopp-verlag.de

Andreas von Rétyi

Denn
sie wussten
zu viel ...

Mysteriöse Todesfälle und
ihre wahren Hintergründe

KOPP VERLAG

Inhalt

Selbstgemordet

Anthrax

29. Juli 2008: Der führende Mikrobiologe und US-Regierungswissenschaftler Dr. Bruce Edwards Ivins stirbt unter mysteriösen Umständen. Angeblich Selbstmord. Schon länger litt der Forscher an depressiven Angstzuständen und wurde schließlich im Juli 2008 zur weiteren Behandlung in das *Frederick Memorial Hospital* in Frederick, Maryland, verbracht. Was nun geschah, entzieht sich jeder Einsichtnahme. Keinerlei Einzelheiten dringen nach außen. Nur so viel wird bekannt: Ivins habe sich mit einer Überdosis der Schmerzmittelkombination Tylenol und Kodein selbst getötet. Was aber trieb ihn in die Depression, was schließlich sogar in den Tod?

Der 62-jährige Bruce Ivins arbeitete an hoch sensitiven Regierungsprojekten. Als Mikrobiologe und Experte für Impfstoffe war er jahrelang leitender Forscher am medizinischen Institut für Infektionskrankheiten, das der US-Armee angehört. Hier, im *United States Army Medical Research Institute of Infectious Diseases* (USAMRIID) auf *Fort Detrick*, Maryland, arbeitete er auf dem Sektor der biologischen Kriegsführung und war als einer von wenigen Wissenschaftlern auf die gefährlichen Milzbrand-Erreger spezialisiert – Anthrax.

Dr. Bruce Edwards Ivins starb am 29. Juli 2008 im Frederick Memorial Hospital. *Angeblich Selbstmord.*

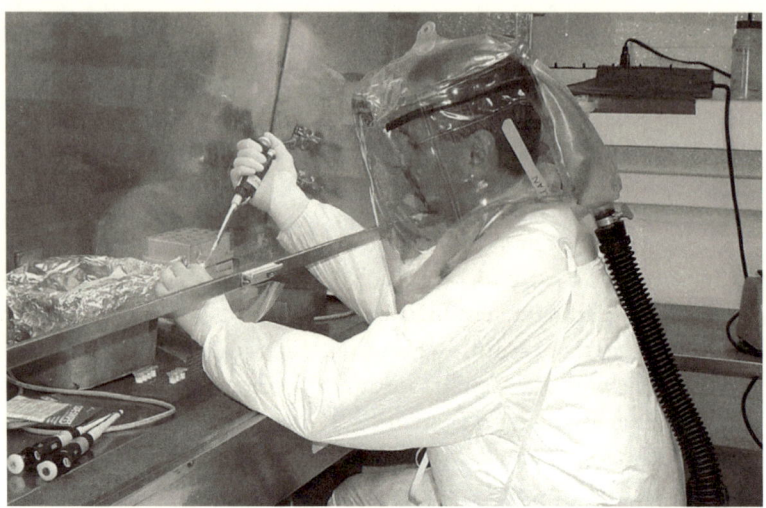

Ein Mikrobiologe bei der Arbeit in einem Sicherheitslabor des USAMRIID.

Allein dieser eine Begriff jagt beinahe jedermann sofort kalte Schauder über den Rücken. Milzbrand, eine schon seit biblischer Zeit bekannte Krankheit, die über die Haut, die Atmung oder das Verdauungssystem übertragen wird und unbehandelt innerhalb weniger Tage tödlich verläuft. Eine Krankheit, die vor allem seit dem Jahr 2001 viel diskutiert wurde, als mit Anthrax-Pulver infizierte Briefsendungen nach dem 11. September plötzlich in der Öffentlichkeit auftauchten.

Damals starben fünf Menschen. Der Terror, der mit den gewaltigen Angriffen auf New York und Washington eine bis dahin nicht gekannte Dimension erreicht hatte, kleidete sich unmittelbar darauf bereits wieder in ein neues Gewand. Auch wenn er Angst und Schrecken zwangsläufig stets im direkten Gefolge führte, erwies er sich in jenen Tagen so flexibel, so chamäleonartig und ungreifbar wie nie zuvor. Und niemand wusste, was als Nächstes geschehen würde. Fachleute waren verblüfft, wie in aller Welt das perfide Terrornetz der *al Qaida* in der Lage sein konnte, zwei hoch komplizierte geheime Angriffsprojekte so konsequent und wirksam auszuführen. Sowohl die diabolisch genial koordinierten Attacken auf den *World-Trade-Center*-Komplex in Manhattan und das Pentagon als auch der bald folgende Anthrax-Terror verlangten an sich ein Hintergrundwissen und technische Möglichkeiten, die der *al Qaida* nur wenige wirklich zutrauten. Biologische Kriegsführung erfordert auch im Falle des Milzbrand-Erregers etwas mehr als nur ein improvisiertes Kellerlabor. Die Herstellung von Anthrax als Biowaffe ist extrem aufwendig und kann ausschließlich in großen staatlichen Forschungsstätten realisiert werden, so versichern zahlreiche Fachleute.

Milzbrand-Sporen stammen aus dem Erdboden, sie werden vom Bakterium *Bacillus anthracis* gebildet und können auch unter sehr ungünstigen Bedingungen über Jahrzehnte oder gar Jahrhunderte in einem trügerischen Dornröschenschlaf friedlich ruhen, bis sie mit einem geeigneten Wirt zusammentreffen, der sie schnell wieder zu vollem Leben erweckt. 95 Prozent aller Infektionen treten beim Menschen über den Hautkontakt mit befallenem Gewebe auf. Über oberflächliche Verletzungen dringen die Erreger ein und verursachen die Bildung von Hautpusteln, die schließlich als schmerzhafte Geschwüre aufbrechen. Im Verdauungsystem verursachen die Anthrax-Erreger als Gastrointestinal-Milzbrand akute Entzündungen mit Fieber, Übelkeit, Erbrechen und Durchfall. Fast die Hälfte der Betroffenen stirbt inner-

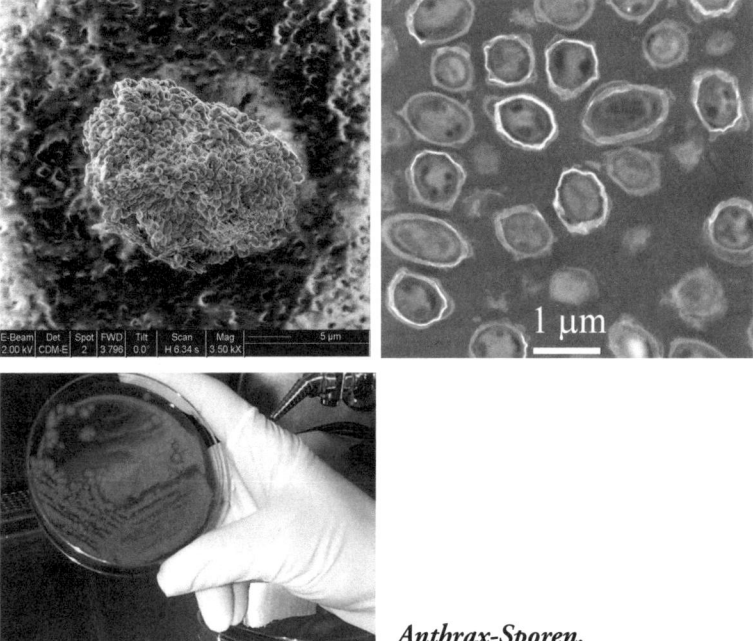

Anthrax-Sporen.

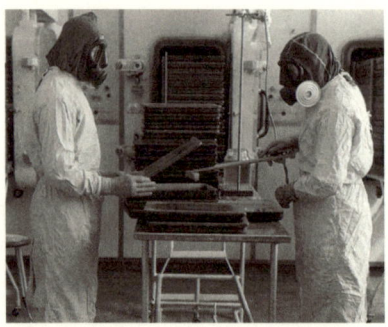

Was sich hier abspielt, ist weder eine Grillparty noch ein Kochkurs für Fortgeschrittene ...

halb kurzer Zeit. Infizierte müssen schnellstmöglich mit starken Antibiotika behandelt werden, Impfstoffe sind fast nirgendwo auf der Welt zugelassen. Denn ihre Wirkung ist noch umstritten, so heißt es. Das hält gefährdete Gruppen wie vor allem die Anthrax-Forscher selbst natürlich nicht davon ab, sich zu impfen. Der einzige in den USA lizenzierte Milzbrand-Impfstoff – *AVA/Biothrax* – stammt übrigens von der *BioPort Corporation (Emergent Biosolutions)*, die als Ableger der berüchtigten *Carlyle*-Gruppe sowohl mit der Familie von George W. Bush als auch mit der Bin-Laden-Familie verbunden ist.

Anthrax wird schon seit Jahrzehnten als biologischer Kampfstoff getestet. 1942 erlangte die kleine schottische Insel Gruinard fragwürdigen Ruhm, als Wissenschaftler des britischen Militärs dort einen speziellen Anthrax-Stamm sehr erfolgreich erprobten. Damals wurde die Insel zur Todeszone für sämtliche Säugetiere und konnte erst Jahrzehnte später entseucht werden.

Fort Detrick

Die Wissenschaftler verwendeten für ihre Experimente den Stamm »Vollum 14578«, benannt nach dem Oxford-Professor R. L. Vollum. Wenige Jahre später arbeitete der amerikanische Regierungswissenschaftler William A. Boyles mit dem gleichen Bakterienstamm, einem von insgesamt 89 Anthrax-Stämmen, und infizierte sich im Jahr 1951 versehentlich mit dem sehr virulenten Material. Kurz darauf starb er. Man entnahm seinem Körper Blutproben und isolierte daraus den Stamm Vollum 1B, wobei das »B« an Boyles erinnern soll. Boyles arbeitete in den Labors des USAMRIID, also genau wie viele Jahre später Bruce E. Ivins, der sich wie erwähnt angeblich im Sommer 2008 selbst das Leben nahm. Bevor wir uns diesem in vielfacher Hinsicht sehr mysteriösen Fall zuwenden, wollen wir noch einen Blick auf die Arbeitsstätte des Dr. Ivins werfen. Ein kurzer Abstecher ins USAMRIID dürfte sich lohnen.

Genau hier, in den Regierungslabors des USAMRIID auf *Fort Detrick*, sind offenbar alle Bedingungen erfüllt, um Anthrax zur hinterhältigen Biowaffe reifen zu lassen. Auf fünf Quadratkilometern Fläche finden umfangreiche biologische und medizinische Forschungen statt. *Fort Detrick* ist Heimstätte verschiedener regierungseigener Institute, vor allem aber der Armee-Forschungseinrichtung für Infektionskrankheiten, also genau jenes USAMRIID, sowie auch einer Filiale des Nationalen Krebsforschungsinstitutes NCI in Frederick County, Maryland.

Fort Detrick, heute mit rund 8000 Mitarbeitern der größte Arbeitgeber der Region, nimmt seinen Anfang in den 1930er-Jahren und wurde auf einstigem Ranchland errichtet. Der zentrale Bereich »Area A« bestand damals aus fünf Farmen – eine ländliche Idylle. Doch das Bild der reinen Unschuld sollte sich schon bald in ein recht kriegerisches wandeln. Nachdem dort ein kleiner städtischer Flughafen eingerichtet worden war, der zu Ehren des im Ersten Weltkrieg gefallenen Fliegerarztes Frederick L. Detrick benannt wurde, entstand im Zweiten Weltkrieg aus *Detrick Field* bereits das Hauptquartier der staatlichen Biolaboratorien: *Camp Detrick*. Bald befassten sich die Wissenschaftler dort mit recht üblen biologischen Bomben – krankheitserregenden Keimen verschiedenster Sorte. Alles natürlich mit Blick auf die Anwendbarkeit für biologische Kriegsführung, wie könnte es auch anders sein! Diese geheime Pathogen-Forschung stand unter Aufsicht von niemand Geringerem als George W. Merck. Nun, offenbar haben es die »George Ws« wirklich in sich – man »merckt« es immer wieder! Die namentliche Übereinstimmung mit dem mächtigen Pharmakonzern jedenfalls kommt nicht von ungefähr – der 1957 verstorbene George W. Merck war auch Präsident des Unternehmens. Und als Kopf des Geheimprojekts von *Camp Detrick* wohl ebenfalls enorm produktiv. Gerne kehrt man die guten Seiten der damaligen Aktivitäten hervor. Denn gleichsam als Nebenprodukte der Forschung fielen dabei verschiedene Antibiotika und andere Medikamente ab. Davon profitierte jedoch vor allem die Pharmaindustrie. Die freute sich auch über die Erkenntnisse zu Fermentiertechniken, wie sie im legendären

Gebäude 470 gewonnen wurden – dem »Anthrax-Turm«, einem mehrstöckigen Spezialbau, dessen Räume einem ständigen Unterdruck ausgesetzt waren, um bei Entweichen von gefährlichen biologischen Schwebstoffen immer einen Sog nach innen aufrechtzuerhalten. Nur so blieb gewährleistet, dass die Pathogene das Innere des Turmes nicht verließen, sollte versehentlich eine Verbindung zur Außenwelt entstehen. Anders als die vermeintlich menschenfreundlicheren Aspekte der Forschungen von *Fort Detrick* werden unschönere Geschichten doch eher unter den Teppich gekehrt, mitsamt dem bedrohlichen Mikrobenstaub. Kein Wunder, dass diese Teppiche irgendwann einer Berglandschaft ähnelten. So produzierte *Camp Detrick* während des Zweiten Weltkrieges immerhin 5000 Bio-Bomben, gefüllt mit Anthrax-Sporen. 1958 kam es zu einem Störfall, bei dem 8000 Liter einer flüssigen Anthrax-Kultur austraten. Ein Techniker wollte das verstopfte Ventil am Boden eines Fermentors öffnen und setzte die gefährliche Flüssigkeit dabei versehentlich frei. Angeblich blieb die Situation trotzdem unter Kontrolle, da Gebäude 470 entsprechend abgesichert war und die Flüssigkeit innerhalb eines abgeschlossenen Raumes aufgefangen werden konnte. Im selben Jahr starb dennoch ein Elektriker durch Einatmen von Anthrax-Sporen, ein anderer Todesfall trat 1964 ein, als sich ein Mitarbeiter mit bolivianischem Blutfieber infizierte. Keine Frage: Wer mit dem Feuer spielt …

Abgesehen davon gab es sogar Freiwillige, die sich als Kriegsdienstverweigerer und Pazifisten für biologische Experimente zur Verfügung stellten – im Rahmen der geheimen *Operation Whitecoat*. Als sich die Versuchsleiter allerdings weigerten, den Probanden genauere Informationen über die möglichen Risiken zu geben, verweigerten sie die Kooperation und gingen in einen Sitzstreik über. Das Militär ließ sich nicht beeindrucken und fand unter anderem in der religiösen Gruppe der *Seventh-Day-Adventists* neue Versuchskaninchen. Angeblich wurde niemand durch die Experimente geschädigt.

Aber wie lässt sich das noch nachprüfen?

Das Militär besaß von den rund 2300 Freiwilligen nur noch rund 1000 Adressen. Außerdem stellte der US-Bundesrechnungshof GAO in einem Bericht von 1994 fest, dass das Pentagon und andere US-Behörden zwischen 1940 und 1974 in Wirklichkeit mehrere hunderttausend Menschen für Tests mit gefährlichen Stoffen herangezogen haben. Doch was ist mit den Namen? Kaum jemand kennt sie, niemand nennt sie. Keiner kümmert sich mehr darum, zumindest nicht von Militär- und Regierungsseite.

Der »Anthrax Tower« wurde 2003 nach umfangreicher Dekontaminierung abgerissen. Doch die Forschungen zu effektiven Biowaffen werden auf dem riesigen Komplex fortgesetzt, der seit 1956 als *Fort Detrick* firmiert. Und über die Jahre ereigneten sich dort immer wieder mysteriöse Vorfälle.

Ohnehin ist diese Stätte sicherlich eine der unheimlichsten militärischen Forschungsanlagen der Ostküste. Zu diesem Ruf trug ganz bestimmt nicht zuletzt auch der russisch-deutsche Biologe Jakob Segal bei. Der 1995 verstorbene Professor behauptete steif und fest, das apokalyptische AIDS-Virus sei ein Kunstprodukt eben jener biologischen Horrorfabrik von *Fort Detrick*. Wenn das stimmte, hatten kranke Geister der geheimen Biolabors absichtlich ein unsichtbares Monster erschaffen, um die Welt zu dezimieren. Professor Robert Gallo, der berühmte Entdecker des für die tödliche Immunschwäche verantwortlichen HIV-Virus, soll laut Segal auch dessen Schöpfer gewesen sein. Demnach arbeitete Gallo 1978 in einem P4-Hochsicherheitslabor von *Fort Detrick* und kreuzte den Visna-Schafs-Virus mit dem menschlichen Virus HTLV-I, der für die T-Zellen-Leukämie verantwortlich ist. Andere sagen, das HIV-Genom stimme nicht mit dieser Darstellung überein, daher könne an der Geschichte auch nicht viel Wahres sein. Doch wie oft haben sich die Gelehrten schon gestritten – und dann traf gerade das Unwahrscheinlichste zu!

Ungeachtet dessen dürfen wir wohl getrost davon ausgehen, dass in den so besonderen Labors von *Fort Detrick* wohl so manch giftiger Cocktail gemixt wird und die vielen Köche dort auch so manch verderblichen Brei zusammenrühren. Wer sich in die Gefahr begibt, muss damit rechnen, in ihr umzukommen. Und wenn es nicht die Gefahr an sich ist, so mag das Wissen um sie bereits genügen. Wissen ist Macht, doch zu viel Wissen kann der Gesundheit durchaus abträglich sein. Wer zu viel weiß, den bestraft die Macht.

Tatsächlich gibt es unzählige Beispiele für mysteriöse Todesfälle, bei denen Spitzenwissenschaftler auf ungewöhnlichste Weise oder unter sehr merkwürdigen Umständen plötzlich aus dem Leben schieden. Meist waren sie aufgrund ihrer Tätigkeit auch erstrangige Geheimnisträger. Viele arbeiteten direkt für die Regierung. Dann waren sie tot. Und oftmals hieß es danach: ein klarer Fall, Selbstmord! Doch in Wirklichkeit spricht vieles dagegen. Solche klaren Fälle ereigneten sich auch auf *Fort Detrick*.

In Anbetracht der durchaus hohen Risiken, die mit vielen Arbeiten in einem derartigen Frankenstein-Labor verbunden sind, bleiben Unfälle gewiss nicht aus. Das erleichtert allerdings oft auch die recht unauffällige »Entsorgung« missliebig oder gar gefährlich gewordener Mitarbeiter, die letztlich zu Mitwissern wurden. Einige von ihnen wurden sogar zu Mitwissern an den verwerflichsten Verbrechen ihres Landes, ausgeführt von einer verantwortungslosen Regierung, der jedes Mittel recht ist, wenn es nur zum gewünschten Ziel verhilft.

Zimmer 1018A

Wir wissen nicht, ob der Tod des 46-jährigen William A. Boyles ein Unfall war oder Mord. Sie erinnern sich – jener Mann, der sich im Jahr 1951 in den Labors des USAMRIID/*Camp Detrick* mit dem Anthrax-Stamm »Vollum« infizierte und starb. Wir wissen auch nicht, was sich 1953 wirklich zutrug, als der Armee-Wissenschaftler Frank Olson starb, allerdings nicht an einer Mikrobeninfektion, sondern – angeblich – durch eigene Hand. Doch in diesem Fall belegen die Begleitumstände und vor allem die jahrelangen Nachforschungen der Familie ziemlich klar, dass Olson zu viel wusste, zum Sicherheitsrisiko wurde und deshalb »selbstgemordet« wurde.

Die Einfahrt zu Fort Detrick, so wie sie sich zur Zeit Dr. Olsons präsentierte.

Frank Olson arbeitete als Chemiker für die streng geheime *Special Operations Division* auf *Camp Detrick* und befand sich, wie erst viel später klar wurde, in einer leitenden CIA-Position für besondere Einsätze. In dieser Stellung arbeitete der Wissenschaftler an Biowaffen und an bewusstseinsverändernden Drogen. Forschungen zur Gedankenkontrolle wurden damals vor allem im Rahmen des mittlerweile weithin bekannten und berüchtigten CIA-Mind-Control-Projekts MKULTRA durchgeführt. Doch weit bedeutsamer und letztlich für Olsons Tod mitverantwortlich war sein Wissen um extreme Verhörmethoden im *Project Artichoke*.

New York, am frühen Morgen des 28. November 1953. Gegen halb zwei Uhr wird Armond Pastore, der leitende Nachtportier des angestammten *Statler Hotels* an der Ecke 7th Avenue, W 34th Street, durch einen schweren dumpfen Schlag aufgeschreckt. Das grauenerregende Geräusch kam von der Straße vor dem Hotel. Pastore hastet sofort nach draußen und findet seine unausgesprochene Befürchtung bestätigt. Vor ihm auf dem Bürgersteig liegt ein Mann mittleren Alters mit geborstenen Knochen flach auf dem Rücken. Die Beine sind völlig zertrümmert und stehen entsetzlich verrenkt ab. Für einen Moment blickt Pastore nach oben, folgt der hohen Fassade des Hotelgebäudes bis hinauf in den zehnten Stock, wo ihm eine aus dem offenen Fenster

gedrückte Jalousie auffällt. Der unglückliche Mann muss durch dieses Fenster gestürzt sein. Und er lebt noch! Röchelnd liegt er auf dem kalten Boden vor dem Portier, keucht blutend, versucht noch in diesen letzten Momenten etwas zu sagen. Doch seine Botschaft dringt nicht

Das Statler Hotel in New York heute. Am frühen Morgen des 28. November 1953 stürzte der Wissenschaftler Dr. Frank Olson aus dem zehnten Stock in die Tiefe. Sein Tod bleibt bis heute voller Rätsel.

durch, besteht nur aus den verzweifelten Lauten eines Sterbenden. Als die Polizei eintrifft, ist er tot. Zusammen mit dem Portier begibt sie sich in den zehnten Stock, Zimmer 1018A, das Unglückszimmer. Hier stoßen die Beamten auf einen Mann, der sich als Robert Lashbrook ausweist. Als sie den Raum betreten, finden sie ihn gerade auf der Toilette vor, den Kopf in die Hände gestützt. Hatte er denn überhaupt nichts mitbekommen? Wunderte er sich nicht, wo sein Zimmergenosse abgeblieben war? Stand er unter Schock? Wie er später aussagte, schlief er zum Zeitpunkt des Unglücks und wurde vom Krach des berstenden Fensterglases geweckt. Erst als er sah, dass das Bett neben dem seinen nun leer war, sei ihm klar geworden, was gerade geschehen sein musste.

Und trotzdem blieb er einfach auf dem Zimmer, alarmierte niemanden und ging zur Toilette?

Lashbrook erklärte, sofort bei der Rezeption angerufen zu haben. Vieles war in diesen Augenblicken völlig unklar und sollte es noch lange bleiben. Klar war nur, dass der Mann, der aus dem zehnten Stock in den Tod gestürzt war, niemand anderes gewesen ist als der Wissenschaftler Dr. Frank Olson. Die polizeilichen Ermittler schienen sich nicht weiter zu kümmern, wer jener Mr. Lashbrook war und warum er den Chemiker begleitet hatte. Auch Olsons Familie wurde lange Zeit absolut uninformiert gehalten – und das sehr bewusst. Erst viel später zeichnete sich ein deutlicheres Bild der Vorfälle ab, die schließlich zum Tod des Forschers führten. Von offizieller Seite ersetzte dabei eine Lüge die andere. Die Familie musste schon selbst aktiv werden, um den Fakten schließlich näherzukommen. Dabei hob sie nach vielen Jahren eine wahre Schlangengrube aus.

Doch bereits an jenem frostigen November Morgen hätte jeder nur einigermaßen aufmerksame Beobachter mysteriöse Umstände entdecken können, ja, hätte er nur gewollt. Schon das seltsam unbeteiligte Verhalten jenes Robert Lashbrook musste auffallen. Doch ganz so unbeteiligt schien er keineswegs gewesen zu sein. Zurück an der Rezeption erkundigte sich Armond Pastore bei der Telefonistin, ob sie vielleicht zufällig ein- oder ausgehende Anrufe von Zimmer 1018A mitbekommen habe. Tatsächlich hatte sie das, ob nun zufällig oder gewohnheitsmäßig, war jetzt eher zweitrangig. Pastore zeigte sich froh drüber, verlor kein weiteres Wort und hoffte, diese Telefonate würden einigen Aufschluss geben. Viel war nicht gesprochen worden, doch das Wenige schien Abgründe zu öffnen. In einem sehr kurzen Gespräch hatte eine Stimme lediglich gesagt: »Er ist weg« und erhielt darauf als Antwort: »Das ist wirklich schlimm!« Lashbrook gab zu, telefoniert zu haben, doch stritt er einen so zynischen Dialog ab. Und viel war ohnehin nicht von ihm zu erfahren. Augenscheinlich gab sich dann auch jeder der Anwesenden sofort mit den spärlichen Aussagen von Olsons mysteriösem Begleiter zufrieden.

Nachdem geklärt war, um wen es sich bei dem zu Tode gestürzten Mann handelte, informierten die Polizeibehörden zunächst seinen Vorgesetzten, Lieutenant Colonel Vincent Ruwet, der sich sofort zu Olsons Haus begab, um der Familie die Schreckensnachricht zu überbringen. In der Stille der Nacht brach plötzlich die ganze Welt zusammen. Alice Olson, die Frau des Verunglückten, weckte ihren ältesten, gerade einmal neunjährigen Sohn Eric und holte ihn mit ins Wohnzimmer, wo Ruwet saß und ihm nun zu erklären begann, dass sich etwas Schlimmes ereignet habe. Eric fühlte, wie sein Verstand zu revoltieren begann. Es war, als ob ihm ein Pfropfen mitten aus dem Gehirn herausgezogen worden wäre und ein wesentlicher Bestandteil seines Bewusstseins ausliof, so notierte er später einmal. Seine Mutter saß dem Colonel gegenüber auf einem Sofa. Wie die gefrorene Hülle ihrer selbst saß sie dort und starrte ins Leere, während Ruwet einige unklare Bemerkungen darüber vorbrachte, wie es zu allem gekommen war. »Gefallen oder gesprungen«, meinte er. »Ein Unfall.«

Bald darauf erfuhr Alice Olson in einem Gespräch mit jenem mysteriösen Mr. Lashbrook, er habe gesehen, wie Dr. Olson in voller Absicht aus dem Fenster gesprungen sei. Keineswegs also ein Unfall, sondern glatter Selbstmord! Genau die gleiche Geschichte hatte Lashbrook noch am selben Morgen einem Psychiater namens Dr. Robert Gibson erzählt.

Diese ersten Äußerungen Lashbrooks stehen in krassem Widerspruch zu seinen späteren Schilderungen. Denn wie schon erwähnt, behauptete er dann steif und fest, erst durch das Klirren der Fensterscheibe wach geworden zu sein. Doch wer überhaupt war jener seltsame Begleiter Dr. Olsons? Was hatte Lashbrook bei dem Psychiater zu suchen? Und was soll den Wissenschaftler in den Freitod getrieben haben?

Doctor thinks CIA man saw Olson fall to death

The Associated Press

A Maryland psychiatrist who was supposed to treat Fort Detrick biochemist Frank Olson for his reaction to government-administered LSD now says he believes a CIA scientist saw Dr. Olson plunge from a 13-story window in 1953 to his death.

Dr. Robert W. Gibson, former president of the American Psychiatric Association, told *The Associated Press* in a telephone interview Wednesday that he got a phone call the day after Dr. Olson's death from a man he believes was CIA scientist Robert V. Lashbrook.

At the time, Dr. Gibson was on the staff at Chestnut Lodge, a private psychiatric hospital in Rockville where Dr. Olson was scheduled to be taken for treatment after taking part in a CIA experiment using LSD.

"The man said that during the night, he had awakened and that his friend was standing in the middle of the room. He started to say something to him and as he did, Olson ran and hurled himself through the window.

"He said that he had died from the fall, and therefore, they would not be coming," Dr. Gibson said.

Dr. Gibson said he remembered the phone call after hearing recent news reports about a forensic investigation into Dr. Olson's death.

Dr. Lashbrook, who has said he was the only other person in the New York hotel room when Dr. Olson went out the window, has given conflicting accounts of the incident. He has said that he was sleeping and was awakened by breaking glass or a flapping window shade.

Reached at his home in Ojai, Calif., Dr. Lashbrook denied ever calling Chestnut Lodge and reiterated that he never saw Dr. Olson go out the window.

"I certainly never called anyone at Chestnut Lodge. That was completely out of my hands," Dr. Lashbrook said. "I think he's slightly mistaken."

Dr. Gibson, medical director and president of Sheppard and Enoch Pratt Hospital near Baltimore from 1963 to 1992, said the dramatic nature of the incident caused him to remember the telephone conversation.

Dr. Gibson said he explicitly remembers the person saying that he was in the hotel room and witnessed the death because he recalls wondering whether the man himself might need some help dealing with the death.

"This was such an extraordinary incident that it had to have been Lashbrook calling me," Dr. Gibson said. "There couldn't be a coincidence like that."

Forensic investigators exhumed Dr. Olson's body in June to look for evidence of foul play, but their results were inconclusive.

Der CIA-Mann Robert V. Lashbrook war in der Todesnacht Olsons anwesend. Doch während er anfangs behauptete, er habe Dr. Olson aus dem Fenster springen sehen, erklärte er später im Widerspruch hierzu, zu jener Zeit geschlafen zu haben und erst durch das Zerbersten der Scheibe aufmerksam geworden zu sein.

Funerals

Dr. Frank Olson

Memorial services and re-interment for Dr. Frank R. Olson, who died in 1953, will be held at 10:15 a.m. Friday, Aug. 9, in Mount Olivet Cemetery, Frederick. Those wishing to attend should assemble in front of Key Memorial Chapel.

Memorial services will be held at 11 a.m. Friday, at Frederick Presbyterian Church, West Second Street, Frederick, with the Rev. Ginger Memmott officiating.

Zeitungsnotiz zur bevorstehenden Beisetzung von Dr. Olson.

In den ersten Jahren nach dem tragischen Ende des Dr. Frank Olson rang seine Familie hilflos um Erklärungen. Sie betäubte sie sich auf unterschiedlichste Weise. Alice Olson erstickte die Erinnerungen an jene tödliche Nacht in Schweigen, doch die Selbstmordversion nahm sie niemandem ab. Vielleicht flogen sie düstere, wenn auch nur sehr vage Ahnungen an. Denn immer, wenn Eric sie fragte, was damals im zehnten Stock jenes Hotels wirklich geschehen war, antwortete sie stets nur: »Du wirst nie wissen, was sich in dem Zimmer ereignete« und verfiel wieder in ihr gewohntes Schweigen. Genauso schweigend zog sie sich ins Bad zurück, um dort von den Kindern unbeobachtet zur Flasche greifen zu können und die schon in den tiefsten Keller der Seele verbannten, doch immer noch bohrenden Fragen in Alkohol zu ertränken. Endgültige Antworten gab es doch ohnehin nicht! Und trotzdem waren sie da, die Erinnerungen und diese Fragen, die einfach nicht gehen wollten. Eric erklärte seinen jüngeren Geschwistern, ihr Vater habe einen »fatalen Nervenzusammenbruch« erlitten, ohne selbst eigentlich zu wissen, was darunter zu verstehen war. Und vor allem er, der Älteste, hörte nicht auf, sich den Kopf darüber zu zerbrechen, was in Zimmer 1018A geschehen war. Selbstmord? Ohne Abschiedsbrief, ohne irgendwelche Vorzeichen? Oder gab es sie vielleicht?

Ein Blitz aus heiterem Himmel

Dr. Olson kehrte am Freitag, dem 20. November 1953, eine Woche vor seinem Tod, von einem kurzen beruflichen Aufenthalt nach Hause zurück. Alice Olson bemerkte, dass ihr Mann still und in sich gekehrt war. Offenbar belastete ihn irgendetwas, das mit seiner Arbeit zu tun hatte. Jedenfalls sprach er wiederholt davon, einen »schrecklichen Fehler« begangen zu haben. Mehr war aber nicht herauszubekommen. Mrs. Olson bemühte sich zwar darum, doch vergebens. Ihr Mann schwieg, genau wie später sie selbst. Die Sache war ihm ernst genug, um nach diesem Wochenende sehr entschieden zu handeln. Gleich am nächsten Morgen rauschte Olson ins Büro seines langjährigen Freundes und Vorgesetzten auf *Camp Detrick* – Vincent Ruwet –, um den Dienst zu quittieren. Ruwet versuchte auf Olson einzuwirken und bat ihn, sich seine Entscheidung noch einmal reiflich zu überlegen. Also zog er unverrichteter Dinge ab, um jedoch gleich am nächsten Morgen wieder vorstellig zu werden, mit dem gleichen Ansinnen. Wieder bat er um Entlassung. Wie das Gespräch weiter verlief, bleibt ungewiss, doch in den nächsten Tagen ist Ruwet gemeinsam mit Olson in New York anzutreffen. Noch eine dritte Person ist dabei, jener Robert Lashbrook, ein Militärangehöriger von *Camp Detrick*. Beide begleiten Olson angeblich, um angesichts seiner seelischen Krise fachlichen Rat einzuholen. Viel später erst wird bekannt, dass er sich vier Tage lang einer psychiatrischen Analyse unterzogen haben soll und wohl geplant war, ihn unter Aufsicht eines nicht identifizierten »Doktor Fort« im *Chestnut-Lodge*-Sanatorium in Rockville, Maryland, unterzubringen. Um Olson kümmerte sich zunächst ein mehr als dubioser Psychiater – ein gewisser Harold Abramson, der in Manhattan und auf Long Island praktizierte. Zog Dr. Olson den Freitod vielleicht einem zermürbenden Klinikaufenthalt vor? Glaubte er, befürchtete er, auf immer eingesperrt zu werden? Hatte er vielleicht wirklich den Verstand verloren und sprang in geistiger Verwirrung aus dem Fenster? Jahrelang ließen sich keinerlei Anhaltspunkte finden, doch die Angehörigen zweifelten an der sehr knapp gehaltenen offiziellen Darstellung. An neue Informationen war aber einfach nicht zu kommen.

Bis zum 11. Juni 1975.

Damals erschien ein Bericht in der *Washington Post* – und schlug bei den Olsons wie ein Blitz aus heiterem Himmel ein. Was 22 Jahre zuvor geschehen war, tauchte völlig unerwartet aus der Vergangenheit auf und nahm wieder Gestalt an. Und gleich war da auch wieder das Geheimnisvolle deutlich zu spüren, das alles umgab, war die Lüge zu wittern, das Mysterium um den Tod eines namentlich Ungenannten,

Mit dieser Ausgabe der **Washington Post** *begann alles wieder von vorne – die Familie von Dr. Frank Olson erfuhr einige Neuigkeiten, wenn auch nicht die Wahrheit. Das Ganze war eine Deckgeschichte der Rockefeller-Kommission.*

bei dem es sich jedoch nur um Dr. Frank Olson handeln konnte.

Ein Großteil der Zeitungsseite war dem »REPORT TO THE PRESIDENT BY THE COMMISSION ON CIA ACTIVITIES WITHIN THE UNITED STATES« gewidmet. Das war die zweite »Rockefeller-Kommission«, ins Leben gerufen von Präsident Gerald Ford unter Leitung von Nelson Rockefeller, um eine scheinbar unabhängige Untersuchung von CIA-Aktivitäten durchzuführen und dabei auch eine mögliche Beteiligung des Geheimdienstes am Kennedy-Mord zu beleuchten. Die Kommission gelangte allerdings zu einem Negativ-Resultat – sprich: Die CIA hatte demnach nichts

mit dem Attentat zu tun. Dieses Ergebnis verwundert wohl kaum. Erstaunlicher waren dann schon die Informationen über einen ungewöhnlichen Selbstmord, zu finden auf der gleichen Seite der *Washington Post*. Unter der Überschrift »Selbstmord enthüllt« stießen die Olsons auf einen Text, der sämtliche Alarmglocken bei ihnen ins Schwingen brachte. Da hieß es:

»Ein ziviler Angestellter des Armee-Ministeriums nahm laut einem gestern veröffentlichen Bericht der Rockefeller-Kommission unwissentlich LSD als Teil eines Tests der *Central Intelligence Agency* und sprang nur eine Woche danach aus dem zehnten Stockwerk in den Tod.

Dem Mann war die Droge während seiner Teilnahme an einem Treffen mit CIA-Personal verabreicht worden, das an einem Testprojekt arbeitete, das die Anwendung von bewusstseinsverändernden Drogen an ahnungslosen Amerikanern und den Test neuer Abhörvorrichtungen durch Lauschangriffe auf Bürger beinhaltete, die sich nicht bewusst waren, abgehört zu werden.

›Jenes Individuum wurde bis zwanzig Minuten nach der Anwendung nicht darüber informiert, LSD verabreicht bekommen zu haben‹, sagt die Kommission. ›Es stellten sich ernste Nebenwirkungen bei ihm ein, worauf er mit einer CIA-Begleitung zur psychiatrischen Behandlung nach New York geschickt wurde. Einige Tage später sprang er aus einem Fenster im zehnten Stock und starb daran.‹« Das folgenschwere Experiment sei im Jahr 1953 durchgeführt worden. Zwar wurde der Name des ahnungslosen Probanden nirgends erwähnt, doch bestand kein Zweifel daran, dass es sich um Dr. Frank Olson gehandelt haben muss. Familie Olson war sich augenblicklich darüber im Klaren – ein ziviler Angestellter der Armee, die Depressionen, das Datum, der Sturz aus dem zehnten Stock! Nur kamen jetzt neue schockierende Informationen ans Licht, die der Geheimdienst sogar verblüffend freimütig zugab.

Der Zivilist Dr. Olson hatte an einem CIA-Treffen teilgenommen und bekam ohne sein Wissen LSD verabreicht. Und auch nach New York wurde er von der CIA begleitet. Das Experiment hatte fatale Auswirkungen, mündete dem Bericht zufolge im Selbstmord des Wissenschaftlers. Die Rockefeller-Kommission stellte noch fest, in den wenigen bei der CIA verbliebenen Aufzeichnungen zum Zwischenfall seien Hinweise darauf enthalten, dass Dr. Olson bereits seit längerer Zeit unter »emotionaler Instabilität« litt. Diese vermeintlich aufschlussreichen Rückblenden in die persönliche Geschichte eines Opfers zählen mit zum beliebten Repertoire geheimdienstlicher Täuschungen. Täuschung und Lüge waren die Schlagworte des Tages, als die Familie von Frank Olson den Bericht in der *Washington Post* las. Jahrelang waren die Angehörigen belogen worden, von den angeblich engsten Freunden. Vincent Ruwet hatte die Olsons nach dem Todesfall immer wieder aufgesucht, setzte sich mit Alice Olson zusammen, trank ein

Gläschen mit ihr und gab ihr die Möglichkeit, sich auszusprechen. Er hielt den Kontakt über Jahre hinweg, wurde zum offenbar vertrauenswürdigen Freund nicht nur der Mutter, sondern auch der drei Kinder. Jetzt bestätigte er ihnen, dass der ungenannte Mann tatsächlich Frank Olson war. Mehr noch, er gab zu, schon von Anfang an jedes Detail gekannt zu haben, das der Artikel preisgab. Doch hatte er die ganzen Jahre lang geschwiegen, nicht ein Wort kam über seine Lippen. Nichts über Drogen, nichts über ein CIA-Treffen und nichts über eine CIA-Begleitung nach New York. Wie sich erst später herausstellte, zählte es auch zu Ruwets Auftrag, den Kontakt zur Familie aufrechtzuerhalten. Eine reine Überwachungsaufgabe. Allan Dulles, der legendäre CIA-Chef jener Jahre, hatte ihm den Auftrag höchstpersönlich erteilt!

Möglicherweise hatte die Rockefeller-Kommission den Fall Olson nur deshalb offengelegt, weil sie ihr Negativergebnis zur CIA-Beteiligung am ungleich spektakuläreren Kennedy-Mord glaubhaft machen wollte. Das konnte die eine Seite der Medaille sein. Die andere aber trug ein riesiges Fragezeichen, ob nicht weit mehr hinter dem Fall Olson steckte und ob demnach die bisher bekannten »Fakten« auch tatsächlich der Wahrheit entsprachen. Jetzt erst begann die Sache wirklich ins Rollen zu kommen. Die Familie begann zu erkennen, dass Frank Olson in die Fänge eines brutalen Kraken geraten war und die wahre Geschichte unter einem mächtigen Cover gehalten wurde.

Die Familie war nicht einmal vorab darauf vorbereitet worden, dass im Zuge jener Ermittlungen der Rockefeller-Kommission auch neue Enthüllungen zum »Fall Olson« veröffentlicht würden. Gleich nachdem der Zeitungsbericht dann erschienen war, machte sich Olsons Tochter Lisa auf den Weg zu Ruwet, stellte ihn zur Rede und löste damit wohl mehr aus, als sie in diesem Augenblick je vermutet hätte. Erst stutzte der Colonel, gab ihr gegenüber dann aber zu, dass ihre Vermutung richtig war und es in dem Artikel tatsächlich um ihren Vater ging. Drei Jahre später war Lisa Olson tot. Sie starb zusammen mit Mann und Kind beim Absturz einer kleinen Propellermaschine. Der nächste Schicksalsschlag für eine wie vom Fluch getroffene Familie. Unfall oder späte Rache? Ein direkter Zusammenhang mit den früheren Geschehnissen und Lisas beherzter Konfrontation des Colonels lässt sich nicht nachweisen, doch bizarr und ungewöhnlich erscheint die so unglückliche Verkettung der Ereignisse allemal. Und

The Diplomat

MOTOR HOTEL

BOARDWALK AT 26TH STREET
OCEAN CITY, MARYLAND
289 7146

July 13, 1975

Mrs. Alice Olson
Frederick, Md

Dear Mrs. Olson,

After reading the newspaper accounts on
the tragic death of your husband, I felt com-
pelled to write you.

At the time of your husbands death, I was
the assistant night manager at the Hotel Statler
in New York and was at his side almost immediately
after his fall. He attempted to speak but his
words were unintelligible. A priest was summoned
and he was given the last rites.

Having been in the hotel business for the last
36 years and witnessed innumerable unfortunate in-
cidents, your husbands death disturbed me greatly
due to the most unusual circumstances of which you
are now aware.

If I can be of any assistance to you, please
do not hesitate to call upon me.

My heart felt sympathy to you and your family.

Sincerely,

Armond D. Pastore
General Manager

ADP:rw

Ocean City's Prestige Motel

*Armond Pastore, zur Zeit des »Selbstmordes« von Dr. Olson als
Manager im Statler Hotel tätig, schrieb 1975 voller Betroffenheit
an die Hinterbliebenen, nachdem er den erstaunlichen Bericht in
der Washington Post vorgefunden hatte.*

bestimmt gab es im Schattenreich so manchen, der am liebsten gleich die ganze »Olson-Bande« im Flugzeug gesehen hätte und sich nur fragte, warum nicht irgendwer schon viel früher für einen geeigneten Zwischenfall gesorgt hatte. Denn nun war es dafür zu spät. Die Geschichte begann jetzt, nach so vielen Jahren, mit Gewalt an die Öffentlichkeit zu drängen. Der Geist des toten Forschers schien nach Gerechtigkeit zu rufen.

Der Präsident gibt sich die Ehre

Mit den eigenartigen und schockierenden Enthüllungen des 11. Juni 1975 hatte für die Olsons eine neue Ära der Erkenntnis begonnen. Die vermeintlichen Neuigkeiten weckten den tief reichenden Verdacht, dass die wahre Geschichte damit noch längst nicht ans Licht gebracht worden war, sondern lediglich eine Lüge die nächste ablöste. Dieser Verdacht festigte sich zunehmend.

Doch schon die neue offizielle Version belegte ein CIA-Verschulden am Tod des Wissenschaftlers. Niemand bestritt das. Damit war auch klar: Die Familie hatte Anspruch auf eine Entschädigung.

Am 10. Juli 1975, also rund einen Monat nach der *Washington-Post*-Story, meldeten sich die Olsons zu Wort, um nun auch der Öffentlichkeit den Namen jenes Wissenschaftlers zu nennen. Die Familie hatte sich zu einer Pressekonferenz entschlossen, die sie im Garten hinter dem privaten Anwesen abhielt. Schon am nächsten Tag erschien ein ausführlicher Artikel in der *New York Times*. Nun sah auch die Gegenseite Handlungsbedarf, denn die Pferde waren scheu gemacht – zuerst war die Familie selbst aufgerüttelt worden, anschließend die Öffentlichkeit. Und nur zwei Wochen nach der familiären Stellungnahme standen die Olsons nunmehr Präsident Gerald Ford gegenüber, im *Oval Office* des Weißen Hauses! Der US-Präsident entschuldigte sich persönlich bei der Familie! Er bezeugte Sympathie und Mitgefühl des amerikanischen Volkes und entschuldigte sich im Namen der US-Regierung.

Der Journalist Michael Ignatieff, der seit seiner Studienzeit eng mit Frank Olson befreundet war, sieht in der formellen Entschuldigung eines US-Präsidenten das »ultimative Sakrament amerikanischer Hei-

```
HONDRLYOHSB4 ··········· ···
2-0HH9402E274002 10/01/75
ICB IPHHYZZ CSP
  1 3013717508 MGM TDMT FREDERICK MD 10-01 0923P EST
ZIP 21701
```

western union Mailgram

```
ALICE OLSON
RT 5 BOX 47
FREDERICK MD 21701




THIS MAILGRAM IS A CONFIRMATION COPY OF THE FOLLOWING MESSAGE:

 3013717508 MGM TDMT FREDERICK MD 313 10-01 0923P EST
ZIP
PRESIDENT GERALD FORD
CARE OF RODNEY HILLS COUNSEL TO PRESIDENT
WHITE HOUSE
WASHINGTON DC 20500
OCTOBER 1 1975

DEAR MR PRESIDENT,

WE UNDERSTAND THAT OUR FINANCIAL CLAIM MADE FOR FRANK OLSON'S DEATH HAS
BEEN REFERRED TO THE WHITE HOUSE. IN LIGHT OF WHAT WE FEEL TO HAVE BEEN
A VERY SATISFACTORY MEETING WITH YOU THIS SUMMER, WE WOULD LIKE AGAIN
TO CONVEY DIRECTLY TO YOU OUR THOUGHTS ON THIS MATTER.

THERE IS NO DOUBT AS TO THE EGREGIOUSNESS OF THE AMERICAN GOVERNMENT
WRONGDOING BOTH IN THE ORIGINAL CONDUCT OF THE LSD EXPERIMENT ON FRANK
OLSON AND THE CONCEALMENT OF THE TRUTH FOR 22 YEARS. THIS INCIDENT MUST
CONSTITUTE ONE OF THE MOST FLAGRANT VIOLATIONS OF THE RIGHT OF AMERICAN
CITIZENS IN RECENT HISTORY, AND WE BELIEVE WE ARE ENTITLED TO
SUBSTANTIAL COMPENSATION FOR OUR SUFFERING. BUT BEYOND OUR OWN
RECOMPENSE FOR THIS INCIDENT IT IS OUR STRONG WISH THAT THE MEANING OF
FRANK OLSON'S LIFE MAY NOW BE EXTENDED THROUGH GOOD WORK UNDERTAKEN IN
HIS NAME.

WHEN OUR CASE IS RESOLVED WE HOPE TO BE IN A POSITION TO MAKE A VERY
SUBSTANTIAL CONTRIBUTION TO THE ESTABLISHMENT OF A CENTER FOR THE
TREATMENT OF ALCOHOLICS IN OUR COMMUNITY. THE STRUGGLE AGAINST
ALCOHOLISM WAS ONE OF THE BATTLES OUR FAMILY HAD TO WAGE IN THE
AFTERMATH OF FRANK OLSON'S DEATH. IT IS OUR WISH THAT AN ALCOHOL
TREATMENT CENTER MAY BE ENDOWED IN FRANK OLSON'S NAME SO THAT THE
INCREASINGLY VITAL WORK OF ALCOHOL REHABILITATION MAY BE CARRIED ON AS
AN EXTENSION OF OUR FATHER AND HUSBAND'S TRAGICALLY SHORTENED LIFE.

WE BELIEVE THAT THERE IS JUSTICE IN OUR SEEKING TO BE IN A POSITION TO
MAKE A MAJOR CHARITABLE CONTRIBUTION IN FRANK OLSON'S MEMORY.

SINCERELY,
```

Diese und nächste Seite oben: Dieses Telegramm schickte die Familie Olson am 1. Oktober 1975 an Präsident Gerald Ford, der sie zu einer formellen Entschuldigung ins Weiße Haus eingeladen hatte, da Dr. Frank Olson einem LSD-Experiment der CIA zum Opfer gefallen sei. Doch die ganze Wahrheit kannte die Familie damals noch nicht.

```
PAGE 2                    LU LU Mailgram [US Postal Service logo]
                          western union
```

```
ALICE W OLSON
ERIC W OLSON
LISA OLSON HAYWARD
NILS W OLSON
RT 5 BOX 47
FREDERICK MD 21701

21:23 EST

MGMBALT MSB
```

lung«. Eine Fotografie dokumentiert, wie der Präsident die Hand der bewegten Alice Olson schüttelt. Doch längerfristig war in dieser Angelegenheit ein feuchter Händedruck einfach zu wenig, auch wenn er vom Präsidenten selbst stammte. Nach dem 17-minütigen Gespräch hatte sich im Grunde auch nicht viel geändert. Doch die nächste Überraschung stand bereits kurz bevor. Denn eine Woche nach der Einladung ins Weiße Haus öffnete sich eine Tür in die höchste Etage der CIA-Zentrale in Langley, Virginia. Dort trafen die

Die Familie Olson bei Gerald Ford. Der US-Präsident entschuldigt sich offiziell im Namen der Vereinigten Staaten von Amerika und reicht Alice Olson die Hand.

Olsons auf den damaligen CIA-Direktor William Colby, der 20 Jahre
später selbst eines äußerst mysteriösen Todes starb. Colby lud die
Familie zu einem Gespräch beim Lunch ein und nimmt später in
seinen Memoiren noch einmal Bezug auf jene Begegnung, die er
erstaunlicherweise als »eine der schwierigsten Aufgaben, die ich je
hatte« bezeichnete. Kaum vorstellbar: Der hartgesottene Chef des
mächtigen US-Auslandsgeheimdienstes nennt das Gespräch mit den
Angehörigen eines vor vielen Jahren verstorbenen Armee-Wissenschaftlers gleichsam eine seiner größten Herausforderungen! Natürlich hatte
die CIA mittlerweile ihre Schuld in dieser Sache eingestanden; doch
was bedeutet in den Augen solcher Leute ein Toter? Und wieso ließ sich
Colby überhaupt zu einem persönlichen Treffen herab? Wieso gab sich
sogar der US-Präsident selbst die Ehre? Die Familie staunte nicht
minder über diese Einladungen. Und kam zur einzig logischen
Schlussfolgerung: Die wahre Geschichte musste noch eine ganz andere
sein, hier steckte weit mehr dahinter als ein LSD-Experiment mit
Todesfolge. Jetzt ging es um Schadensbegrenzung, darum, der Familie
gegenüber Anteilnahme zu zeigen, ihr eine Kompensation zukommen
zu lassen, sie ruhig zu stellen und sie gleichzeitig zu überprüfen sowie
weitere Desinformation zu säen. Die alte Methode: Man gibt eine
kleine Schande zu, um die große Schande zu verbergen.

Die Familie wusste nicht einmal, wofür genau die Entschuldigun-
gen des US-Präsidenten und des CIA-Chefs ausgesprochen wurden.
War das nun für das verwerfliche Drogenexperiment, für die fahrlässi-
ge medizinische Behandlung durch den obskuren New Yorker Psychiater, für die Unterbringung des vermeintlich psychotischen Forschers in
einem Hotel anstatt in einem Hospital, für die mangelnde Aufsicht
durch die für Olson abgestellte Begleitung, die im entscheidenden
Moment angeblich schlief, für das Verschweigen der Wahrheit seit
1953 oder dafür, die Familie nicht informiert zu haben, bevor die
Geschichte in abgewandelter Form 1975 an die Öffentlichkeit kam?

Und wie sich zeigte, wollte das Lügen kein Ende finden.

William Colby gab sich offen wie einer, dem Geheimnisse fremd
sind. Gegen Ende des Mittagessens händigte er der Familie, die zusammen mit zwei Anwälten anwesend war, einen Packen Dokumente aus –
vorgeblich der komplette CIA-interne Aktenbestand zu Dr. Frank
Olsons Tod. Fotokopien natürlich. Wie sich später herausstellte, waren

William Colby, CIA-Chef zwischen 1973 und 1976, übergab den Olsons einen Papierstoß und beteuerte, dies sei die gesamte Akte zum Todesfall ihres Angehörigen. Das Material war stark zensiert – und längst nicht alles, was in der CIA hierzu schlummerte. Colby selbst starb 1996 unter höchst mysteriösen Umständen.

weder diese Unterlagen noch Colbys Aussagen vollständig. Das Material war deklassifiziert und zuvor stark redigiert worden, bestand aus Fragmenten und unverständlichen Codes. Projektnamen wie *Artichoke* oder *Bluebird* tauchten häufiger in den Papieren auf. Was enthielten sie aber zu jener Vorgeschichte, die schließlich zum Tod Olsons führen sollte?

Beim Durchforsten des mehr als daumendicken Stoßes fanden sich ziemlich genau die Informationen wieder, wie sie bereits von der *Washington Post* oder der *New York Times* verbreitet worden waren. Und doch nahmen die alten, traurigen Zeiten erneut sehr plastisch Gestalt an, wurden Erinnerungen wieder wach und verblichene Bilder noch einmal lebendig. Wie oft hatte Eric Olson sich vorzustellen versucht, was sich dort oben, in Zimmer 1018A abgespielt hatte; was seinem Vater wirklich widerfahren war! Immer wieder grübelte er über dessen letzten Tage und Stunden nach, wie es wohl dazu gekommen und warum sein Vater überhaupt in diese schreckliche Situation geraten war. Da wechselten sich schemenhafte Bilder von fragwürdigen psychiatrischen Behandlungen und düsteren Räumen ab, kreisten die Gedanken um schattenhafte Gestalten und finstere Motive. Nun waren neue Bilder hinzugekommen, doch immer noch blieben den ewig fragenden und suchenden Hinterbliebenen nichts als verschwommene Szenen, geradezu zwanghaft von Fantasie vervollständigt. Doch wie lief das alles wirklich ab, draußen im abgelegenen, ländlichen Maryland? Hier, im *Deep Creek Lodge*, trafen sich die CIA-Leute mit den Wissenschaftlern von *Camp Detrick* am 19. November 1953. Eine Woche noch hatte Dr. Olson auf dieser Welt.

»*Lassen Sie mich doch einfach verschwinden!*«

Eric durchstöberte die Dokumente und suchte nach Antworten, nach aufschlussreichen Passagen, welche die Zensoren vielleicht übersehen haben mochten. Seine Augen wanderten aufmerksam über die Zeilen. Manchmal hielt er inne, blickte versonnen auf, starrte ins Leere, um im Geiste genau dort zu sein, im Jahr 1953, im *Lodge*. Aus den CIA-Papieren geht hervor, dass CIA-Chemiker Sidney Gottlieb ebenfalls anwesend war, ein Besessener, der die Grenzen des menschlichen Geistes ergründen wollte. Er sollte als derjenige Mann in die CIA-Geschichte eingehen, der dem Geheimdienst das LSD brachte. Und er brachte es auch Dr. Olson. Der Besessene versetzte Olsons unbeobachtet auf dem Tisch stehendes Cointreau-Glas mit einer Dosis LSD, so heißt es in den Papieren. Nach 20 Minuten begann sich der Bewusstseinszustand von Olson merklich zu ändern, erste leichte Symptome von Orientierungslosigkeit setzten ein. Jetzt enthüllten ihm die CIA-Leute, etwas in seinen Drink getan zu haben.

Am nächsten Tag war der Forscher wieder zu Hause. Es war jener Tag, an dem er seiner Frau gegenüber von dem schrecklichen Fehler sprach, den er begangen habe, ohne aber Näheres zu sagen. Doch mit sehr hoher Wahrscheinlichkeit hatte er nicht das Treffen in Deep Creek damit gemeint.

Die folgenden Tage war Dr. Olson bekanntlich zwangsweise mit Vincent Ruwet und Lashbrook unterwegs, vorgeblich ebenfalls ein ziviler Chemiker auf *Camp Detrick*. Doch seit 1975 wussten die Olsons, dass er tatsächlich ein CIA-Agent war, ein Verbindungsmann auf dem Camp. Auch der schon mehrfach erwähnte New Yorker Psychiater Harold Abramson wurde von der CIA finanziert – um LSD-Experimente durchzuführen, Mind Control. Abramson hatte sich wegen seiner mangelnden Moral bereits die Verachtung etlicher Fachkollegen zugezogen und galt als »Psycho-Dracula«. Der LSD-Arzt kannte natürlich auch ein probates Mittel, um den Wissenschaftler ruhig zu stellen: eine Mixtur aus Nembutal und Bourbon.

Nembutal ist ein Barbiturat, das in Beruhigungsmitteln verwendet wird, zahlreiche Nebenwirkungen zeitigt und in Kombination mit Alkohol schnell bedrohlich werden kann. Im mysteriösen *Bohemian Grove*, einem verborgenen Treffpunkt der vorwiegend amerikanischen

Macht-Elite tief in den kalifornischen Mammutwäldern, pflegt man den Brauch, während der geheimen mitsommerlichen Zusammenkünfte einen Nembutal-Drink zu sich zu nehmen. Dieser Cocktail besteht aus warmem Rum, Kakao und einer Dosis des weißlichen Pulvers. Wer sich darauf nicht versteht, sollte besser die Finger davon lassen – Nebenwirkung: Tod. Im Grove löst man sich gemeinschaftlich von allen Problemen, verbrennt die Sorgen dieser Welt in einer Zeremonie, die vor einer gewaltigen Eulenskulptur abgehalten wird, und vollführt Rituale von unübersehbar okkultem Charakter. Durchaus gut informierten Quellen und dokumentierten Zeugenaussagen zufolge finden in abgelegenen Bereichen des rund 1000 Hektar großen Privatgeländes sogar echte Opferriten statt, im Kult von Kanaan und im Moloch-Opfer. In den 1980er-Jahren eingeleitete Ermittlungen endeten in einer Sackgasse, im Nirgendwo. Vielleicht kommt die Wahrheit auch hier irgendwann ans Licht, doch schon im Einzelfall Olson zeigt sich, wie erst mühsam Schicht um Schicht weggekratzt werden muss, bis das alte Originalgemälde wieder zum Vorschein gelangt, das zumeist in den düstersten Farben angelegt ist.

Eric Olson, der selbst ein *Harvard*-Studium in klinischer Psychologie absolviert hatte, vermochte sich bestens in die grundsätzliche Situation hinzudenken, in der sich sein Vater befand, nur fehlten ihm immer noch die Spuren, die zu den Anfängen des Desasters führten. Ruwet und Lashbrook schleppten Dr. Frank Olson auch zu dem bekannten US-Magier John Mulholland, einer schillernden Persönlichkeit, die vom damaligen CIA-Boss Allan Dulles unter anderem dafür bezahlt wurde, geeignete Tricks auszuklügeln, mit denen man diversen ahnungslosen Opfern unbemerkt Drogen und Gift beibringen konnte. Mulholland sollte Olson offenbar hypnotisieren, um tiefer in sein Bewusstsein einzudringen, doch der geplagte Wissenschaftler war zu aufgebracht. Wie Ruwet der CIA mitteilte, fragte ihn Olson wütend: »Was steckt dahinter?« und verlangte endlich Aufklärung. »Was versuchen Sie mit mir anzustellen? Überprüfen Sie mich aus Sicherheitsgründen? … Lassen Sie mich doch einfach verschwinden!«

Den CIA-Dokumenten zufolge verbrachte Olson eine qualvolle Nacht, in der er ziellos durch die Straßen New Yorks irrte und unterwegs seine Brieftasche ebenso wie all seine Ausweise einfach wegwarf. Demnach war er offenbar wirklich übergeschnappt. In seinem Zustand habe er sich nicht nach Hause getraut und nahm mit Lashbrook ein spärliches »Dinner« aus dem nächsten Automaten ein. Aufgrund all der Vorfälle habe man sich am folgenden Morgen entschlossen, Olson einzuweisen. Der aber schien mittlerweile deutlich gefasster – oder aber die CIA-Dokumente überzeichneten seine nervliche Verfassung ganz wesentlich. Jedenfalls rief Olson noch am Abend seine Frau an. Er berichtete ihr, sich nun besser zu fühlen und auf das Wiedersehen am nächsten Tag zu freuen. Dazu sollte es dann aber bekanntlich nicht mehr kommen.

In dem von Detective James W. Ward verfassten Polizeibericht zum Tod von Dr. Olson, der zu einem Arztbesuch nach New York gekommen sei, wird sein Begleiter Robert Lashbrook als beratender Chemiker beschrieben, der wie Dr. Olson für das Verteidigungsbüro des Kriegsministeriums arbeite. Von der CIA war an dieser Stelle und zu diesem Zeitpunkt natürlich überhaupt keine Rede! Ward notierte Lashbrooks Aussage, bei Olson seien schwere Psychosen und Wahnvorstellungen diagnostiziert worden. Eine schnellere, praktischere und vor allem noch weniger nachprüfbare Erklärung für den vorgeblichen Suizid konnte es wohl kaum geben.

Ward berichtete, dass Olson und Lashbrook am fraglichen Abend zusammen im *Café Rouge* des *Statler Hotel* zu Abend aßen, dann gegen 21.30 Uhr das Zimmer aufsuchten und dort noch rund eine Stunde fernsahen. Gegen drei Uhr zwanzig morgens sei Lashbrook vom Geräusch berstenden Glases geweckt worden. Als er das leere Bett und das zerbrochene Fenster sah, habe er an der Rezeption angerufen und erfahren, dass Olson aus dem Fenster gesprungen war. Diese Information stimmte überhaupt nicht mit Lashbrooks früheren Schilderungen überein, wie er sie im Gespräch mit Alice Olson geäußert hatte. Dabei erzählte ihr der einzige Zeuge, gegen halb zwei Uhr nachts aufgewacht zu sein und gesehen zu haben, wie Olson vollen Anlauf auf das Fenster nahm. Lashbrook habe gesehen, wie sein Zimmergenosse daraufhin durch das geschlossene Fenster und eine heruntergezogene Jalousie raste und in die Tiefe stürzte.

Eine Nacht im Todeszimmer

Schon die Schilderungen aus den 1950er-Jahren weichen voneinander ab. 1975 folgte dann die nächste Variante. Die CIA lehnte allerdings die offizielle Darstellung eines durch LSD angeregten Selbstmordes ab. Lashbrook, der angeblich längst aus der geheimdienstlichen Tätigkeit ausgeschieden war, erklärte der *New York Times* entgegen den Feststellungen der Rockefeller-Kommission, das LSD-Experiment von Deep Creek habe mit vollem Wissen von Olson stattgefunden. Als seine Angehörigen ihn im gleichen Jahr aufsuchten, blieb er bei seiner zweiten Version. Den Todessprung hatte er demnach nie mit eigenen Augen gesehen.

Spymaster Sydney Gottlieb, ein lebenslanger Stotterer, hatte sich in die Ostküstengemeinde Culpeper zurückgezogen, wo er sich mit ökologischen Denkweisen, Volkstanz, Ziegenzucht und dem Sinn des Daseins beschäftigte. Er kümmerte sich um todkranke Patienten und hatte bis zu seinem eigenen Verscheiden im Jahr 1999 noch genügend Prozesse der Überlebenden seiner geheimen Experimente am Hals. Auch ihn suchten die Olsons während ihrer Wahrheits-Odyssee auf, doch ließ der alte Mann sie abblitzen, freundlich, aber bestimmt. Eric blieb nichts, als resigniert einzugestehen, dass dieser Weltklasse-Geheimdienstler ihn völlig in den Schatten gestellt hatte. Gegen diese »Brüderschaft des Schweigens« war einfach nichts auszurichten.

Dr. Abramson lehnte jeglichen Kommentar zum vermeintlichen Olson-Selbstmord ab, und der alte Freund Vincent Ruwet hüllte sich nicht minder in Schweigen.

Die Familie des »psychotischen« Wissenschaftlers verklagte die Regierung auf Irreführung hinsichtlich der Todesursache und erhielt eine Abfindung von 750 000 US-Dollar. Das waren 500 000 Dollar weniger, als das Weiße Haus und die CIA ursprünglich selbst nahegelegt hatten und angeblich auch erwirken wollten. Eine einzige Stimme im Kongress entschied jedoch dagegen und bedingte damit die starke Herabsetzung der Entschädigung, die erst ausgezahlt wurde, nachdem die Familie schriftlich auf ihr Recht verzichtet hatte, die Regierung juristisch weiter zu belangen. Zumindest in dieser Hinsicht konnte der Fall zu den Akten gelegt werden. Doch die Wahrheit war noch längst nicht heraus. Der Familie war zunehmend klar, dass weder die Story von 1953 noch die von 1975 wirklich einen Sinn ergab. Und immer noch stand Eric Olson ratlos vor seiner alten Kernfrage: »Was geschah damals in Zimmer 1018A wirklich?« An einen Selbstmord glaubte er nicht, doch warum sollte die Regierung einen Armee-Wissenschaftler umbringen, dem unwissentlich LSD verabreicht worden war? Hier klaffte eine gewaltige Lücke zwischen Sein und Schein, zwischen den offiziellen Darstellungen und dem, was damals geschehen sein musste.

1978, also recht bald, nachdem die Familie die Entschädigungssumme erhalten hatte, veröffentlichte William Colby seine Memoiren und enthüllt darin, dass Dr. Olson in Wirklichkeit für die CIA arbeitete. Die Geschichte wurde immer unheimlicher. Im gleichen Jahr kam Lisa Olson ums Leben. Eric wollte gleichsam dem Fluch ausweichen und ging für eine Weile nach Schweden, kam dann aber 1984 in die USA zurück, um endlich und ein für allemal die ganze Wahrheit herauszufinden. Sein erster Weg glich dem berühmten Gang nach Canossa. Nur dass *Canossa* jetzt *New York* hieß!

Eric stand an der Ecke 7th Avenue, W 34th Street, unweit des Broadway. Vor ihm erhob sich die ehrwürdige Fassade des *Statler Hotel*. Er stand jetzt genau an der Stelle, an der sein Vater vor vielen Jahren den Tod gefunden hatte.

Stille im Lärm der Stadt. Ein Moment für die Ewigkeit. Eric hielt noch kurz inne, atmete tief durch und betrat dann die Lobby. Mit klopfendem Herzen näherte er sich der Rezeption: »Ist Zimmer 1018A frei?«, fragte er, innerlich bebend. – Der Angestellte reichte ihm den Schlüssel. Als sich der Lift in Bewegung setzte und nach oben fuhr, gemahnte jeder einzelne Meter zunehmend an den fatalen Todessturz. Wieder waren jene Augenblicke so nahe. Die Atmosphäre war wie elektrisiert, als Eric den Fahrstuhl verließ und schließlich vor jener *einen* Tür stand. Zögernd steckte er den Schlüssel ins Schloss, öffnete und – nie hätte er damit gerechnet: Schon ein einziger Blick genügte, um Gewissheit zu erhalten, dass die offizielle Geschichte eine gemeine und dreckige Lüge war. Lashbrook hatte gelogen, alle hatten gelogen!

Der Raum war viel zu klein, als dass es möglich gewesen wäre, genügend Anlauf für einen Sprung durch das geschlossene Fenster zu nehmen! Da war das hohe Fenstersims, da war der alte breite Heizkörper, der überwunden werden musste. Den Ermittlern aber schien das 1953 alles völlig entgangen zu sein. Eric sah nun klar: Sein Vater wurde ermordet; ob es nun Lashbrook war, der ihn hinaus stieß, oder jemand anderes, es war eindeutig Mord.

Eric verbrachte eine unwirkliche Nacht im Todeszimmer. Er war beruhigt und beunruhigt zugleich, denn nun kannte er die erschreckende Wahrheit, die er so lange schon geahnt hatte. Nein, er zweifelte nicht mehr. Doch immer noch fehlte ein gültiger Beweis.

Auch in den kommenden Jahren ließ Eric der Tod seines Vaters nicht los. Wirklich zu arbeiten vermochte er nicht. Vielmehr reiste er umher, knüpfte neue Kontakte, suchte nach weiteren Hinweisen und Informationen, die ihm mehr über die geheime Tätigkeit von Dr. Frank Olson verraten würden. Hier musste der eigentliche Schlüssel zu finden sein. Es war an der Zeit, die nächste Schicht von jenem mehrfach übertünchten Gemälde abzuschaben. Und der Lügen-Firnis wurde stetig dünner.

Nach und nach brachten die privaten Recherchen neue Details ans Licht. Die Selbstmord-Variante wurde dabei immer unwahrscheinlicher.

Der tödliche Fehler

Mysteriös und doch erhellend waren Einträge im Reisepass. Daraus ging hervor, dass Dr. Olson sich im Sommer 1953 in Schweden, Deutschland und Großbritannien aufhielt. Er war aktiv, keineswegs untätig und lethargisch. Was aber führte ihn nach Europa? Antwort darauf erhielt Eric bei dem britischen Journalisten Gordon Thomas, der auch mehrere Bücher über Geheimdienste verfasst hatte. Er wusste aus erster Hand, dass Dr. Olson vertrauliche Gespräche mit dem Psychiater William Sargant geführt hatte, der den britischen Geheimdienst hinsichtlich verschiedener Techniken zur Gehirnwäsche beriet. Er erzählte ihm, in der Nähe von Frankfurt/Main geheime Forschungs- und Testeinrichtungen besucht zu haben, die von den Amerikanern und Briten gemeinsam betrieben wurden. Gordon Thomas war überzeugt, dass hier Wahrheitsseren ausprobiert wurden, an »entbehrlichen« Menschen, an ehemaligen Nazis und gefangen genommenen russischen Agenten.

CIA-Mann Olson eröffnete Sargant damals, Zeuge schrecklicher

Vorgänge geworden zu sein. In dieser Stunde, die er dem britischen Arzt gegenübersaß, machte Dr. Olson den größten Fehler seines Lebens. Einen tödlichen Fehler. Sargant hörte aufmerksam zu, was ihm der junge Wissenschaftler in all seiner Betroffenheit zu berichten hatte, und wollte mehr wissen. Olson erzählte also weiter und äußerte seine Bedenken. William Sargant merkte sich genau, was sein Gegenüber sagte – und leitete die Informationen brühwarm an den britischen Geheimdienst weiter. Seines Erachtens stellte Dr. Olson ein Sicherheitsrisiko dar. Also empfahl er, ihm künftig den Zugang zur britischen Biowaffenforschung in Porton Down zu verweigern. Ein weitgehend

Die geheimen Forschungsanlagen von **Porton Down.**

anonym gehaltenes Schriftstück aus Dr. Olsons Personalakte in *Camp Detrick* belegt, dass man 1953 tatsächlich befürchtete, der Forscher sei zum Sicherheitsrisiko geworden. Man wusste genau Bescheid. Als Quellen werden hier allerdings nicht Sargant, sondern andere wohlbekannte Namen angegeben: Dr. Abramson und Dr. Lashbrook. Das Dokument nennt übrigens Paris und Norwegen als weitere Reiseziele, die Olson 1953 aufsuchte. Er war in jenem Sommer wirklich viel unterwegs. Und schon im Frühjahr hatte er um Entlassung aus dem Amt des Chefs jener *Special Operations Division* auf *Camp Detrick* gebeten. Diese Abteilung war ein Ableger der CIA.

In der handschriftlichen Notiz fanden sich andere eigenartige, möglicherweise aber wichtige Anmerkungen. Leider blieb vieles sehr kryptisch. Die anonyme Quelle legt auch eine Überprüfung der medizinischen Akte von »Army Lt Olson« nahe, vor der Überstellung an das *Edgewood Arsenal*. Diese Einrichtung – heute *Edgewood Area* genannt – bildet den Südwestbereich des *Aberdeen Proving Ground* in Maryland. Das *Edgewood Arsenal* stand im Ruf einer Mind-Control-Teststätte, auf der skrupellose Wissenschaftler ihre Finger im Spiel haben. Die Spuren führen also wiederum in die Richtung von Projekten wie *Artichoke* und MKULTRA.

Doch noch etwas fällt in dem anonymen Papier auf. Ein einziges kurzes Wort, versehen mit einem Fragezeichen: *ulcers? – Geschwüre?* Diese Notiz steht hinter Punkt 1, der Anmerkung zur medizinischen Akte. Es sieht ganz danach aus, als sollte hier eine unauffällige Möglichkeit geprüft werden, sich des moralisch merklich ins Wanken geratenen Doktors zu entledigen. Vielleicht gab es da ja auch eine geeignete Krankheit. Ein kleines gutartiges Geschwür mochte schon weiterhelfen, um daraus mit etwas gutem Willen den malignen, den finalen, den tödlichen Krebs werden zu lassen! Oder bezog sich die

```
At about 1520 hours, Thursday, 24 July 1975, a plain white, 3-5/8" by 6"
envelope was handed to me by the person (retired Army and retired DAC)
who addressed the envelope and wrote the contents.  The envelope was
hand-addressed to me, "Mr. (last name)," and marked "Personal."  The
envelope contained one sheet of 8" by 10½", white, blue-lined, 5-hole-
punched, loose-leaf paper.  One side of the sheet of paper was blank,
and the other side contained the following hand-written in pencil:

"Re - Dr. F. W. Olson

"Suggest review of following items.

"1. Medical record of Army Lt Olson prior to transfer to Edgewood
Arsenal/;_/ ulcers?

"2. Medical record of Capt Olson in regard to loss of commission for
reason of health and subsequent successful appeal before Medical Review
Board for disability pay status.  Was he a retired Army officer at time
of death?

"3. Reason for request to be relieved as Chief, S. O. Division in
Spring 1953.  Source - Dr. J. L. Schwab.

"4. Trip to Paris and Norway in 1953(?) and possible fear of security
violation.  Sources - F. W. Wagner, H. T. Eigelsbach, Robert Lashbrook,
and Dr. _____.*

"5. After death - apparently large number of government checks left
uncashed in personal file.  Sources - Mrs. Hallar Best and Col Ruwet.

"6. Possible lapse of V. A. Life Insurance payments prior to death.
Sources - Mrs. Hallar Best and Col Ruwet."

* The doctor's name was left blank because he couldn't remember how to
  spell it; however, he meant it to be Dr. Harold Abramson, the New
  York psychiatrist, who examined Olson.  When the man handed me the
  envelope, he said, "I hate to do this.  The man /Olson/ was one of my
  best friends, but I think the things in here /the envelope/ ought to
  be checked."
```

Eine anonyme Quelle legt in diesem Dokument unter anderem eine genaue Untersuchung der medizinischen Akte von Dr. Frank Olson nahe. Was hat es mit jener Notiz zu Punkt 1 auf sich – ulcers – Geschwüre?

Notiz lediglich auf die polizeilich festgehaltene Aussage Lashbrooks, Olson sei nach Manhattan gefahren, um sich von Dr. Abramson wegen seiner durch ein Magengeschwür bedingten Depressionen behandeln zu lassen?

Gleich wie, man entschied sich ohnehin für eine andere, sehr praktische Todesart. Und man wollte zuvor noch mehr erfahren, direkt aus dem Mund Dr. Olsons.

Das geheimnisvolle Deep-Creek-»Experiment« diente genau diesem Zweck. War es doch überhaupt kein echtes CIA-Experiment, schon gar kein missglücktes. Sydney Gottlieb hatte den Drink mit LSD versetzt, *damit Olson redete*! Was genau wusste er, was genau bedrückte ihn? Würde er die geheimsten, tödlichen Experimente und Verhöre preisgeben? Würde er sein Wissen über den US-Einsatz biologischer Waffen im Koreakrieg enthüllen? Olson kannte eines der großen Geheimnisse. Die USA, die immer abstritten, Biowaffen aktiv genutzt zu haben, machten in Korea tödlichen Gebrauch von Anthrax. Doch für den Geheimdienst war Dr. Olson nun gefährlicher als der Milzbrand selbst geworden. Und nicht nur das Treffen in Deep Creek diente dem Ausforschen des Doktors, auch die Fahrt nach New York und der Besuch bei Dr. Abramson dienten diesem Zweck, wobei sich Olson als untragbares Risiko erwiesen haben muss. Es musste schnell gehen. Und so geschah es.

Von Olsons Wissen über Korea erfuhr die Familie über einen seiner ältesten Freunde, den Forscher Norman Cournoyer. Er erzählte den Olsons, wie sein Kollege gegen Ende der 1940er-Jahre zur CIA kam und sich dort auf »Informations-Abfrage« spezialisierte. Wahrscheinlich ahnte er selbst nicht, was alles hinter diesem Euphemismus lauerte, jenem Programm, das unter dem Code-Namen *Artichoke* geführt wurde und sich einen Ehrenplatz in der unehrenhaften Geschichte der CIA-Verbrechen sicherte. Hier wurden Gefangene unter Anwendung von Elektroschocks, Drogen und Folter verhört. In Zeiten von Guantanamo und anderer mehr oder minder abgelegener US-Lager überrascht das nicht. Guantanamo hat Tradition! Wir sehen, es war nie anders. Und wie Cournoyer ausführte, starben damals etliche der »Befragten«.

Während seiner Tätigkeit erfuhr Dr. Olson auch vom Einsatz der Biowaffen im Koreakrieg. Kein Wunder, dass dann 1975 im Weißen

Haus die Sorge groß war, der wieder aufgerollte Todesfall Olson könne streng geheime Informationen ans Licht bringen. Deshalb lud der Präsident die Familie ein, deshalb speiste sie in Langley mit CIA-Chef Colby, der ihr reumütig die »komplette Akte« überließ. Nur ein paar unwesentliche Details fehlten. Eben alles, was geheim war. Und somit auch die Information, dass es Mord war. Kaltblütig geplant, eingeleitet und ausgeführt, auch ohne Geschwür.

Bedienungsanleitung für den perfekten Mord

1997 saß Eric Olson im altvertrauten väterlichen Haus in Frederick, Maryland. Er brütete in der Küche über der Kopie eines erstaunlichen Dokuments, das er unlängst erhalten hatte. Seinen Ursprung nahm das 19-seitige Schriftstück in der CIA und wurde dort, natürlich intern und streng geheim, wohl erstmalig am 31. Dezember 1953 veröffentlicht. An die Öffentlichkeit gelangte es fast 44 Jahre später über das »Gesetz zur Informationsfreiheit«, kurz FOIA (»Freedom of Information Act«). Titel: *A Study of Assassination* – in etwa also »Eine Studie des Attentats«. Das Ganze war eine Anleitung zur Hinrichtung sowie zum perfekten Mord. Im Abschnitt »Rechtfertigung« wird Mord zwar als moralisch nicht vertretbar beschrieben, doch sofort folgen Ausnahmen von dieser Regel. So kann Mord eben nötig werden, wenn die Karriere eines politischen Anführers eine klare und aktuelle Bedrohung der Freiheit darstellt. Bei Personen, die Grausamkeiten begangen haben, wird er zur Strafe – eben der Todesstrafe. Und auch Personen, deren Wissen zur Gefahr werden kann, müssen unter Umständen beseitigt werden. Wobei dieses »Handbuch« einleitend auch daran erinnert, dass Hinrichtungen selten mit reinem Gewissen durchführbar sind und Personen, die moralisch überempfindlich sind, doch besser ihre Finger davon lassen sollten.

Die Studie warnt auch davor: »Mordanweisungen sollen in keinem Fall je schriftlich festgehalten oder aufgezeichnet werden. Folglich muss die Entscheidung zur Anwendung dieser Technik immer im Feld getroffen werden, auf dem Gelände, wo die Aktion stattfinden soll. Die Entscheidung sowie die Anweisungen sollten auf ein absolutes Minimum an Personen beschränkt sein. Im Idealfall ist nur eine Person involviert. Ein Bericht darf nicht abgefasst werden, doch für gewöhnlich wird der Vorfall von den Nachrichtenmedien entsprechend behandelt werden, deren Ergebnisse jedem Beteiligten zugänglich sind ... Jede Planung muss mental erfolgen, keinerlei Papiere dürfen je Beweise für die Operation enthalten.«

Unter der Rubrik »Techniken« finden sich zahlreiche praktische Hinweise, doch rät die CIA-Studie auch zu Vorsicht: »Der wesentliche Punkt des Attentats ist der Tod des Subjekts. Als Techniken sind folgende zu berücksichtigen:

1. Manuell: Es ist möglich, einen Mann mit bloßen Händen zu töten, doch nur wenige sind erfahren genug, das auch gut zu machen. Selbst ein bestens trainierter Judo-Experte wird zögern, mit der Hand zu töten, sofern er nicht absolut keine andere Wahl hat.«

Eric Olson schluckte unweigerlich, als er die nächste Passage las:

»*2. Unfälle:* Für geheime Tötungen – entweder einfach [wobei das Subjekt sich der Gefahr nicht bewusst ist, in der es sich befindet] oder aber Jagd [wobei das Subjekt sich der Gefahr bewusst, aber ungeschützt ist] – ist der arrangierte Unfall die effektivste Technik. Bei erfolgreicher Ausführung erregt sie wenig Aufsehen und wird nur oberflächlich untersucht. Der effizienteste Unfall ist bei einer einfachen Tötung der aus 25 Meter oder mehr Höhe erfolgende Fall auf eine harte Oberfläche.«

Diese Methode also hatte man für seinen Vater ausgewählt! Eric blickte noch einmal auf das Ursprungsjahr des Geheimpapiers: 1953. Monat: Dezember, wahrscheinlich der 31. Dieses Tötungs-Handbuch war wohl genau einen Monat nach Dr. Olsons Tod veröffentlicht worden und enthielt im Grunde die exakte Beschreibung seines Todes, festgehalten als allgemeine Empfehlung für einen perfekten Mord! Viel später stellte sich heraus, dass der israelische Spitzengeheimdienst *Mossad* den Fall Olson tatsächlich als Musterbeispiel eines perfekten Mordes lehrte – in einer speziellen Trainingseinrichtung für verdeckte Hinrichtungen.

Eric las weiter: »Fahrstuhlschächte, Treppenhäuser, ungeschützte Fenster und Brücken werden dienlich sein. Ein Sturz von der Brücke ins Wasser ist nicht zuverlässig. In einfachen Fällen kann ein privates Treffen mit dem Subjekt an geeignetem Ort arrangiert werden. Die Handlung kann durch ein plötzliches, kräftiges [Wort gelöscht, Anm.

d. Verf.] der Knöchel ausgeführt werden, wodurch das Subjekt über den Rand kippt. Wenn der Mörder sofort einen lauten Schrei ausstößt und den ›entsetzten Zeugen‹ spielt, sind weder ein Alibi noch ein heimlicher Rückzug nötig. Im Falle einer Verfolgung ist es normalerweise erforderlich, das Subjekt zu betäuben oder zu vergiften, bevor man es fallen lässt. Es erfordert Sorgfalt, unbedingt sicherzustellen, dass nach dem Tod keine Wunde und kein Zustand feststellbar ist, der nicht durch den Sturz erklärbar wäre. Wenn die persönlichen Gewohnheiten des Subjekts es vernünftig erscheinen lassen, kann Alkohol genutzt werden [zwei Wörter gelöscht, Anm. d. Verf.], um es für einen arrangierten Unfall jeglicher Art vorzubereiten.«

»3. *Drogen:* Bei allen Arten von Tötungen, außer bei terroristischen, können Drogen sehr wirksam sein. Wenn der Mörder eine Ausbildung als Arzt oder Pfleger besitzt und sich das Subjekt in medizinischer Betreuung befindet, handelt es sich um eine leichte und seltene Methode.«

Das Handbuch beschreibt in den nächsten beiden Passagen noch die erfolgreichsten Methoden, scharfkantige wie auch stumpfe Gegenstände, die sich zufällig in der Nähe befinden, als geeignete Mordwerkzeuge einzusetzen. In beiden Fällen seien einige anatomische Kenntnisse notwendig. Die Passage über stumpfe Gegenstände beschreibt, wo der Hieb am besten auftreffen soll: »Schläge sollen auf die Schläfe gerichtet sein, die Region direkt unterhalb und hinter dem Ohr sowie der untere Teil des Hinterhaupts.« Eric stockte der Atem. Ihm war schlecht, obwohl der Text all seine Vermutungen bestätigte.

Autopsie

1994, drei Jahre bevor Eric Olson jenes makabre Schriftstück in die Hand bekam, hatte sich die geplagte Familie zu einem weiteren Schritt ihrer privaten Ermittlungen entschlossen und ließ den Leichnam von Dr. Frank Olson exhumieren. Die Ungereimtheiten in der offiziellen Darstellung veranlassten sie zu diesem keineswegs leichten Schritt. Welche Überraschungen würden sie nun erwarten? Damals hatte man ihnen erklärt, der Körper sei durch den Sturz extrem entstellt. Daher blieb auch der Sarg während der Trauerfeier geschlossen. Doch ließ die

Familie den Toten einbalsamieren, und offenbar hatte die CIA hier den Fehler begangen, sich nicht mehr weiter um den Fall zu kümmern. Das Subjekt war tot, mehr gab es nicht zu tun. Exitus. Selbstmord oder Unfall. Jedenfalls kein nachweislicher Mord.

Die Autopsie wird an der *George Washington University* durchgeführt, Eric Olson ist dabei anwesend. Nach 41 Jahren sieht er seinen Vater wieder, in einer Szene, die einem Thriller entstammen hätte können.

Der Tote befand sich infolge der damals durchgeführten Einbalsamierung in einem außergewöhnlich guten Zustand. Und entgegen der Erklärung, die der New Yorker Gerichtsmediziner 1953 in seinem Bericht notiert hatte, war der Oberkörper nicht zerschmettert und durch den Sturz entstellt worden. Nicht zuletzt deshalb konnte Eric seinen Vater noch 41 Jahre nach der Grablegung eindeutig identifizieren. Die Pathologen stellten an der linken Schläfe ein faustgroßes Hämatom fest, charakteristisch für einen stumpfen Gegenstand. Einige Merkmale und die unverletzte Haut ringsum ließen den Fachleuten nur eine einzige logische Erklärungsvariante: Diese Verletzung war dem Opfer höchstwahrscheinlich unmittelbar vor dem Sturz aus dem Fenster zugefügt worden. Damit bestätigten sich die schlimmsten Vermutungen. James Starrs, der leitende Pathologe, kam also zur gleichen Schlussfolgerung wie die Familie schon lange vor der Autopsie: Dr. Olson war heimtückisch in eine Falle gelockt und daraufhin ermordet worden. Und auch er hatte bereits eine Ahnung gehabt, was ihm drohte. Denn wie fragte er doch bei John Mulholland in New York: »Was versuchen Sie mit mir anzustellen? Überprüfen Sie mich aus Sicherheitsgründen?« Um dann in verzweifeltem Zorn hinzuzufügen: »Lassen Sie mich doch einfach verschwinden!« – Nur wenige Stunden trennten ihn damals noch vom finalen Augenblick.

Und 41 Jahre später wurde das Opfer noch einmal aus der Dunkelheit geholt, um in der Pathologie der *George Washington University* die letzten verräterischen Spuren eines gewaltsamen Todes preiszugeben. Nur die Geheimnisse, die einst im Gehirn dieses Mannes gespeichert waren, hatten sich auf immer im Nichts aufgelöst. Der Speicher war gelöscht. Das war der Auftrag. Und die Mörder erfüllten ihn damals bestens. Denn selbst der Bluterguss war kein hundertprozentiger Beweis. Auch Starrs konnte nicht mit absoluter Gewissheit ausschließen, dass diese Verletzung erst beim Aufprall auf den harten Boden entstanden war.

CIA-Rentner sind nicht gesprächig

Dr. Olson wusste in seiner Position als Chef der SOD auf *Camp Detrick* zu viel. Er wusste gleichfalls von CIA-Attentaten oder versuchten Anschlägen, darunter auch auf den kongolesischen Ministerpräsidenten Patrice E. Lumumba, der dann schließlich 1961 ermordet wurde. Er wusste auch von Mordattacken auf Fidel Castro. Er kannte die grausamen Materialien und Experimente zur biologischen Kriegsführung, die tödlichen Verhöre, die Kooperation mit ehemaligen NS-Wissenschaftlern, die über die *Operation Paperclip* in die USA gelangt waren, die LSD-Gedankenkontroll-Experimente und ihre Folgen sowie den stets geleugneten Einsatz biologischer Waffen im Koreakrieg. Wenn er seiner Frau Alice kurz vor dem Tod noch sagte, er habe einen schrecklichen Fehler begangen, mochte er also vieles gemeint haben. Vielleicht, dass er an manch verborgenen Projekten teilgenommen hatte und zum Mitwisser geworden war, vielleicht auch, dass er sich William Sargant in England anvertraut und damit geradewegs sein Todesurteil unterzeichnete hatte, vielleicht aber sah er seinen Fehler auch darin, sich als Wissenschaftler überhaupt auf die CIA eingelassen zu haben.

Bis heute bleibt im Dunkeln, wer Dr. Olson damals aus dem Fenster stieß. Sein Sohn befindet sich immer noch auf der Suche nach den Dämonen von Zimmer 1018A. Robert V. Lashbrook selbst war es nach neueren Informationen wohl nicht; der CIA-Mann machte sich die Hände nicht schmutzig. Wahrscheinlich öffnete er den Mördern, die sich bereits früher im Hotel eingemietet haben mussten, lediglich die Türe. Einige Ex-CIA-Agenten, die sich auf ihre alten Tage in Florida zur Ruhe gesetzt haben, erzählten dem in Tampa ansässigen investigativen Autor Hank P. Albarelli, Jr., es seien Auftragskiller gewesen, die von der CIA angeheuert worden waren. Doch mit ihren Aussagen an die Öffentlichkeit treten wollen die CIA-Rentner aus Florida natürlich erst, wenn sie ihrer Schweigepflicht entbunden sind. Und zwar durch »die Firma« selbst. Und das wird wohl frühestens mit dem Tod der Fall sein. Bis dahin werden die Agenten nichts sagen. Und danach wohl auch nicht mehr. Schweigen *wie ein Grab* ist ohnehin stets weitaus besser als schweigen *im Grab*.

Dr. Frank Olson wurde gerade einmal 43 Jahre alt. Sein allgemein immer noch zu wenig bekannter Tod markiert und charakterisiert ein düsteres Kapitel der amerikanischen Geschichte. Er bezeugt die traditionelle Skrupellosigkeit der CIA, die vor keiner Lüge und keiner Verschwörung zurückschreckte, sofern sie zum Ziel führte. Zyniker würden wohl behaupten, CIA-Leute sind tief religiös, denn sie gäben gute Jesuitenschüler ab – immerhin lehrte dieser Orden schon vor langer Zeit, dass der Zweck die Mittel heilige.

Und die Zeiten haben sich nicht geändert. Den Fall Olson habe ich in voller Absicht so ausführlich geschildert, da er ein bis in die Gegenwart immer wieder anzutreffendes Muster enthält. Jeder wird die Parallelen zu vielen anderen mysteriösen Todesfällen ziehen können. Der Fall Olson ist ein *Cold Case*, er lag im Jahr 2003 ein halbes Jahrhundert zurück. Und auch danach gab er und gibt immer noch Rätsel auf, beschäftigt die letzten Angehörigen der Familie, vor allem Eric Olson. Der Tod seines Vaters ist in schicksalhafter Ironie zu seinem Lebensinhalt geworden, die Aufklärung zur Lebensaufgabe. Andere, sehr ähnlich gelagerte Fälle haben sich in erschreckend großer Zahl zugetragen. Und noch erschreckender ist beinahe die Tatsache, dass diese Fälle – fast möchte man sagen: umständehalber und zwangsläufig – keine große Aufmerksamkeit erregen, stehen doch die Geheimdienste und ihre verdeckten Aktionen dahinter. Und auch an den gleichen Orten treten vergleichbare Todesfälle auf, ohne dass diese Wiederholung der Geschichte allzu sehr auffällt. Nicht anders auf *Fort Detrick.* Jetzt schließt sich der Kreis.

Zeitsprung Richtung Gegenwart – Sommer 2008: Der Wissenschaftler Dr. Bruce Edwards Ivins wird am frühen Morgen des 27. Juli bewusstlos in seinem bescheidenen Haus aufgefunden. Zwei Tage später stirbt er im *Frederick Memorial Hospital* an einer Überdosis von Acetominophen (Tylenol) mit Kodein. Er soll sich das Leben genommen, sich selbst gerichtet haben. Denn er war der einzig Schuldige an den grausamen Anthrax-Attacken, die unmittelbar auf die Katastrophe vom 11. September 2001 folgten, so sagt man nun. Ein jahrelang im Auftrag der Regierung tätiger Wissenschaftler, ein ausgewiesener Ex-

perte mit sämtlichen Zugangsberechtigungen für die gefährlichsten Biolabors, missbrauchte also ganz offensichtlich seine außergewöhnliche
Position, um mit Milzbrand-Erregern verseuchte Briefe abzuschicken!

Das Haus von Dr. Bruce Ivins.

Unfassbar – und doch die Wahrheit?

In meinem 2007 er-
schienenen Buch über
die Terror-F(L)üge des
11. September habe ich
die Spuren nachge-
zeichnet, die allesamt
mit an Sicherheit gren-
zender Wahrschein-
lichkeit aufzeigen, dass
damals der Feind in
den eigenen Reihen zu finden war. Der gesamte Hintergrund des
Geschehens spricht bei näherem Hinsehen eine sehr deutliche Sprache. Mit erschreckender Konsequenz. Denn nie wäre es zu den gewaltigen Terrorattacken gekommen, wenn ein relativ kleiner Kreis innerhalb der höchsten Machtetagen sie nicht zugelassen und sogar aktiv
unterstützt hätte. Tatsächlich war der Feind in den eigenen Reihen zu
finden. Und genauso verhielt es sich auch mit den Anthrax-Briefen.
Auch hier steht unzweifelhaft fest: Die Milzbranderreger stammen aus
US-Labors. Die Beweislage ist hier sogar derart niederschmetternd,
dass auch die US-Regierung diese Tatsache unumwunden zugibt. Nur,
was ist der Hintergrund?

Die heimtückische Postattacke bot damals einen hervorragenden
Nährboden für weitere Kriegstreiberei. Die Bevölkerung war alarmiert, überall herrschte Angst, nicht nur in den Staaten. Vergessen wir
nicht, genau diese Stimmung benötigten die konservativen Kräfte um
George W. Bush. Die tödliche Post konnte zu gar keinem besseren
Zeitpunkt in Umlauf geraten. Und schon damals war klar, was Jahre
später zu geschehen hatte. Schon damals wusste man, dass die Analysen nicht auf immer geheim gehalten werden konnten und die genetischen Marker als untrügliche Wegweiser auf eine Handvoll spezialisierter Geheimlabors als eindeutige Quelle hindeuten würden. Und
auf eine Handvoll spezialisierter Wissenschaftler. Doch die Ermittlun-

gen des FBI verliefen damals auffallend träge, das fiel sogar einigen Massenmedien auf. Nicht umsonst kamen bald Gerüchte auf. Da begann die Vermutung zu zirkulieren, das FBI wolle *den* oder *die* Täter überhaupt nicht in die Fänge bekommen. Nur warum war das so?

Aber plötzlich hat man den einzigen Schuldigen. Natürlich ist es niemand aus dem intangiblen Olymp der Macht, vielmehr ein jahrzehntelang verlässlich arbeitender Regierungswissenschaftler – Dr. Bruce Edwards Ivins. Und als der sich praktischerweise das Leben nimmt, ist die Sache ohnehin klar.

Die Spur des Killers

»Amerithrax« und ein FBI-Cover-up

Alles begann mit einer toten Kuh in Texas. Das verendete Tier war mit dem virulenten *Ames*-Stamm des Anthrax-Virus infiziert und wurde im Mai 1981 nahe der mexikanischen Grenze gefunden. *A&M's Veterinary Medical Diagnostic Laboratory* identifizierte die gefährlichen Anthrax-Sporen und schickte sie für weitere Untersuchungen sofort ans USAMRIID auf *Fort Detrick*. Dort wird der Bakterien-Stamm seither gezüchtet, vorgeblich nur, um entsprechende Gegenmittel entwickeln zu können, sprich Impfstoffe. Allerdings sandte das USAMRIID auch Proben an rund 20 weitere Labors der USA und auch Großbritanniens sowie Kanadas. Lediglich einige wenige Einrichtungen sind allerdings auch in der Lage, pulverisiertes Anthrax herzustellen, wie es auch in den Briefattacken von 2001 zum Einsatz kam.

Genau eine Woche nach den Angriffen auf New York und Washington ging es los: Offenbar waren es zunächst fünf Anthrax-Briefe, die mit dem Poststempel vom 18. September an verschiedene Zeitungs- und Fernsehredaktionen verschickt wurden. Nur zwei der Briefe konnten sichergestellt werden: Der eine ging an *NBC News*, der andere an die *New York Post*. Sie waren in Trenton, New Jersey, abgeschickt worden. Weitere Briefsendungen werden aufgrund von Milzbrand-fällen bei Angestellten von ABC, CBS und AMI vermutet. Erstes Opfer der Attacke war Robert Stevens, der für den AMI-Ableger *Sun* arbeitete. Das Material im Brief an die *New York Post* erweist sich als ein relativ grobkörniges, braunes Granulat, ganz anders als das wirksamere feine Pulver, das drei Wochen später in der zweiten Anthrax-Welle zum Vorschein kommt – beide Sendungen enthielten zusammen beinahe ein Gramm pures Anthrax. Diesmal sind die wiederum aus Trenton stammenden Briefe an zwei demokratische US-Senatoren gerichtet, Tom Daschle aus South Dakota und Patrick Leahy aus

Der Eingang in die Forschungsanlagen des USAMRIID auf Fort Detrick. Welche Geheimnisse bergen diese Mauern?

Eine gefährliche Fabrik. Gebäude 1412 des USAMRIID.

Vermont. Dem Absender muss eigentlich klar gewesen sein, dass die Politiker ihre Post in der Regel nicht selbst aufmachen. Kein großes Wunder! So öffnete ein Mitarbeiter den an Daschle adressierten Brief. Und die für Leahy bestimmte Post kam überhaupt nicht an, weil der Zusteller die Postleitzahl falsch ablas. Ein Postangestellter, der darauf hin in Sterling, Virginia, mit dem Brief in Berührung kam, erkrankte durch Inhalation von Sporen. Insgesamt infizierten sich 22 Menschen, von denen wie schon erwähnt fünf ums Leben kamen.

Das FBI war nicht untätig und erstellte schon im November 2001 ein Täterprofil. Der Kreis der Verdächtigen engte sich schnell ein. Das gefährliche Material stammte aus einer inländischen Forschungsstätte, so viel war klar. Und nur wenige verfügten über Zugangsmöglichkeiten und ausreichend Expertise, mit Anthrax umzugehen. Diese Untersuchungen gingen in der weiten Medienlandschaft allerdings ähnlich unter wie beispielsweise auch der rätselhafte Einsturz von Gebäude 7 im *World-Trade-Center*-Komplex. Berichtet wurde zwar, doch eher peripher. Und was wirklich im Gedächtnis der Öffentlichkeit haften blieb, das war eine Verbindung zu *al Qaida* – sowohl hinsichtlich der Flugzeugattacken als auch hinsichtlich der Milzbrandbriefe. Schlagwort Bioterror.

Das FBI-Profil zielte allerdings auf eine andere Tätergruppe. Es musste sich um einen US-Mikrobiologen mit freiem Zugang zu einem der besten Biowaffenlabors des Landes handeln. Diese Vorgaben schränkten die Zahl der Verdächtigen auf ein sehr gut überschaubares Maß ein. Und angesichts dessen wäre eigentlich mit einem schnellen Erfolg zu rechnen gewesen. Doch die Ermittlungen stockten, monatelang schien das FBI auf der Stelle zu treten. Nach 5000 Verhören war immer noch keine wirklich heiße Spur gefunden. Die »Amerithrax«-Untersuchung, wie die Fahndung aufgrund der definitiven US-Herkunft des Anthrax nunmehr intern genannt wurde, konnte nichts Konkretes vorlegen. Auch Senator Tom Daschle, dem die Attacke galt, äußerste sich verärgert und verwirrt über den Verlauf und die Intensität der FBI-Nachforschungen.

Selbst die konservativeren Medien begannen sich damals zu wundern. Organisationen wie *Judicial Watch* witterten ebenfalls eine ab-

Der Eingang in die FBI-Zentrale in Washington.

sichtliche Verschleppung und fragten, ob das FBI den Täter gar nicht finden wolle, aus welchen Gründen auch immer. Vielleicht wusste er etwas, was ihn unantastbar werden ließ. Das vermutete sehr bald auch die amerikanische Mikrobiologin Prof. Dr. Barbara Hatch Rosenberg, die für die Arbeitsgruppe Biowaffen der *Federation of American Scientists* (Vereinigung Amerikanischer Wissenschaftler, kurz FAS) tätig ist. Die gewiss nicht unqualifizierte Wissenschaftlerin beruft sich auf die Analyse publizierter Berichte, aber auch auf den Austausch mit Fachkollegen und nicht zuletzt auf Informationen, die von Insiderquellen stammen. Sie wurde aus weit weniger berufenem Mund natürlich als Verschwörungstheoretikerin bezeichnet, die lediglich Spekulationen zu bieten habe. Gerade auch, wenn sie davon sprach, der Anthrax-Täter besitze ein geheimes Hintergrundwissen und sei daher unantastbar. Wer aber konnte das sein? Barbara Rosenberg erklärte bereits im Februar 2002, dem FBI sei der Täter bereits seit drei Monaten bekannt, die Behörde betreibe allerdings ein Cover-up.

Im Juni 2002 rückte dann recht plötzlich der Wissenschaftler Dr. Steven J. Hatfill ins öffentliche Blickfeld. Kein Geringerer als US-Justizminister John Ashcroft bestätigte vor laufenden Kameras, dass Hatfill für das FBI zur »Interessensperson« geworden war. Nun stand ein Forscher im Rampenlicht – offenbar als Hauptverdächtiger im Anthrax-Fall. Tatsächlich gab es da viele Übereinstimmungen mit dem FBI-Täterprofil.

Der Sechs-Millionen-Dollar-Mann

Der damals 48-jährige Dr. Steven J. Hatfill konnte auf eine glänzende, wenn auch streckenweise undurchsichtige Karriere zurückblicken. Geboren in St. Louis, Illinois, absolvierte Hatfill zunächst ein Grundstudium in Biologie und Chemie am *Southwestern College* von Winfield, Kansas, um ab 1975 für drei Jahre bei der Armee zu dienen. Bis Anfang 1981 soll er zwar eine Art Reservist der Nationalgarde geblieben sein, doch endete seine aktive Zeit offiziell im Frühjahr 1978. Bald darauf zog er nach Afrika. Dort studierte er an der Universität von Rhodesien Medizin, blieb sechs Jahre lang in Harare, um anschließend für weitere zehn Jahre nach Südafrika zu ziehen und dort drei Magisterabschlüsse

Der Mikrobiologe Stephen J. Hatfill zählte ursprünglich zum Kreis der Hauptverdächtigen im Anthrax-Fall von 2001.

in Bereichen der Medizin und Mikrobiologie zu erlangen. Seinen Doktor machte er in molekularer Zellbiologie. Er will nach eigener Auskunft auch 14 Monate als Arzt in der Antarktis gearbeitet haben.

Nach einem einjährigen Intermezzo an der Universität Oxford kehrte er schließlich in die Staaten zurück, arbeitete am Nationalen Gesundheitsinstitut in Bethesda, Maryland, und an verschiedenen Laboratorien. Ab Herbst 1997 übernahm er eine Tätigkeit an einer der geheimsten Forschungsstätten der USA: *Fort Detrick*, USAMRIID! Dort war er mit diversen Viren beschäftigt. Angeblich arbeitete er nur zwei Jahre in dieser Einrichtung. Doch wirklich gesichert ist das nicht.

Kurz bevor er USAMRIID offenbar wieder verließ, war er zudem bei einer privaten Firma mit sehr ähnlichen Aufgaben befasst. Diese Firma, die *Science Applications International Corporation* (SAIC) mit Sitz in McLean, Virginia, forscht für die Regierung ebenfalls auf dem Gebiet der biologischen Kriegsführung, offiziell rein defensiv. SAIC ist mit seinen über 40 000 Mitarbeitern weltweit aktiv und steht unter anderem für die CIA unter Vertrag. In den Chefetagen finden sich entsprechende Namen. So sind hier neben Melvin Laird und William Perry, den US-Verteidigungsministern unter Nixon beziehungsweise Clinton, auch John Deutch und Bobby Ray Inman vertreten. Chemie-Professor Deutch fungierte als CIA-Chef unter Clinton, während Inman ebenfalls in diversen Funktionen innerhalb der CIA anzutreffen war, genauso aber auch in der *National Security Agency*, NSA, dem technischen Geheimdienst der USA. Bei SAIC gab Hatfill 1999 eine eigene Studie in Auftrag, die sich mit einem bald weltweit bekannten Szenario auseinandersetzen sollte: Was kann alles passieren, wenn waffenfähiges Anthrax, etwa 2,5 Gramm, in Briefumschlägen verschickt wird?! Auf einigen der realen Briefe fand sich später im Absender eine »Greendale School« – ebenfalls eine seltsame Koinzidenz, denn

Die Zentrale der **National Security Agency** *(NSA), des technischen* *Geheimdienstes der USA, mit Sitz auf* **Fort George Meade** *in* *Maryland.*

Hatfill wohnte seinerzeit in Rhodesien nahe einer Schule gleichen Namens!

Als ein Reporter bereits im März 2002, also Monate vor der öffentlichen Enthüllung, bei SAIC anrief und eine Bestätigung suchte, dass Hatfill hinsichtlich der Anthrax-Attacken im FBI-Visier stand, wurde der Forscher sofort entlassen. Später bot ihm SAIC eine finanzielle Entschädigung an.

Hatfill war nicht lange unbeschäftigt, er übernahm vielmehr einen wichtigen Posten am *National Center for Biomedical Research and Training,* das der Universität von Louisiana angehört. Bis dahin war Hatfill immer wieder vom FBI kontaktiert worden und unterstützte die Bundespolizei bei allen Anfragen und Ermittlungen im Anthrax-Fall.

Am 25. Juni sowie am 1. August 2002 führte das FBI dann sehr plötzlich Hausdurchsuchungen in Hatfills Apartment in Frederick, Maryland, durch. Diese Aktionen wurden sogar im Fernsehen übertragen! Damit gelangte Hatfill sofort ins grellste Rampenlicht der Öffentlichkeit. »Mein Leben wurde komplett und bis aufs Äußerste zerstört«, erklärte er bald darauf. Tatsächlich verlor er all seine Posten und wurde offenbar zum Hauptverdächtigen der Ermittlungen. Heimlich aufgestellte FBI-Posten waren darauf aufmerksam geworden, dass Hatfill ungewöhnlich große Mengen an Müll aus dem Haus schaffte, und waren besorgt, der Wissenschaftler könne wichtige Beweise vernichten. Doch als sie noch einmal sämtliche Überreste durchwühlten, fanden sie nichts Verdächtiges. Hatfill habe vor seinem bevorstehenden Umzug nach Baton Rouge einfach alles Überflüssige fortgeschafft, so erklärte er. Die Behörden betonten, Hatfill sei einer von ungefähr zwölf Leuten, die man sich näher ansehen wolle. Er sei aber kein Verdächtiger oder gar Ermittlungsziel. Schon seltsam. Denn dafür geschah nun doch recht viel um seine Person.

Die Beamten interessierten sich auch für Hatfills Computer. Als sie die Festplatte durchstöberten, entdeckten sie ein bemerkenswertes Manuskript. Der Forscher hatte hier Notizen für einen Roman festgehalten, den er in seiner Freizeit schreiben wollte. Allerdings kam er nie dazu. Trotzdem gaben die Skizzen bereits einigen Aufschluss über den geplanten Inhalt. Hatfill spielte mit dem Gedanken, einen Thriller zu verfassen, der sich um eine tödliche biologische Attacke auf den US-Kongress drehte. Da gab es manche Parallele zu den tatsächlichen Vorfällen. Auch wenn Anthrax in jener fiktiven Story keine Rolle spielte, so ging es doch um lebensgefährliche Mikroben. War das lediglich eine schicksalshafte Verkettung von Umständen, purer Zufall oder aber eher ein sehr ernst zu nehmender Hinweis auf Hatfills Täterschaft? Dass ein Wissenschaftler, der sein ganzes Leben lang professionell mit der Erforschung bedrohlicher Keime zu tun hat, mit Biokrieg und mit Bioterror, vielleicht auch darüber nachdenkt, ein solches Szenario in Romanform zu präsentieren, scheint allerdings nicht sehr verwunderlich.

Letztlich hatte man also immer noch nicht sonderlich viel gegen Hatfill in der Hand. Doch muss es gerade deshalb einen Grund gegeben haben, warum das FBI nach einer auffallend langen Phase des Schweigens offenbar ganz gezielt auf eine hohe Publizität dieses Falles hinarbeitete. Dieser Ansicht war auch ein Mikrobiologe, der sich nach einem Gespräch mit FBI-Beamten anonym gegenüber Reportern des *Hartford Courant* äußerte: »Ihre Absicht war ganz klar, seinen Namen ins öffentliche Auge zu rücken. Die einzige Frage ist, warum.« Anfang Juli 2002, genau zwischen den beiden Hausdurchsuchungen, erschien

56

in der *New York Times* ein Artikel, der die Arbeit des FBI mit sehr deutlichen Worten kritisierte. Da hieß es unter anderem, man hätte Hatfill schon längst verhaftet, wäre er nicht Amerikaner, sondern Araber. So aber verlief die Untersuchung augenscheinlich eher nachlässig. Der Wissenschaftler habe nicht unter ständiger Beobachtung gestanden, und ebenso sei bis dahin ein bestimmtes Anwesen nicht überprüft worden, zu dem Hatfill jederzeit Zugang hatte und das auf einen seiner Freunde registriert war. In diesem Haus habe Hatfill einigen Personen das Antibiotikum *Cipro* verabreicht. Bei dem Gebäude könne es sich um ein »sicheres Haus« der CIA handeln. Gut einen Monat später berichtete wiederum die *New York Times*, Hatfill sei glatt durch drei Lügendetektortests gerasselt, einen ursprünglich geplanten vierten Versuch habe man dann gar nicht mehr unternommen. Auch in einem anderen Zusammenhang scheint es Hatfill mit der Wahrheit nicht immer sonderlich genau genommen zu haben. So gibt es Ungereimtheiten in seinem Lebenslauf, nicht zuletzt, was die 16 Jahre in Afrika betrifft. Überhaupt ist so manches um seine Person unklar. Vieles stellt ihn zumindest in die Nähe der CIA.

Bemerkenswert ist, dass gegen Ende der 1970er-Jahre in Rhodesien der weltweit größte Anthrax-Ausbruch überhaupt stattfand. Nie zuvor hatte es in der jüngeren Geschichte etwas Vergleichbares gegeben. Zu jener Zeit war Hatfill für zwei Eliteeinheiten der rhodesischen Armee tätig. Gemunkelt wurde des Öfteren, dass diese Epidemie, die Tausende schwarzer Farmer dahinraffte, in Wirklichkeit das Ergebnis einer eiskalt geplanten Biowaffenattacke jener Spezialtrupps und der CIA war. Nur nachgewiesen werden konnte das ebenso wenig wie jedwede Beteiligung des amerikanischen Forschers. Sonderbar scheinen all diese Facetten im Leben von Hatfill allerdings schon. Doch welchen Grund soll er gehabt haben, die verseuchten Briefe zu verschicken? Barbara Rosenberg glaubt, diesen Grund zu kennen. Sie geht von einer verdeckten CIA-Operation »Anthrax in der Post« aus. Und Hatfill konnte als zentrale Figur in diesem finsteren Spiel aufgetreten sein.

Um eine an sich schon wieder lange Geschichte kurz zu machen: Hatfill stand weiterhin unter FBI-Beobachtung, verklagte die US-Regierung 2003 wegen Rufmordes und wurde dann schließlich im März 2008 rehabilitiert. Man schien kein wirklich belastendes Material gegen ihn gefunden zu haben. Und am Ende war alles wieder gut.

Stephen J. Hatfill erhielt eine Zahlung von mehreren Millionen US-Dollar als Ausgleich für die erlittenen Schäden durch die »Amerithrax«-Ermittlungen gegen ihn. Der Mikrobiologe wurde von jeglichem Verdacht entlastet, an der Verschickung von Anthrax-Briefen beteiligt gewesen zu sein. Doch seine Biographie weist einige düster scheinende Verstrickungen auf. Welche Rolle spielte er wirklich?

Denn Hatfill erhielt eine Entschädigung in Millionenhöhe – die Rede ist von bis zu 5,82 Millionen US-Dollar! Allerdings sind die Angaben widersprüchlich. Eine Millionensumme aber wurde ihm in jedem Fall zuerkannt. Hatfill hatte gewonnen.

Ein neuer Hauptverdächtiger

Schon seit Ende 2006 zeichnete sich eine Wende ab. Damals zog FBI-Chef Robert Mueller die bisher am Fall Hatfill arbeitenden Agenten ab und legte die Leitung der Ermittlungen in andere Hände. Von diesem Zeitpunkt an geriet der Forscher Dr. Bruce Edwards Ivins in den Brennpunkt der Bundespolizei. Ab März 2008 galt er dann sogar als einziger Hauptverdächtiger. Inoffiziell habe er schon seit dem Jahr 2002 im Visier des FBI gestanden, so heißt es. Der 62-jährige Ivins war bereits 36 Jahre als Forscher tätig und hatte eine große Zahl an Fachbeiträgen publiziert. Dass er die Anthrax-Attacken in seinen späteren Veröffentlichungen immer wieder als eindeutigen Beleg für die Bedeutung seines Forschungsgebietes und damit auch seiner eigenen Arbeit darstellte, wurde ihm im Zuge der Ermittlungen und der Berichterstattung auf fatale Weise ausgelegt. Denn manch einer sah hier auch den eigentlichen Motor für sein ansonsten ganz augenscheinlich unverständliches Handeln. Ein renommierter Mikrobiologe, mit Leib und Seele Forscher, nutzt seinen uneingeschränkten Zugang zu einem US-Biolabor, um dort heimlich tödliche Briefe zu präparieren, die bald darauf fünf Menschen das Leben kosten! Beruflicher Ehrgeiz wie auch finanzielle Verlockungen durch lukrative wissenschaftliche Patente sollen Grund genug für ihn gewesen sein, diesen diabolischen Plan durchzuführen. Vielleicht war es anfangs nur ein vager Schimmer, der Funke einer Idee, die in seinem so genialen wie bizarren Geist – nun, ganz im Wortsinne: auf-*keimte*. Doch dann nahm dieses schemenhafte Bild mehr und mehr Gestalt an, formte sich wie ein unheimlicher Golem zu greifbarer Substanz. War es die Aussicht auf weiteren Ruhm und materiellen Gewinn, die ihn diesen morbiden Plan in die Tat umsetzen ließ? War es der Hang zu »Allmachtsfantasien«, die ihm auch sein älterer Bruder attestierte, den er allerdings jahrelang nicht gesehen hatte? Nur, würde jeder gelegentlich zu derlei Allmachtsfantasien tendierende Forscher auch sogleich zum Verbrecher werden, könnte man wohl einen Großteil der wissenschaftlichen Gemeinde hinter Schloss und Riegel sperren.

Bruce E. Ivins stand dem FBI nach den Milzbrand-Anschlägen sehr kooperativ zur Seite, ganz ähnlich wie auch Steven J. Hatfill. Von Anfang an assistierte er bei den Ermittlungen und half der US-Bundespolizei bei der Analyse des zumeist todbringenden Materials, das ursprünglich aus dem eigenen Institut gekommen sein muss.

2003, also in jenem Jahr, in dem Hatfill die Regierung verklagte, erhielt Ivins zusammen mit zwei weiteren Kollegen die höchste Auszeichnung, die das Verteidigungsministerium seinen zivilen Mitarbeitern überhaupt verleiht – die *Decoration for Exceptional Civilian Ser-*

vice. Den drei Wissenschaftlern wurde die hohe Ehre zuteil, weil sie wesentliche Probleme bei der Herstellung eines Anthrax-Impfstoffes gelöst hatten. Doch damals stand Ivins bereits unter Beobachtung.

In einer ausführlichen »Eidesstattlichen Erklärung zur Unterstützung einer Durchsuchungsgenehmigung« erläutert Thomas F. Dellafera, ein in der Angelegenheit zu offiziellen Ermittlungen befugter Post-Inspekteur, den »Fall Ivins« und die Verdachtsmomente gegen den Wissenschaftler. Der Bericht vom 31. Oktober 2007 spricht eine interessante und deutliche Sprache. Vieles darin belegt, wie sehr die Behörden darauf bedacht waren, den Mikrobiologen verdächtig wirken zu lassen, wobei im Vergleich zu Hatfill ein eher geringerer Anteil an Fakten überhaupt relevant war. Viele Anschuldigungen beruhten allerdings auf reiner Spekulation.

Dr. Bruce Edwards Ivins wurde 2003 die höchste Auszeichnung verliehen, die das Pentagon an zivile Mitarbeiter überhaupt vergibt. Er erhielt sie zusammen mit zwei Kollegen für besondere Leistungen bei der Lösung von Problemen, die sich im Zusammenhang mit der Herstellung von Anthrax-Impfstoff ergaben.

Die Durchsuchung sollte auf mehrere Objekte angewandt werden. Zunächst auf das kleine Einfamilienhaus des Wissenschaftlers. Genau wie die Wohnung von Hatfill liegt es in der Stadt Frederick in Maryland. Alle wesentlichen Merkmale des Gebäudes sind im Report festgehalten. Die Beschreibung vermittelt wohl zumindest für etwas empfindsamere Leser den Eindruck, jedes einzelne Detail sei bereits ein Grund mehr, den Forscher zu verdächtigen. Diese Eigenschaft haben viele behördliche Texte naturgemäß an sich. Das Haus sei seit dem September 2001 der Hauptwohnsitz des Doktors. Neben einem Fokus auf jenes Anwesen zielte die geplante Durchsuchung auf drei Fahrzeuge ab: die blaue Limousine von Dr. Ivins, eine weitere kleinere Limousine seiner Frau sowie einen roten *Dodge*-Van aus dem Jahr 1996, den Ivins genau wie den Kleinwagen nur gelegentlich nutzte.

60

Zudem befürwortete Dellafera noch die Durchsuchung eines Bank-schließfaches, das Ivins am 12. Juni 1990 bei der *Farmers & Mechanics Bank* in Frederick zusammen mit einer zweiten Person angemietet hatte. Aus dem Affidavit geht jedoch nicht hervor, wer diese Person war oder ist, da die betreffende Passage, wie viele andere Textabschnitte auch, vor der offiziellen Freigabe komplett geschwärzt wurde. Offenbar handelte es sich schlicht um die Frau des Wissenschaftlers. Daraus würde wohl entweder folgen, dass Ivins kein verdächtiges Material dort aufbewahrte, oder aber, dass seine Frau zum etwaigen Kreis der Mitwisser zählte. Letztere Variante erscheint an sich kaum realistisch. Sowohl Ivins als auch die zweite Person griffen im Zeitraum zwischen Dezember und Juli 2007 auf das Schließfach zu, wobei aus der Zeit vor Sommer 2004 in der Bank keine Aufzeichnungen aufbewahrt wurden. Alles kaum verdächtig. Doch Dellafera zählt die Gründe auf, warum seiner Ansicht nach davon ausgegangen werden durfte, dass eine Überprüfung der aufgelisteten Objekte wahrscheinlich »Beweise zutage fördern würde, die im Zusammenhang mit einer laufenden Kriminaluntersuchung zur Verbreitung einer Massenvernichtungswaffe (Anthrax) … stehen, die fünf Menschen tötete und zumindest 17 weitere infizierte«.

Im Überblick schreibt Dellafera: »Die Untersuchung des *Federal Bureau of Investigation* und des US-Postdienstes (im folgenden ›Arbeitsgruppe‹ genannt) hat hinsichtlich der Anthrax-Attacke zur Identifikation von Dr. Bruce Edward[s] Ivins geführt, einem Anthrax-Forscher am *U. S. Army Medical Research Institute for Infectious Diseases, Fort Detrick*, MD«, und zwar als eine Person, die aus mehreren Gründen einer genaueren Überprüfung bedarf: (1) Zur Zeit der Attacken stand eine große Flasche hoch gereinigter Anthrax-Sporen unter seiner Obhut. Diese Sporen besitzen bestimmte genetische Mutationen, die identisch sind mit dem Anthrax, das in den Attacken verwendet wurde; (2) Ivins

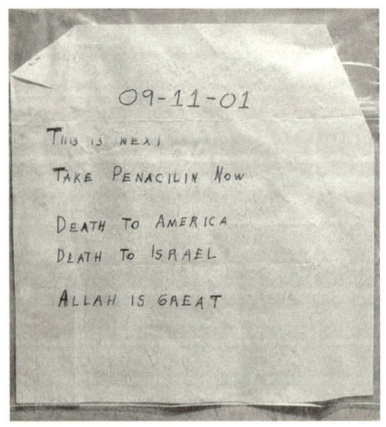

Einer der Anthrax-Briefe.

war nicht in der Lage, den Untersuchern eine angemessene Erklärung für seine zu später Stunde ausgeführten Laborarbeiten zu geben, die um die Zeit beider Anthrax-Aussendungen feststellbar sind; (3) Ivins behauptete, in den Monaten vor den Attacken unter ernsthaften psychischen Problemen gelitten zu haben, und erzählte einem Mitarbeiter, ›zeitweilig unglaublich paranoide, wahnhafte Gedanken‹ gehabt und dabei befürchtet zu haben, sich nicht mehr in der Lage zu befinden, sein Verhalten zu kontrollieren. (4) Man nimmt an, dass Ivins die falschen Anthrax-Proben aus seinem Labor für die forensische Analyse an das FBI gesandt hatte, um die Untersucher irrezuführen. (5) Zur Zeit der Attacken stand Ivins in seiner Arbeit unter dem Druck, einer privaten Firma zu helfen, die ihre FDA-Genehmigung [FDA = *US Food and Drug Administration*, US-Lebens- und Arzneimittelbehörde, Anm. d. Verf.] eingebüßt hatte, einen Anthrax-Impfstoff herzustellen, den die Armee für die US-Truppen benötigte und von dem Ivins glaubte, er sei von wesentlicher Bedeutung für das Anthrax-Programm am USAMRIID; und (6) Ivins sandte einige Tage vor den Anthrax-Attacken eine Warnung an [geschwärzt, Anm. d. Verf.], dass ›Bin-Laden-Terroristen mit Gewissheit über Anthrax und Saringas verfügen‹ und soeben ›den Tod für alle Juden und alle Amerikaner beschlossen hatten‹, eine Sprache ähnlich den Anthrax-Briefen, die warnen: ›Wir haben dieses Anthrax …, Tod für Amerika …, Tod für Israel‹.«

Dellafera widmet sich anschließend den einzelnen Verdachtsmomenten im Detail. Und von Seite zu Seite scheint sich die Schlinge um den Hals von Dr. Bruce Ivins mehr zusammenzuziehen. Doch wie eindeutig ist die Beweislage wirklich? Schauen wir uns einmal die wichtigsten Argumente an.

RMR-1029

Verfeinerte Analysemethoden zeigen Unterschiede zwischen dem ursprünglichen Ames-Stamm von 1981 und den Bakterien, wie sie in den Briefen gefunden wurden. Schon die direkte, visuelle Untersuchung belegt Abweichungen in Form, Farbe und Struktur der so winzigen wie gefährlichen Organismen. Diese Variationen sind das Ergebnis genetischer Unterschiede und liefern einen einzigartigen

Die Arbeitsstätte von Dr. Bruce E. Ivins – Gebäude 1425 des USAMRIID.

DNA-Fingerabdruck der Mikroben. So lässt sich ihre Herkunft merklich einengen. Sie entstammen insgesamt 16 staatlichen Laboratorien.

Neben US-Einrichtungen waren dabei auch kanadische, britische und schwedische Forschungsstätten mit von der Partie. Rund 1000 Proben aus all diesen Labors lagerten schließlich im *FBI Bacillus Anthracis Repository* – von Dellafera mit »FBIR« abgekürzt. Hier filterten die Ermittler der »Arbeitsgruppe« schließlich diejenigen Bazillen heraus, die genau mit den Proben aus der Post übereinstimmten. Das Dellafera-Dokument nennt offenbar die Namen der Untersucher, die das Material erhielten und mit der Analyse betraut waren. Doch wurde die betreffende Passage geschwärzt. Auch im Fall Ivins führen Argumente wie »nationale Sicherheit« und »Schutz der Privatsphäre« zu einer scheinbar ambivalenten Situation. Zwar sind manche der genannten Gründe, warum nicht sämtliche Namen genannt werden, zu einem gewissen Grad nachvollziehbar. Doch sieht es in der Praxis so aus, dass wir uns hinsichtlich der Beweislage voll und ganz auf das FBI verlassen müssen, das seit dem 11. September 2001 zunehmend die Rolle eines neuen US-Geheimdienstes übernommen hat. Da bleibt es nun jedermann selbst überlassen zu entscheiden, ob er den US-Behörden wirklich trauen will oder nicht. Aber nachdenklich stimmt es schon, wenn entscheidende Originaldokumente der »Akte Ivins« nicht veröffentlicht werden und an deren Stelle lediglich FBI-Aussagen und -Bewertungen gestellt werden, die man glauben kann oder eben auch nicht.

Nun, jedenfalls stellte sich nach Aussagen von Dellafera bei der

Anthrax-Analyse letztlich heraus, dass die vier spezifischen Genmutationen, wie sie auch bei den Briefsporen auftraten, nur in acht Proben wieder in Erscheinung traten. Sie gehen laut Dellafera und FBIR auf eine einzige Quelle zurück. Die Formulierung, die der Postinspekteur gebraucht, erscheint dabei allerdings etwas nebulös: »Die Recherche der Arbeitsgruppe hat ermittelt, dass jedes dieser acht FBIR-Isolate direkt mit einer einzigen *Bacillus-anthracis*-Charge des Ames-Stranges verwandt ist, die als RMR-1029 identifiziert wurde.« Manch einer fragt sich nun, was dieses »direkt verwandt« (»directly related«) genau aussagen soll. Belegt diese Verwandtschaft lediglich eine genetische Nähe oder aber die zwingende Herkunft aus RMR-1029? Ohne dies näher zu erläutern, geht Dellafera nunmehr unmittelbar auf diese eine Anthrax-Quelle ein: »RMR-1029 wurde im biologischen Sicherheitsbereich B3 innerhalb von Gebäude 1425 des *United States Army Medical Institute of Infectious Diseases* (USAMRIID), *Fort Detrick*, Maryland, gelagert. Zugang zu diesem Bereich wird lediglich solchem Personal ermöglicht, das durch das *USAMRIID-Sicherheits-, Gefahrenschutz- und Spezial-Immunisierungs-Programm* nachweislich über die erforderliche Hintergrundüberprüfung verfügt, die Ausbildung und den medizinischen Schutz (Impfung oder persönliche Schutzausrüstung …, Dr. Bruce Ivins hatte ungehinderten Zugang zu dem Bereich und war der einzige Aufseher von RMR-1029, seitdem es erstmals im Jahr 1997 gezüchtet wurde.«

So weit, so gut oder schlecht. Nur, ein sonderlich großes Wunder ist es nicht, wenn diese Ableger allesamt aus Geheimlabors der Regierung stammten, denn die Herstellung und Trocknung ist laut verschiedener Experten keineswegs eine leichte Angelegenheit, die sowohl das entsprechende Fachwissen als auch das entsprechende technische Rüstzeug erfordert. Und diese Konstellation ist außerhalb der *staatlichen* – und durchaus auch *stattlichen* – Labors des US-Militärs kaum anzutreffen. Es ist zudem ebenfalls kein sonderlich großes Wunder, wenn der Aufseher über jenes gefährliche Material ein spezialisierter Wissenschaftler ist. Dellafera engt den Kreis der Verdächtigen in jenen wenigen Zeilen geradezu zwingend auf Dr. Ivins ein. Im Kontext der Anthrax-Attacken und der auf neuen Methoden beruhenden genetischen Analysen erscheint allein schon diese Schlussfolgerung im Dellafera-Dokument so logisch, dass der Forscher geradewegs durch ein tadelloses wissenschaftliches Eliminationsverfahren eindeutig überführt erscheint. Das FBI rühmt daher auch die Erfolge der Anthrax-Recherche ganz unmissverständlich: »Die Amerithrax-Ermittlung ist eine der größten und kompliziertesten Untersuchungen, die je von polizeilichen Behörden durchgeführt wurden. Die Amerithrax-Task-Force, bestehend aus 17 Spezialagenten und zehn US-Postinspektoren, führte mehr als 9100 Vernehmungen sowie 70 Durchsuchungen durch und verfolgte Spuren über sechs Kontinente hinweg. Im Zuge dessen wurde eine brandneue Wissenschaft entwickelt, die letztlich zum großen Durchbruch in diesem Fall führte. Diese Wissenschaft – die ein DNA-Äquivalent eines Fingerabdrucks schuf – erlaubte den Ermittlern, den Ursprung des Anthrax genau zu bestimmen. Zusammen mit den besten Experten der Wissenschaftsgemeinde entwickelte das FBI-Labor vier hoch empfindliche und spezielle Tests, um die einzigartigen Eigenschaften des 2001 in den Attacken eingesetzten Anthrax zu entdecken. Diese Arbeit nahm mehrere Jahre in Anspruch, doch Anfang 2005 identifizierte die bahnbrechende Forschung erfolgreich, woher das in den Briefen benutzte Anthrax stammte.«

Doch ist es von der Identifizierung des Ursprungsortes hin zur Identifizierung des Urhebers der Attacken ein weiterer großer Schritt, der jedoch merklich abgekürzt wurde. Auch wenn die Argumentation Dellaferas lediglich Verdachtsmomente erfassen will, suggeriert sie eine nachweisliche Schuld des Dr. Ivins. Das Dokument bildet eine wichtige Stütze der Ermittlungen, die ihrerseits ohnehin zeigen, dass bis zum mysteriösen Tod des Wissenschaftlers kaum zusätzliche Nachweise gegen ihn erbracht wurden. Jedenfalls wird Ivins nicht um einen Deut verdächtiger, nur weil er im B3-Hochsicherheitsbereich auf *Fort Detrick* als Hüter des Anthrax-Behälters RMR-1029 ermittelt wurde. Er war dort nun einmal als leitender Forscher mit jahrelanger Berufserfahrung auf diesem Spezialgebiet tätig. Ihn damit zum Hauptverdächtigen zu machen, ähnelt jener althergebrachten Logik, den Überbringer einer schlechten Nachricht auch als Schuldigen zu bestrafen. Wie sich noch zeigen wird, erweisen sich die meisten Argumente gegen Ivins als pure Augenwischerei. Und so kann man sich des Eindrucks nicht erwehren, dass hier ein Schuldiger konstruiert werden musste.

Aber wie wahrscheinlich ist es, dass ausgerechnet jener eine, hoch qualifizierte Forscher, der über Jahrzehnte hinweg verlässlich mit sensitivem und gefährlichem Material umging, plötzlich zum mörderischen Attentäter mutierte? Und wie gelang den FBI-Analytikern die exakte Einschränkung auf *Fort Detrick*? Diese Frage stellt sich, da die acht Proben nicht alle aus einem Labor stammten. Lediglich deren ursprünglich gemeinsame Quelle wird als RMR-1029 bestimmt. Dabei ist auch interessant, dass Dellafera auf eine bakterielle Verunreinigung der »verbrieften« Anthrax-Sporen hinweist, die im Brief an die *New York Post* und im Brief an Tom Brokaw von *NBC-News* gefunden wurden. Beide enthielten als zusätzliche Dreingabe identische Formen des verbreiteten, aber ungefährlichen *Bacillus subtilis*. Der allerdings findet sich nicht in RMR-1029! Also konnte er erst später, im Verlauf der Herstellung der Sporen, hineingelangt sein. Die Briefe aus der zweiten Welle enthielten diesen Bazillus allerdings nicht, und die Sporen lagen als feines Pulver vor. Aus beidem folgt, dass die Herstellung bei mindestens zwei voneinander getrennten Gelegenheiten unter voneinander abweichenden Bedingungen stattgefunden haben muss. Warum aber sollte Dr. Ivins zwei verschiedene Wege gewählt haben, das Material aufzubereiten? Angeblich habe er nach dem 11. September 2001 unter Zeitdruck gestanden, wollte die Briefe baldmöglichst abschicken, habe dann aber die zweite Attacke in größerer Ruhe vorbereitet. – Ergibt das einen Sinn?

Erstens kam es wohl kaum darauf an, die anfänglichen Briefe exakt eine Woche nach dem vermeintlichen Terrorangriff zu versenden. Und zweitens wäre die Anspannung nach einer schließlich verübten Tat für einen Erst- und Einzeltäter sicherlich so hoch gewesen, dass ihn die nun eingetretene Situation, seine Schuld und ein erhöhtes Entdeckungsrisiko weit nervöser hätten agieren lassen. Natürlich ist das spekulativ; doch nicht minder spekulativ sind die offiziellen Ermittlungsergebnisse gegen Dr. Ivins. Die Beweisführung ist oft sprunghaft, die meisten Informationen bleiben ohnehin unter Verschluss. Und auch die »brandneue« wissenschaftliche Methode ist weder wirklich brandneu noch führt sie mit unzweifelhafter Eindeutigkeit zum Herstellungsort des Anthrax, geschweige denn zum Täter selbst. Auch wurden keine einzigen verdächtigen Spuren im Haus und allgemeinen Umfeld von Dr. Ivins gesichert. Zumindest sind sie bislang nicht veröffentlicht worden, was sicher geschehen wäre, hätte man sie wirklich gehabt.

In einer Fußnote erwähnt Dellafera eher beiläufig, dass die Anthrax-»Task-Force« von Zeit zu Zeit auch Durchsuchungsgenehmigungen für die Häuser und Fahrzeuge *anderer Personen* erhalten habe. Auch deren Namen sind alle geschwärzt. Auf welcher Basis die Genehmigungen erteilt wurden, bleibt ebenso ungenannt wie sämtliche Gründe, die jeweiligen Ermittlungen einzustellen. Ein Vergleich mit der Situation bei Dr. Ivins wäre nicht uninteressant gewesen. Aber das alles nur nebenbei bemerkt.

So muss man wohl insgesamt nun erst einmal als gegeben hinnehmen, dass es mit einer neuen wissenschaftlichen Methode möglich war, *Fort Detrick* nicht nur als ursprüngliche Quelle der Sporen zu identifizieren, sondern wohl auch als das Labor festzunageln, in dem der Täter arbeitete. Wie das mit einem Anthrax-Gentest möglich gewesen sein soll, bleibt allerdings ein unbeantwortetes Rätsel. Daher vermuten manche Beobachter des Geschehens eher, dass die Lokalität vielmehr mit einer anderen, ebenfalls recht fragwürdigen Methode bestimmt wurde.

10 Nassau Street

Rückblende in den Herbst 2001: Das FBI macht sich nach den Milzbrand-Attacken die Mühe, möglichst all jene Umschläge einzusammeln, die mit den verwendeten Briefkuverts übereinstimmten. Sie sollten auf charakteristische Herstellungsfehler hin untersucht werden. Eine bemerkenswerte Aufgabe! Zwischen Dezember 2000 und März 2002 stellte die in Williamsburg ansässige *MeadWestvaco Corporation* rund 45 Millionen solcher 6¼-Zoll-»Federal-Eagle«-Kuverts her. Die Untersuchung ergab, dass eine vergleichsweise kleine Zahl dieselben, kaum merklichen Mängel aufwies wie die Anthrax-Kuverts. Alle stammten aus Poststellen in Maryland und Virginia. Und in dieser Region befindet sich nur *ein* Labor, das den virulenten Anthrax-Stamm birgt: das USAMRIID in *Fort Detrick*. Die Ermittler überlagerten gewissermaßen die betreffenden Poststellen mit den Labors und bestimmten die Schnittmenge. Doch wie sicher ist dieses Verfahren bei der Suche nach dem Anthrax-Täter? Kuverts werden nicht immer in den Poststellen erworben. Sie konnten durchaus in anderen Bundes-staaten verfügbar gewesen sein. Zudem verbindet sich damit kein direkter Beweis mit Dr. Ivins. So verhält es sich auch mit der genauen Analyse des Klebebandes, mit dem die Kuverts eingefasst waren. Zwar bestimmte das FBI jede einzelne Faser, doch gibt es *keinerlei* Spuren, die auf Dr. Ivins hindeuten, *keinen* Fingerabdruck, *keine* spezielle Faser, die an seiner Kleidung gefunden wurde, *kein* identisches Haar, *nichts.* Bemerkenswert auch: Bei aller Gründlichkeit der Analyse – was ist eigentlich mit Schriftproben, mit graphologischen Untersuchungen der Handschrift auf den Anthrax-Briefen? Auch hier gibt es *keinen* Hinweis auf Dr. Ivins. Das Schriftbild wirkt leicht kindlich, und so machten schon Vermutungen die Runde, der Täter könne vielleicht hierfür ein Kind engagiert und gebeten haben, die Adressen und Texte zu schreiben. Der Urheber hat verständlicherweise versucht, jegliche weitere Besonderheiten und »Schnörkel« zu vermeiden – oder er wurde dazu angewiesen. Hätte es sich um ein Kind aus dem Verwandten- oder Bekanntenkreis des Täters gehandelt, dürfte das FBI keine größe-ren Schwierigkeiten gehabt haben, es ausfindig zu machen. Doch offenbar wiederum Fehlanzeige.

Die Anthrax-Briefe wurden den FBI-Ermittlungen zufolge alle in einen einzigen Briefkasten geworfen und von dort aus verbreitet, von einem Postbehälter in Princeton, New Jersey. Sie wanderten alle durch die regionale *Hamilton*-Poststelle und wurden dort entsprechend abge-stempelt. Das FBI nahm von jedem Briefkasten im Einzugsbereich dieser Poststelle Proben, um verbliebene Anthrax-Sporen zu finden. In der 10 Nassau Street wurden sie schließlich fündig. Der dortige Brief-kasten war definitiv kontaminiert. Bei der weiteren Untersuchung fanden sich auch einige Haare, die – so heißt es – von einem Kaukasier stammen mussten. Sie seien geeignet für einen Vergleich. Würden sie sich mit Haarproben von Ivins decken, käme dies einem Beweis natürlich schon sehr nahe. Warum aber wurde bis nach dem Tod des Wissenschaftlers nichts darüber veröffentlicht? Wäre diese Informa-tion denn nicht sehr schnell verfügbar gewesen? Aber wieder nichts. Einerseits soll Ivins als Schuldiger anerkannt werden, andererseits werden die nötigen Beweise einfach nicht auf den Tisch gelegt. Und was überhaupt wäre ein echter Beweis: Man stelle sich doch einfach nur vor, eines der Haare aus der Nassau Street würde zu 100 Prozent mit denjenigen des Forschers übereinstimmen. Wäre das ein wirklicher Beweis?

Mittlerweile ist diese Frage sowieso gerechtfertigt, denn wie es aussieht, will irgendjemand, dass Ivins und wirklich nur Ivins der Täter ist, derjenige, der einzig und allein für die Attacken verantwortlich ist – ohne Komplizen. Und ohne Wenn und Aber. Tatsächlich hat das FBI den gigantischen Fall kurz nach dem sehr praktischen Tod von Dr. Ivins zu den Akten gelegt. Er gilt definitiv als abgeschlossen, der Anthrax-Mörder als identifiziert. Denn er hat sich selbst gerichtet. Also das beste Eingeständnis! Doch wer alles nur einigermaßen aufgeschlossen und kritisch verfolgt hat, für den bleibt die Angelegenheit so etwas wie eine X-Akte. Mysteriös, geheimnisumwittert, ungeklärt.

Wenn also nur ein einziges jener Haare von Dr. Ivins stammte, was folgte wirklich hieraus? Gerade wegen der Umstände, gerade wegen des seltsamen Charakters der FBI-Untersuchung könnte durchaus jemand diesen Beweis »produziert« haben. Das Haar könnte bei vielen Gelegenheiten völlig unproblematisch und auch ziemlich unauffällig sichergestellt worden sein. Bei den Hausdurchsuchungen, in einem der Fahrzeuge von Bruce Ivins oder auch noch nach dessen Tod. So kann man noch posthum zum Mörder werden – eben um ein Haar!

Warum aber sind offenbar keine Kontaminierungen in zumindest einem der Fahrzeuge von Dr. Ivins gefunden worden? Wo war der Doktor überhaupt an den fraglichen Tagen? Verhielt er sich auffallend?

Wir kommen damit zu den rätselhaftesten Facetten des Falles.

Zu ihnen zählt zweifellos auch die erhöhte nächtliche Labor-Aktivität, die Dr. Ivins im Zeitfenster um die Milzbrandattacken an den »Tag« legte.

Unerklärliche Überstunden

Üblicherweise traf der Doktor um 7.30 Uhr morgens im Labor ein und arbeitete bis gegen 16.45 nachmittags. In den Abendstunden kam er häufig noch einmal zurück, um den augenblicklichen Status und die Entwicklung verschiedener aktuell laufender Experimente noch einmal zu überprüfen. Gegen Mitte August stellte sich eine Veränderung ein. Dr. Ivins hielt sich abends überdurchschnittlich lang im Labor auf.

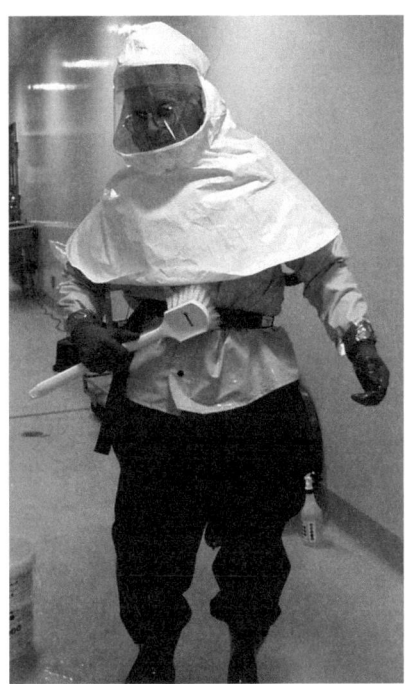

Das Arbeiten im BSL-3-Labor erfordert strengste Sicherheitsvorkehrungen. Wer hier wirkt, sollte zuverlässig und in bester mentaler Verfassung sein. Das Personal wird regelmäßig auf seinen Gesundheitszustand überprüft. Jeder Laborbesuch wird exakt registriert. Vor den Anthrax-Attacken häuften sich abendliche Laboraufenthalte von Dr. Ivins. War er wirklich der gesuchte Killer?

Der Bereich B3 in Gebäude 1425 ist das Hochsicherheits-Labor der Stufe BSL-3 – *Biological Safety Level 3*, hierzulande Biologisches Sicherheits-Labor. Darüber existiert nur noch eine weitere Stufe mit noch strengeren Maßgaben. BSL-4-Labors bergen die generell gefährlichsten biologischen Substanzen, beispielsweise auch Anthrax in Aerosol-Form. Als getrocknete Schwebeteilchen sind sie natürlich besonders virulent und erfordern höhere Sicherheitsvorkehrungen als ihr flüssiges Pendant. Zugang zur BSL-3 *Suite B3* in Gebäude 1425 gewährt ein Kartenlesegerät, die Sicherheits-Zugangskontrolle (*Security Access Reader*, SAC) an einer magnetisch verschlossenen Türe mit Tastaturfeld. Das zentrale Überwachungssystem registriert jede Bewegung und speichert die Anfangs- und Endzeiten eines jeden »Besuchs«. Zwischen August und Oktober 2001 hielt sich Dr. Ivins in den Abendstunden überraschend lange in B3 auf. Drei Tage vor der ersten Anthrax-Attacke befand sich der Wissenschaftler jeweils genau zwei Stunden und 15 Minuten in B3, zuletzt am 16. September 2001. Danach suchte er das Labor abends erst wieder nach einer zehntägigen Pause auf. Ab dem 28. September arbeitete Bruce Ivins offenbar an acht aufeinanderfolgenden Abenden teils bis spät in die Nacht hinein im Labor. Auffallend ist dabei auch eine Spiegelung der Aufenthalts-dauern gegen Mitte dieser ungewöhnlichen Woche, wobei die Spitzen an den Eckdaten liegen. Am 28. September verbrachte er eine Stunde und 42 Minuten in B3; der kürzeste Aufenthalt fällt auf den 1. Okto-ber und dauerte 20 Minuten, am nächsten Tag sind es nur drei Minuten mehr. Dann springt die verbrachte Zeit plötzlich auf drei Stunden und darüber, gipfelnd am 5. Oktober mit drei Stunden und 42 Minuten. Im Jahr 2000 gab es im Vergleich dazu keine derart langen Abschnitte in den Abendstunden. Lediglich im Januar fällt ein Gipfel auf, der allerdings nicht mit den Häufungen im Spätsommer und Herbst 2001 zu konkurrieren vermag. Dellafera stellt fest, dass die Kollegen des Wissenschaftlers im fraglichen Zeitraum keine zusätz-lichen Arbeitsstunden verbuchten. Hier gab es keinerlei Auffälligkei-ten, somit arbeitete Ivins an jenen Abenden auch völlig allein im B3-Labor. Dieser Umstand unterstreicht natürlich die Annahme, Ivins sei ein Einzeltäter gewesen.

Dass jeder Aufenthalt in B3 sich später exakt rekonstruieren ließe, muss Dr. Ivins allerdings absolut klar gewesen sein. Somit musste ihm auch klar sein, dass er sich durch abweichende Arbeitszyklen und nicht erklärbare abendliche Labor-Stunden augenblicklich verdächtig ma-chen musste. Vergessen wir nicht, die Katastrophe vom 11. September 2001 lag damals gerade einmal eine Woche zurück, die Welt war alarmiert! Dr. Ivins musste schon mit äußerster Skrupellosigkeit und auch ohne Rücksicht auf eigene Verluste aktiv geworden sein, als er sämtliche Konsequenzen völlig vernachlässigte und sich offenbar auch nicht die geringste Mühe machte, seine an sich doch völlig heimliche Tätigkeit zu verschleiern. Ja, er hatte noch Jahre später angeblich nicht einmal eine passende Ausrede hierfür parat, die er sich eigentlich längst hätte zurechtlegen können! Sehr, sehr seltsam! Am 31. März 2005 konnte er als Erklärung lediglich vorbringen: »Zu Hause war nicht gut« und sprach davon, dem Leben zu Hause »zu entkommen«. Er habe den Ermittlern gegenüber auch eingestanden, seine damaligen Forschungen rechtfertigten die langen Abende in B3 nicht. Ist es wirklich möglich, dass er der wahre Anthrax-Killer war? Oder sollte man die Frage anders stellen: Ist es wirklich möglich, dass der wahre Anthrax-Killer, offenbar also jener hochintelligente Wissenschaftler, so dumm war, keinerlei Vorkehrungen zu treffen, sein illegales Handeln besser zu vernebeln, und sei es durch wie auch immer geartete, aber zumindest plausible Deckerklärungen?!

Da der Bioterror von der herrschenden Regierung schon damals keineswegs als abnehmende Gefahr bewertet wurde, ganz im Gegenteil, und da auch Dr. Ivins in jener Zeit ebenfalls offenbar bereits mehr gewusst haben kann, war eine »Ausrede« vielleicht gar nicht nötig. Aufgrund der drohenden Gefahr konnte er seine Aktivität ebenfalls intensiviert haben. Wie heißt es unter Punkt (6) des Dellafera-Papiers gleich noch einmal: »Ivins sandte einige Tage vor den Anthrax-Attacken eine Warnung an [geschwärzt, Anm. d. Verf.], dass ›Bin-Laden-Terroristen mit Gewissheit über Anthrax und Saringas verfügen‹ und soeben ›den Tod für alle Juden und alle Amerikaner beschlossen hatten‹.«

Vielleicht war er sogar jene Abende *in höherem Auftrag* in das Labor gegangen, vielleicht um Sicherheitsfragen zu klären oder Abwehrmaßnahmen zu treffen, was auch immer. Vielleicht hatten sogar diejenigen, die ihn mit zusätzlichen Tätigkeiten betrauten, dies mit Bedacht getan, um später ein weiteres Beweisstück gegen ihn in der Hand zu haben.

Diese Spekulationen sollen nur aufzeigen, was alles denkbar wäre. Sie sollen auch nur demonstrieren, dass die vorliegenden Daten zum veränderten Arbeitsablauf des Wissenschaftlers alles andere als gültige Beweise darstellen, da genügend entlastende Szenarien möglich sind. Im Grunde vom heimlichen Arbeitsauftrag bis sogar hin zu einer auf Dr. Ivins angesetzten Liebhaberin! Da steht die Realität einem schlechten Film in nichts nach. Und die Geheimdienste freuen sich darüber, denn durch entsprechendes Kino unterhaltsam in Szene gesetzt, aber auch unglaubhaft gemacht, winkt jeder hier sofort ab. »Sowas gibt's doch nur bei James Bond!« – Doch, gibt es schon. Sogar recht häufig. Als »Honeytraps/Honeypots« – »Honigfallen/Honigtöpfe« sind solche Maßnahmen bekannt und gelten vor allem für kurzzeitige Probleme als wirksam. Beispiele dafür finden sich seit alter Zeit bis in die jüngste Geschichte hinein. Nur eine weitere Möglichkeit von vielen. Doch auch ein zweiter Blick auf die Verteilung der abendlichen Überstunden des Doktors lohnt sich. Dann fällt auf, dass die Aufenthalte nicht abrupt nach den Attacken enden. Und das ist, entgegen aller Spekulation, ganz offenbar eine Tatsache, geht sie doch auch aus dem Dellafera-Dokument hervor, das zwar ansonsten natürlich kein belastendes Argument auslässt, entsprechend gerne aber eben diese eine entlastende Tatsache unterschlägt!

Jedenfalls war Dr. Ivins auch im November 2001 überdurchschnittlich aktiv. Welchen Grund sollte er hierzu *nach* den Anthrax-Attacken noch gehabt habe? Vernebelung? Verwirrtaktik? Damit hätte er dann wohl früher anfangen sollen, aber ihm fiel ja nicht einmal dreieinhalb Jahre später eine vernünftige Erklärung für seine Zusatzzeiten ein! Die weiterhin überdurchschnittlich hohe Abendtätigkeit im November scheint jedenfalls gegen einen kausalen Zusammenhang zwischen den Attacken und der gesamten Aktivitätsperiode zu sprechen, die zwischen August und November andauerte. Immerhin war Dr. Ivins seit beinahe zwei Jahren abends nicht mehr so lange im Labor wie damals im November 2001. Nur das schon erwähnte »Hoch« vom Januar 2000 übertrifft die Stundenzahlen noch.

Ein Genie zum Fürchten

Dellafera zweifelt jedenfalls nicht an der Schuld des Doktors, denn zu zweifeln ist gewiss nicht sein Auftrag. Und die parallel mit den Anthrax-Attacken einhergehenden Nachtaktivitäten des Bruce E. Ivins bilden eines der eindeutigsten Argumente in der gesamten Indizienkette gegen den Forscher, der zudem genau an der richtigen Quelle saß und über die richtige Qualifikation verfügte. So erinnert Dellafera noch einmal daran: »Da die Herstellung von Anthrax-Sporenpräparaten eine der Hauptaufgaben von Dr. Ivins am USAMRIID war, hatte er vielfache und uneingeschränkte Gelegenheiten, Sporen des Ames-Stranges für illegale Zwecke zu produzieren oder abzuzweigen. Sein Zugang zu *Suite B3* und USAMRIID bot alle erforderliche Ausrüstung und Sicherheitseinrichtungen, um die Anthrax-Erreger und die Briefe vorzubereiten, die in den Attacken vom Herbst 2001 verwendet wurden.«

Ausgewiesene Fachleute sind allerdings auch hier anderer Ansicht. So nicht zuletzt Richard O. Spertzel, ein führender Mikrobiologe und über Jahre hinweg Leiter der Biowaffensektion einer Sonderkommission der Vereinten Nationen. Am 5. August 2008 erklärte Spertzel: »Trotz der anscheinend schlagkräftigen Geschichte, dass Ivins Selbstmord beging, weil die Ermittler sich auf ihn konzentrierten, ist die Angelegenheit fern davon, ein abgeschlossener Fall zu sein. Das FBI muss erklären, warum es sich auf Ivins konzentrierte, wie er das Anthrax herstellen konnte, das an Gesetzgeber und die Medien gesandt wurde, und wie er (oder jemand anderes) die Attacken völlig alleine durchziehen konnte. Ich glaube, das ist ein weiterer Fehler der Ermittlungen. Fangen wir mit dem Anthrax in den Briefen an die Senatoren Tom Daschle und Patrick Leahy an. Die Sporen konnten im *US Army Medical Research Institute of Infectious Diseases* ... nicht hergestellt worden sein, ohne dass viele andere Leute das mitbekamen. Außerdem existiert an diesem Institut nicht die Ausrüstung, um ein solches Produkt zu schaffen. Informationen, die das FBI im Verlauf der vergangenen sieben Jahre freigegeben hat, lassen auf ein Produkt von außergewöhnlicher Qualität schließen. Es enthielt im Wesentlichen reine Sporen. Die Teilchengröße betrug 1,5 bis 3 Mikron im Durchmesser. Gebräuchlich sind mehrere Methoden, um derart kleines Anthrax-Material herzustellen. Aber die meisten davon verlangen danach, die Sporen bis zu Dimensionen zu zermahlen, die gering genug sind, um bis in die tiefen Bereiche der Lunge eingeatmet zu werden.«

Nun wird es immer interessanter. Spertzel erklärt, die Sporen wurden regelrecht »maßgeschneidert«, und er beruft sich dabei sogar auf eine FBI-Meldung vom November 2001, die beschreibt, dass die Partikeln mit einem zuvor nie gesehenen Produkt vergütet waren. Demnach waren sie mit einem Polyglas aus Kieselsäure überzogen. Diese Information wurde damals von einem ehemaligen Waffeninspektor Spertzels auch an das deutsche Außenministerium weitergeleitet. Und eine undichte Stelle im FBI ließ durchblicken, dass die Teilchen mit einer gleichartigen elektrischen Ladung versehen wurden. Somit stoßen sich die winzigen Partikeln gegenseitig ab, was ihre Schwebefähigkeit erleichtert und die Infiltration in der Lunge erhöht. Damit steigt logischerweise auch ihre Gefährlichkeit rapide an. Im US-Biowaffenprogramm habe es nichts Vergleichbares gegeben, so Spertzel. Er weist auch darauf hin, dass der Ames-Stamm weit verbreitet sei und das FBI die Ähnlichkeit dieses Stammes zu Erregern auf Haiti und Sir Lanka selbst zugab. Und ziemlich eindeutig stellt er fest: »Mikroben-DNA ist kein sehr verlässlicher Weg, gegen einen Wissenschaftler zu plädieren.« Abschließend erklärt er noch einmal eindeutig: Es liegen keinerlei schlüssige Beweise vor, dass ein einzelner Wissenschaftler ein derart ausgefeiltes Produkt herzustellen imstande ist. Dr. Spertzel betont: »Nach allem, was wir bislang wissen, war Bruce Ivins, obwohl möglicherweise ein brillanter Wissenschaftler, nicht jener Mann. Die vielfältigen Disziplinen und Technologien, die erforderlich sind, um dieses spezielle Anthrax herzustellen, existieren nicht am *[US] Army Medical Research Institute of Infectious Diseases*. Inhalationsstudien werden zwar an diesem Institut durchgeführt, aber unter Anwendung flüssiger Präparate und keiner pulverisierten Produkte«.

Spertzel weist noch auf einen interessanten Begleitumstand hin. Das FBI selbst habe über einen Zeitraum von zwölf bis 18 Monaten versucht, gleichsam Kopien des Anthrax-Materials herzustellen, genau in jener fein pulverisierten Form, wie es in den Briefen an die beiden Senatoren verschickt wurde. Ohne Erfolg. Wie sollte es also einem einzelnen Wissenschaftler in klammheimlicher Arbeit gelingen, und das auch noch innerhalb von nur einer Woche!

Pandoras Kühlbox

Richard O. Spertzel steht mit seiner Einschätzung keineswegs alleine da. Genügend andere Experten sind genau derselben Überzeugung. Nur kurz ein weiteres Beispiel: der Mediziner Alan P. Zelicoff, ehemals Wissenschaftler an den *Sandia National Laboratories* in New Mexico und Spezialist auf dem Gebiet der Biowaffenkontrolle. Er fragt, wie denn überhaupt der *Biologe* Ivins die Aerosolisierung von Anthrax-Sporen beherrscht haben soll. Denn das habe nichts mit Biologie, sondern mit Aerosol-*Physik* zu tun! Das einzige Institut, das offenbar wirklich alle Eigenschaften in sich vereint, jene gefährlichen Sporen zu produzieren, liegt nicht in Maryland, sondern auf der anderen Seite der USA – in der viel gepriesenen und auch gefürchteten Weite des Westens, in einer der einsamsten Prärie-Landschaften, die man sich nur vorstellen kann. Hier, im ausgedörrten Hinterland von Utah, erstreckt sich das riesige Testgelände des *Dugway Proving Ground* (DPG). Eine unheimliche, tödliche Stätte.

Doch wer sich dort hinausbegibt, ahnt zunächst nicht, wie vergiftet das Land ist, welches das 320 000 Hektar große Testgelände umschließt. Düstere Geheimnisse liegen hier begraben. Die großteils verborgene Geschichte dieses Ortes tritt hier und da zutage, und schon das Bekannte jagt dem arglosen Außenseiter fast stets kalte Schauer über den Rücken.

Die Geheimhaltung um *Dugway* hat in den vergangenen Jahren wieder zugenommen, vor allem seit den Ereignissen im September und Oktober 2001. Seitdem wird es immer schwerer, sich dem Gelände zu nähern und Aufnahmen der Anlagen zu machen. Über 600 Gebäude befinden sich auf dem ausgedehnten Komplex, der sich am Rande der Großen Salzwüste rund 130 Kilometer südwestlich von Salt Lake City befindet. Vorbei an einer streng symmetrischen, düster wirkenden Mormonenkirche führt Highway 199 durch den kleinen Ort Dugway, um bald vor dem östlichen Tor der Teststätte zu enden.

Von hier aus münden kleine Straßen am Rande des *Proving Ground* in die Einsamkeit, in südliche Richtung, hin zur kaum vorhandenen Ansiedlung Simpson Springs nahe dem *Wasatch Cache National Forest*.

Simpson Springs liegt direkt an der Südostecke jener ausgedehnten Sperrzone. Kaum eine Menschenseele verirrt sich hierher. Im Westen nichts als totes Niemandsland. Nur eine kleine Schotterstraße erinnert noch an die Zivilisation; der Pfad verläuft entlang eines mit Warnschildern versehenen Militärzaunes, in dessen weitem Hintergrund verschiedene Überwachungs- und Testanlagen auszumachen sind, teils auch lang gestreckte, mehrstöckige Gebäude. Ein Großteil des *Dugway Proving Ground* lässt sich sogar von außerhalb gut überblicken, von den Anhöhen des *Dugway Range* oder des *Deep Creek Range*. Auch das *Deseret Test Center* und der dubiose *Wendover Range* sind von dort einsehbar. Also nichts für geheime Tests utopischer Flugzeuge, wie sie vor allem auf der sagenumwobenen *Area 51* in Nevada durchgeführt werden, jener berühmten Militär- und Geheimdienstbasis, die von öffentlichem Land aus nur mit großer Mühe direkt zu sehen ist – de facto von einem einzigen, hohen Berggipfel. Einige Rätsel dieser Basis werden uns später noch beschäftigen.

Doch die Mysterien von Dugway sind gänzlich anderer Natur. Und sie bleiben ebenfalls sehr gut verborgen, tief im Innersten der biologischen Hochsicherheits-Labors, in streng kontrollierten Kühlräumen und geheimen Kellern. Hier ruht, wie manche sagen, »Pandoras Tiefkühltruhe«. Sie zu öffnen wäre wahrhaft ein tödlicher Fehler.

Zentrale Gebäude der geheimen Forschungsanlagen von **Dugway.** *Hier lagern die gefährlichsten chemischen und biologischen Kampfstoffe. Wehe dem, der »Pandoras Kühltruhe« öffnet! Der* **Dugway Proving Ground** *hat eine finstere Geschichte.*

Über Jahrzehnte hinweg führte die US-Regierung hier skrupellose Experimente mit atomaren und biologischen Waffen durch, arbeitete mit den gefährlichsten Chemikalien und verseuchte das Umland und den Erdboden. Eine erschreckende Hexenküche der staatlichen ABC-Arsenale! 1959 zogen radioaktiv verseuchte Wolken über Utah hinweg. Ihre Herkunft: *Dugway.* Das Militär hatte dort auf sehr direkte Weise die Folgen einer Reaktorschmelze erforscht. Gifte kamen ebenfalls zum Einsatz. Im Rahmen eines unverantwortlichen Experiments testeten Forscher des DPG die Wirkung von Nervengas – an eigenen Soldaten! Und das gleich massenweise! Außerdem fanden Hunderte von Versuchen mit gefährlichen Erregern auf *Dugway* statt. Mit von der Partie: Anthrax!

Doch die meisten Beweise für derart verbrecherische Aktionen und riskante Experimente verschwanden auf Nimmerwiedersehen. Fast alle Dokumente hierzu fallen ohnehin – was wohl kaum weiter verwunderlich ist – unter strengste Geheimhaltung.

Das Spinnennetz

Logistisch gesehen ist *Dugway* mit dem *Aberdeen*-Testgelände und *Fort Detrick* eng verbunden. DPG gehört dem *U. S. Army Test and Evaluation Command* (TECOM) an. Zwar gilt das Riesenlabor als rein defensive Forschungsstätte für Biowaffen, doch kann nach allem, was man heute weiß, nur *Dugway* die wahre Quelle des so speziell aufbereiteten Anthrax gewesen sein. Was man heute nicht genau weiß, betrifft diejenigen Institutionen, die außer *Dugway* noch in der Lage sein könnten, derartige Sporen herzustellen. In Frage kommen hier auch private Firmen wie beispielsweise die durchweg geheimnisvollen *Battelle*-Laboratorien, die mit dem *Battelle Memorial Institute* verbunden sind. Hier tun sich die ungeheuerlichsten Verbindungen auf. *Battelle* ist ein Militär-Vertragspartner, der so einige Erfahrung in der Herstellung pulverisierter Keime besitzt und seit 1997 an einem geheimen CIA-Programm teilnahm, das unter dem Codenamen *Clear Vision – Klare Sicht* firmierte. Dabei ging es um Experimente mit einem Anthrax-Substitut, angeblich völlig ungefährliches Material. Doch mit *Battelle* verknüpft sich noch ein ganzes Spinnennetz. Neben den CIA-Verbindungen spielt hier nämlich die Partnerschaft mit dem einzigen Hersteller von Anthrax-Impfstoff hinein, jener schon erwähnten *BioPort-Corporation* (jetzt *Emergent Biosolutions*), die ihrerseits auf mannigfache Weise mit der US-Machtstruktur vernetzt ist und eine Absplitterung der *Carlyle*-Gruppe bildet, die wiederum unter der Führung von Regierungschefs und Ex-CIA-Chefs steht. Hier darf auch die Familie Bush nicht fehlen wie auch die bin Ladens.

War *BioPort* letztlich auch für die *BioPost* verantwortlich? Diese auf verwirrende Weise miteinander verwobenen Forschungsorgane, Institute, Geheimdienste und Firmen können allesamt ihre Finger mit in jenem schmutzigen Spiel gehabt haben. Aus ureigensten Interessen heraus. Gerade die Anthrax-Attacken belegten doch sehr deutlich, wie aktuell und akut die Bioterror-Gefahr ist. Eine willkommene Tatsache, denn eine solche Situation schreit doch gerade danach, alle erdenklichen Sicherheitsmaßnahmen zu treffen und die Anthrax-Forschung voranzutreiben sowie wirklich effektive Impfstoffe zu entwickeln. Dies sollen wie erwähnt angeblich auch die Motive von Dr. Bruce E. Ivins selbst gewesen sein, als er die schreckliche Tat beging – wohlgemerkt

Anthrax-Sporen aus den Labors des **Dugway Proving Ground.**

angeblich im Alleingang! Und er habe sich einträgliche Patente seiner wissenschaftlichen Arbeit versprochen, deren Bedeutung durch die Milzbrand-Attacken jedermann geradezu schlagartig bewusst geworden sein musste. Allerdings hätte er als Regierungswissenschaftler wohl nur wenig Geld gesehen, sondern eher indirekt einen Nutzen aus allem gezogen. Denn Gelder für die Forschung aus seinem Arbeitsgebiet abzuziehen, das hätte bestimmt niemand riskiert. Wer aber wirklich profitierte, das waren zahlreiche große Konzerne und Institute. Im Grunde sämtliche Unternehmen, die mit Abwehr von Bioterror und mit Impfstoffen befasst sind! Nur einige Beispiele:

– natürlich *BioPort* (*Emergent Biosolutions*), das übrigens weitgehend dem geheimen britischen Konsortium von *PortonDown* gehört – dem »Erben« jener Anlage, die Dr. Frank Olson ganz plötzlich nicht mehr betreten durfte.

– *DynPort*, ein Zusammenschluss von *PortonDown* mit der Firma *DynCorp*.

– *Battelle*, in dessen Auftrag auch der brillante Mikrobiologe William C. Patrick III vom USAMRIID arbeitete, um interessanterweise einen Bericht über die Auswirkungen von pulverisiertem Anthrax zu erarbeiten, das mit der Post verschickt würde! Das erinnert uns an den zunächst vom FBI verdächtigten USAMRIID-Wissenschaftler Stephen Hatfill. Und der war tatsächlich auch für *Battelle* tätig.

– *Acambis PLC*, ein britisches Pharmaunternehmen und Impfstoffhersteller,

– der BAYER-Pharmakonzern, der im Oktober 2001 Anthrax-Impfstoff verkaufte,

– das unter der Leitung von Jim Cornelius stehende New Yorker Pharmaunternehmen *Bristol-Myers Squibb*. Der ehemalige FBI-Direktor für New York, Thomas Pickard, wurde im Januar 2002 Sicherheits-Chef dieses Konzerns.

– *Cepheid* (CPHD), entwickelt Testprodukte für genetische Profi-
le und Technologien zur Erkennung von Biogefahren, vor allem
auch *GeneXpert*, das im *Biohazard Detection System* (BDS) der
US-Post verwendet wird. *Cepheids* Partner sind unter anderem
das USAMRIID (!), *Battelle* und der Elektronikkonzern
Intellitec.

– *Bruker Daltonics*, ein Unternehmen, das auf dem Sektor der
Bioverteidigung tätig ist und im Jahr 2004 den *BioThreat-
Profiler* zur Identifikation von biologischen Kampfstoffen auf
den Markt brachte,

– *Analex* (zuvor: *Hadron*), fokussiert seine Tätigkeit auf innovative Technologien für Geheimdienste wie auch auf medizinische
Abwehrmaßnahmen und Therapien zur Anwendung nach biologischen Terrorangriffen,

– *VaxGen*, ein biopharmazeutisches Unternehmen, das sich Pro-
dukten und Impfstoffen im Kampf gegen Infektionskrankheiten verschrieben hat und sich dabei auf das Szenario biologischer Attacken spezialisiert. Das amerikanische Gesundheitsinstitut (*National Institutes of Health*, NIH) hat *VaxGen* einen
Dreijahresvertrag über 80,3 Millionen US-Dollar für die Produktion eines weiterentwickelten Impfstoffes gegen Anthrax
zugesprochen.

Diese Beispiele sollen hier genügen, die Liste wäre wie gesagt noch
lang. Industrie und Militär greifen in dieser traurigen Geschichte
wieder einmal Hand in Hand. Da werden einerseits Sicherheitskon-
zepte und -technologien gegen Anthrax erarbeitet, andererseits dann
auch immer bedrohlichere Abarten der Bakterien.

Ein unerwartetes Alibi

Eine Woche *vor* den Verwüstungen in New York und Washington
erschien ein hochinteressanter Artikel in der *New York Times*, der
später seltsamerweise kaum mehr sonderliche Beachtung fand. Dieser
Bericht von Judy Miller wurde am 4. September 2001 publiziert und
beschreibt eine bereits über Jahre hinweg andauernde Entwicklung in

den geheimen Biowaffenlabors der USA. Dort nämlich versuchte demnach die US-Regierung, die Grenzen des weltweiten Bannes solcher Waffensysteme auszuloten. In der Praxis bedeutete das eben genau die Schaffung noch virulenterer, noch bösartigerer, noch effektiverer Formen von Mikroben. Dem *New-York-Times*-Artikel zufolge schmiedete das Pentagon entsprechende Pläne, auch eine gefährlichere Anthrax-Variante per Genmanipulation zu züchten. Unter anderem sollte nicht zuletzt *Battelle* an diesem Projekt beteiligt sein. Das alte Lied: Sobald die USA sich ganz offiziell und reumütig von einem verwerflichen Waffenprogramm trennen, tauchen sie in die Versenkung ab und laborieren nunmehr insgeheim zumeist an einem noch viel verwerflicheren Nachfolger!

Dr. Ivins seinerseits hatte nach allgemeiner Kenntnislage keinen Zugang zu den Anlagen und Projekten von *Dugway* & Co. Zumindest ist darüber nichts bekannt. Aber vielleicht arbeitete er ja ähnlich wie Dr. Frank Olson verdeckt für die CIA, war sogar tatsächlich involviert in jenes potenzielle CIA-Experiment, das Barbara Hatch Rosenberg vermutet und schlicht als »Anthrax in der Post« bezeichnet hat. Er mochte Mitwisser sein, vielleicht. Vielleicht auch wirklich Mitarbeiter eines solchen Geheimunternehmens. Doch Einzeltäter? Gewiss nicht!

Als alleine agierender »Doktor des Bösen« hätte Ivins auch die diversen Briefe selbst nach Princeton in die Nassau Street fahren müssen, um sie dort in den Briefkasten zu werfen. Wie gesagt, man fand nicht die geringsten Spuren von Anthrax bei Ivins, was an sich schon seltsam genug ist. Darüber hinaus stellt sich immer noch die Frage, ob Ivins an den betreffenden Tagen überhaupt die Möglichkeit hatte, nach New Jersey zu fahren, um die fatalen Briefe in Umlauf zu bringen.

Die *Washington Post* veröffentlichte am 10. August 2008 einen Artikel mit dem vielversprechenden Titel: »Neue Details zeigen: Anthrax-Verdächtiger war am entscheidenden Tag abwesend«. Undichte Stellen in Regierungskreisen hätten für den 17. September 2001 einige Klarheit hinsichtlich der Aufenthaltsorte von Dr. Ivins geliefert. Der Bericht erwähnt eingangs die späten Laborstunden des Doktors, der den Sicherheitsbereich am 16. September gegen kurz vor zehn Uhr abends verlassen habe, um am nächsten Morgen zur üblichen Zeit wieder dort zu erscheinen. Allerdings habe er sich nur kurz im Labor

aufgehalten und einige Freistunden genommen. »Die Behörden nehmen an, dass er unmittelbar darauf nach Princeton fuhr und die Briefe
in einen Kasten an einer gut frequentierten Straße gegenüber dem
Universitätsgelände einwarf«, so heißt es in jenem Artikel. Die Beweislage präsentiert sich wieder einmal erstaunlich zwingend: »Die Behörden nehmen an …« Doch es kommt noch besser. »Ivins musste wohl
sehr schnell wieder von dort weggefahren sein, um einen Termin am
frühen Abend wahrzunehmen, gegen 16.00 oder 17.00 Uhr.« Diese
Aussage erweist sich als sehr wesentlich, sofern die Information der
Washington Post bezüglich eines solchen Termins wirklich zutrifft.
Auch hierzu haben nämlich die Behörden keinerlei Dokumentation
vorgelegt. Alles unter Verschluss. Jedenfalls nimmt die Fahrt von
Frederick nach Princeton rund drei Stunden in Anspruch, wenn man
schnell vorankommt. Das bedeutet, Ivins musste seine mörderischen
Briefe bis gegen allerspätestens 14.00 Uhr in der Nassau Street eingeworfen haben, um noch rechtzeitig zu seinem Termin in Frederick
zurück zu sein. Und genau da liegt der Hase im Anthrax. Denn die
verseuchten Briefe waren alle bereits auf den 18. September gestem-
pelt, was im zuständigen Postamt erst dann geschieht, wenn sie nach
17.00 Uhr eingeworfen und mit der nächsten Leerung bearbeitet
wurden. Zu dieser Zeit aber musste Dr. Ivins längst wieder zurück in
Frederick, Maryland, sein! Mit anderen Worten, die ursprünglich von
der *Washington Post* als sehr belastendes Schuldindiz aufgeführte Abwe-
senheit des Wissenschaftlers löst sich wahrlich in Wohlgefallen auf. Sie
verwandelt sich darüber hinaus sogar in ein ziemlich handfestes Alibi,
sofern die Information mit dem Nachmittagstermin stimmt!

Es würde zu weit führen, nunmehr sämtliche Einzelaspekte der
Anschuldigungen gegen Dr. Ivins aufzuführen. Oft wird eine sinnvolle
Diskussion sofort und buchstäblich »im Keime« erstickt, weil das FBI
ein großes schwarzes Tuch über den Fall gelegt hat! Und so besteht
keinerlei Chance, eine unabhängige Bewertung anhand von Fakten-
material durchzuführen. Über diesen Mangel an Offenheit haben sich
vor allem immer wieder auch etliche Fachkollegen von Bruce Ivins
beschwert. Doch auch das hat nicht viel genützt.

Hintergründe

Belastende E-Mails

Zu den mysteriösesten Kapiteln im noch sehr frischen Todesfall des Dr. Bruce Ivins zählen die psychischen Probleme, die der US-Wissenschaftler angeblich schon lange mit sich herumschleppte. Dabei scheinen sich so manche Parallelen zum Tod von Dr. Frank Olson aufzutun. Zwischen den beiden Fällen liegt über ein halbes Jahrhundert, doch scheinen sie auf eine unheimliche Weise mehrfach miteinander verbunden.

Sehen wir uns einmal an, was Thomas F. Dellafera in seinem umfangreichen Belastungsdokument zum Geisteszustand von Dr. Bruce Ivins zu sagen hat.

Unter der Überschrift: »Psychische Probleme und mögliche Motive« zitiert Dellafera vor allem eine Reihe ungewöhnlicher Äußerungen von Ivins, allesamt aus dessen E-Mails, und stellt ihnen nur einige Bemerkungen voran: »Die Untersuchung hat gezeigt, dass Dr. Ivins im Jahr 2000 und über die gesamten Briefwechsel von 2001 hinweg psychische Probleme hatte. Dr. Ivins' psychische Probleme weckten die Aufmerksamkeit offizieller Untersucher, als diese begannen, E-Mails von USAMRIID-Forschern durchzusehen. Durch die Mails wurde ermittelt, dass Dr. Ivins signifikanten Stress erlitt, sowohl zu Hause als auch in seinem Berufsleben. Die psychischen Probleme und der Stress waren bis zu dem Ausmaß signifikant, dass Dr. Ivins bei einem Psychiater um professionelle Hilfe nachsuchte und dass ihm sofort Medikamente verschrieben wurden, beginnend im Februar 2001.«

Hatte Dr. Ivins tatsächlich den Verstand verloren, um nunmehr eines der schrecklichsten Verbrechen zu begehen?

Manches, was Ivins in seinen Mails mitteilte, klingt tatsächlich ziemlich belastend. Dass in ihm eine Veränderung vor sich ging, steht jedenfalls außer Zweifel. So schrieb er schon am 3. April 2000, also anderthalb Jahre vor den Attacken: »Gelegentlich bekomme ich dieses

Kribbeln, das beide Arme hinunterläuft. Gleichzeitig werde ich ein wenig benommen und bekomme diesen unidentifizierbaren ›metallischen‹ Geschmack in meinem Mund (ich versuche nicht, komisch zu sein, [geschwärzt, Anm. d. Verf.]. Es macht mir wirklich ein wenig Angst. Zu anderen Zeiten ist es so, als ob ich nicht nur an meinem Tisch sitze und arbeite, ich bin auch ein paar Meter weit weg und beobachte mich dabei, wie ich das tue. Es gibt nichts, was dem gleich käme: sowohl in der ersten Person singular zu leben UND in der dritten Person singular!«

Somit verschob sich also seine Wahrnehmung deutlich und auf eine geradezu erschreckende Weise. Ivins war sich selbst darüber bewusst. Und er befand sich schon im Jahr 2000 in Behandlung durch einen ungenannten Arzt. Im Juni 2000 schrieb Ivins: »Auch mit Celexa und der Beratung kommen und gehen die depressiven Episoden. Das ist unerfreulich genug. Was aber wirklich erschreckend ist, das ist die PARANOIA … Erinnere dich, was ich dir über den ›metallischen‹ Geschmack in meinem Mund erzählt habe, den ich regelmäßig bekam? Das geschieht, wenn ich diese paranoiden Phasen bekomme. Natürlich bedaure ich sie tief, wenn sie vorüber sind, aber wenn ich sie durchlebe, ist es so, als ob ich ein Passagier auf einer Fahrt bin … Seltsamerweise kehren viele der Gefühle von Isolation und Verzweiflung zurück, die ich vor dem College durchmachte. Ich möchte jene Jahre nicht wieder erleben … Ich suche die Beraterin einmal die Woche auf.«

Einen Tag darauf erklärt er seinem befreundeten Kollegen per Mail, dass »Gore oder vielleicht auch sogar Bush die Herstellung eines Anthrax-Impfstoffes für das Militär auf eine freiwillige Basis stellen oder das gesamte Programm sogar stoppen könnten. Da die *BioPort-* Leute keine Wissenschaftler sind, fiel die Aufgabe, ihr Problem zu lösen, uns zu … Glaube mir, bei all diesem Stress zu Hause und auf der Arbeit sind deine E-Mails an mich weit wertvoller, als du dir je vorstellen könntest – und sie helfen mir, meinen Verstand zu bewahren …«

So geht es in etlichen anderen Mails weiter. Was geschah also mit Dr. Ivins zu jener Zeit oder sogar schon zuvor? Was trieb ihn zu Wahnvorstellungen und in die Depression? Auch hier sind wiederum einige Parallelen zu Dr. Frank Olson festzustellen, dessen Zustand angeblich ebenfalls erforderlich machte, ihn nach New York zu einem Psychiater zu bringen, um anschließend eine Einweisung vorzunehmen. Doch was war all dem vorausgegangen! In diesem Fall wissen wir zumindest teilweise, welche Ereignisse sich zuvor abgespielt hatten, die Frank Olson auf verschiedene Weise mental massiv unter Druck setzten. Neben dem Druck der Geheimhaltung, dem er an sich schon ausgesetzt war, neben dem Doppelleben als Regierungswissenschaftler und Geheimagent, befand sich Olson auch im LSD-Netz der CIA und wurde ganz offensichtlich mit grausamen Experimenten konfrontiert, die ihn innerlich zerbrechen ließen. Genau diese Skrupel, die er nicht haben durfte, machten ihn für die CIA so gefährlich. So arbeitete man förmlich darauf hin, Dr. Frank Olson als psychisch krank hinzustellen. Nun, man hatte vor, ihn zu beseitigen. Dem Hinrichtungs-Handbuch der CIA zufolge war dafür ein Sturz in die Tiefe die beste Lösung. Entweder ein Unfall oder aber ein Selbstmord. Wenn man die Angelegenheit entsprechend plante und vorbereitete, konnte ein plausibles Umfeld geschaffen werden. Der Mann war eben psychisch krank, da kommt so etwas schon mal vor. Deshalb auch die Besuche beim dubiosen CIA-Psychiater Dr. Abramson! Und außerdem, hatte denn Olson nicht schon eine nachweisliche Historie der Paranoia? Um dies kurz in Erinnerung zu rufen: Damals hieß es, aus den wenigen noch verbliebenen CIA-Unterlagen sei Olsons schon seit Längerem bestehende emotionale Instabilität hervorgegangen.

Und wie sieht es bei Dr. Ivins aus? Doch ziemlich ähnlich! Ein an geheimen Projekten beteiligter Wissenschaftler begeht unter mysteriösen Umständen Selbstmord. Es stellt sich heraus, dass er paranoid war und ein unglaubliches Verbrechen begangen hat. Man kann ihm zwar keine Schuld nachweisen, er verfügt sogar über ein Alibi, doch wird er zum alleinigen Täter abgestempelt – posthum. Sehr praktisch, denn verteidigen kann er sich nicht mehr. Interessant und sehr alarmierend: Eine Autopsie des Leichnams von Dr. Bruce E. Ivins wurde als nicht notwendig erachtet und demnach auch nicht durchgeführt. Keiner fragt, warum. Und die Angehörigen? Von dieser Seite ist nichts zu vernehmen, zumindest noch nichts. Vielleicht ändert sich das. Noch einen Monat nach dem Tod des Wissenschaftlers bleibt die Familie im Hintergrund, gibt keinerlei Kommentar ab. Vielleicht ist es noch zu früh. Allerdings betrachtet das FBI den Selbstmord als Eingeständnis der Schuld und erklärt damit den Fall des »Anthrax-Killers« nunmehr für abgeschlossen. Auch Dr. Ivins hat eine lange Geschichte mentaler Probleme, so zumindest sieht es aus. Und bestätigen das nicht auch seine E-Mails?

Wie schrieb er da: Viele seiner Gefühle aus der Zeit vor dem College kehrten wieder zurück, Gefühle von Isolation und Verzweiflung, die er nicht noch einmal durchleben hatte wollen. Nur, wie viele Menschen durchleben gerade in jungen Jahren depressive Phasen! Viele sind voller Angst vor der Zukunft. Im Studium sieht es dann nicht viel anders aus: Mitte August 2008 stellten Wissenschaftler auf einem Kongress der US-Psychologenvereinigung eine bemerkenswerte Studie vor. Demnach trug sich bereits jeder sechste US-Student mit Suizidgedanken. Grund: Der Leistungsdruck an den Universitäten ist enorm hoch – und entsprechend hoch die Angst zu versagen. Immerhin fünf Prozent gaben an, sogar bereits einen Selbstmordversuch hinter sich zu haben. Die Studie war groß angelegt, sie umfasst 70 Universitäten und eine Befragung von insgesamt 26 000 Studenten! In Anbetracht der Zahl an betroffenen Studenten, die meist von kurzen, aber heftigen depressiven Phasen sprachen, scheint es zumindest nicht ungewöhnlich, wenn vor allem empfindsamere und ihrer Verantwortung bewusste Menschen dem Druck nicht standhalten und seelisch unter den Belastungen leiden, die unsere Gesellschaft abverlangt, eine Gesellschaft, die nicht umsonst als »Leistungsgesellschaft« charakterisiert wird. Die Zahlen der neuen Studie sind schlimm genug. Im Dellafera-Dokument aber wird jene »mentale Vergangenheit« von Dr. Ivins regelrecht hochstilisiert, um letztlich nur eines ganz zielstrebig zu untermauern: eben, dass er schon lange nicht ganz normal war. Hochstilisiert wurden augenscheinlich auch seine Sorgen um das Forschungsprogramm, denn ganz ohne Motiv für sein verbrecherisches Handeln durfte er wohl bei aller Paranoia nicht bleiben. Also fließen auch derlei Zitate in das Belastungsdokument ein.

29. Juni 2000: »*BioPort* hat gerade seinen letzten Posten AVA [Anthrax-Impfstoff] in einem Wirksamkeitstest überprüft. Wenn es ihn nicht besteht, gibt es keine weiteren Gruppen durchzutesten, und das Programm wird zu einem Ende kommen. Das ist für alle Betroffenen schlecht, einschließlich uns. Ich bin sicher, dass diese Schuld an die große Glocke gehängt wird.« Dann, am amerikanischen Unabhän-

gigkeitstag, geht es wieder um seine gesundheitliche Verfassung. Die Fachleute haben ihm offenbar ein größeres Problem bescheinigt, ganz offen und ungeschönt. Denn Ivins schreibt am 4. Juli: »Die Ansicht des Psychologen und der Beraterin ist nun, dass meine Symptome nicht die einer Depression oder bipolaren Störung sind, sondern eine ›Paranoide Persönlichkeitsstörung‹ sein können.« Am 6. Juli schreibt Ivins dann: »[geschwärzt, Anm. d. Verf.], Ich denke, die **** ist dabei, richtig große Probleme zu bringen …, perfekt. Der letzte Posten von AVA, Posten 22, hat den Wirksamkeitstest nicht bestanden, nun gibt es nicht eine weitere Stütze dafür. Außerdem funktioniert auch der Kontroll-Impfstoff nicht. Es ist einfach ein schönes Durcheinander. [geschwärzt, Anm. d. Verf.] verwenden wahrscheinlich 95 Prozent unserer Zeit darauf.«

Was spielte sich da ab?

52 Jahre Erfahrung

Offenbar geriet das Programm tatsächlich zunehmend in Schwierig-keiten, Erfolgsmeldungen blieben aus. Musste Dr. Ivins nun also aktiv werden und eine Anthrax-Attacke in Gang setzen, um die Notwendig-keit dieser Forschungen anhand eines sehr drastischen Exempels zu statuieren? Aber vergessen wir nicht, noch sind es über 14 Monate, bis er die verseuchten Briefe angeblich zur Post brachte. Damals, als er offenbar bereits kurz vor dem Ende stand, zeichnete sich nicht die kleinste Unregelmäßigkeit in seiner Arbeit ab. Es gab auch keine unerklärlichen nächtlichen Aufenthalte im Hochsicherheits-Labor. Dabei muss ihm bewusst gewesen sein, unter Umständen ein länger währendes und hochriskantes Unterfangen zu wagen – die heimliche Herstellung von hochreinem und hochvirulentem Waffenanthrax in einer nie zuvor da gewesenen Form. Trotzdem arbeitete er normal weiter, um dann 2001 jeweils nur ein paar Tage vor der jeweiligen Attacke einen molekularbiologischen Geniestreich zu vollbringen! Dass sich Dr. Ivins Sorgen machte, steht völlig außer Frage. Wer hätte dies in seiner Situation nicht getan? Doch, ganz ehrlich, jeder wird einge-stehen müssen, dass der Weg von solchen ziemlich freimütig geäußer-ten, sogar schriftlich geäußerten Sorgen bis hin zu einer derart skrupellosen Tat wirklich sehr weit ist, Depressionen hin oder her. Wenn wir uns ansehen, was Ivins wirklich schreibt, spricht durchaus weiterhin deutliches Verantwortungsgefühl aus seinen Mails. So machte er sich ja bereits ernste Gedanken darüber, die Schuld am Misslingen jener Versuche würde bald weithin bekannt werden. Allein dies schien ihm also Kopfzerbrechen zu bereiten. Um wie viel größer war die Schuld eines Anthrax-Attentäters?

Eine andere von Dellafera zitierte E-Mail wirkt ebenfalls kaum belastend, wenn man sich die Situation nur einmal etwas genauer vor Augen führt. Am 7. Juli 2000 bot sich Dr. Ivins für eine Fallstudie an, sofern er dabei nicht namentlich genannt werde. Er wollte wohl mehr über seine Probleme erfahren und ging relativ offen damit um, anstatt sich in seiner Welt zu vergraben. Er erklärte, im *National Enquirer*, einem bekannten US-Boulevard-Blatt, nicht irgendwann lesen zu wollen: »PARANOIDER MANN ARBEITET MIT TÖDLICHEM ANTHRAX!!!« Aus mehreren Gründen sehr aufschlussreich. Zum einen dringt recht wenig Ego für einen von »Allmachtsfantasien« geprägten Menschen durch – denn völlig unprätentiös spricht er hier von einem »Mann«, nicht von einem »Wissenschaftler«, »Mikrobiologen« etc. Außerdem war ihm klar, in welchem Spannungsfeld er sich befand. Seine Aussage zeigt, dass er wusste, wie schnell seine psychische Belastung umgemünzt werden konnte. Und er kannte seine Verantwortung. Allein schon sein Tätigkeitsfeld im Kontext mit seinen persönlichen Problemen konnte eine böse Schlagzeile bringen, das war ihm völlig bewusst. Wenn er hier schon besorgt war, in den Medien fertiggemacht zu werden, wie sehr hätte ihn dann besorgt, weltweit als der einzige und alleinige Anthrax-Mörder identifiziert zu werden!

Dass es wirklich um ihn schlecht bestellt war, steht fest. Werfen wir noch einmal einen Blick auf einige E-Mail-Passagen von Dr. Ivins, bevor wir uns der eigentlichen Frage zuwenden, was im Hintergrund geschah und was ihn tatsächlich in diesen desolaten psychischen Zustand versetzt hatte.

Ende Juli 2000 erklärte Ivins seinem Mail-Partner, es sei eine wirklich stressige Woche gewesen, und zwar in jeder Hinsicht – zu Hause wie in der Arbeit. Offenbar also war sein Familienleben ebenfalls schon länger zerrüttet oder zumindest kaum intakt. Zudem war er mit der psychologischen Unterstützung nicht zufrieden: »Es läuft nicht gut mit der Beraterin, die ich aufsuche. (Sie sagte, sie denkt [längere Passage geschwärzt, Anm. d. Verf.].) Ich werde darum bitten, mich mit einem anderen Berater zusammenzubringen oder in eine Gruppensitzung … Manchmal denke ich, es ist alles zu viel.«

Aber was genau ist zu viel? Die psychologischen Probleme oder die psychologische Hilfe? Was wurde aus jenem wichtigen Satz gestrichen? Am 12. August 2000 erklärt Ivins dann: »Der vergangene Samstag war, wie du sicherlich schon aus meiner E-Mail erraten konntest, einer meiner schlimmsten Tage seit Monaten. Ich wünschte, ich könnte die Gedanken in meinem Kopf kontrollieren. Es ist manchmal hart genug, mein Verhalten zu kontrollieren. Wenn ich im Inneren lebendig aufgefressen werde, versuche ich hier auf der Arbeit und zu Hause immer eine gute Fassade zu errichten, sodass ich die Pest nicht verbreite … Ich werde unglaublich paranoid, manchmal mit wahnhaften Gedanken, und ich kann nichts tun, damit sie vergehen, weder von selbst noch mithilfe von Medikamenten.« Die Pest verbreite? Klingt nach einem eindeutigen Hinweis auf sein Vorhaben. Und doch kann er damit auch den Wahn selbst gemeint haben.

Am 29. August 2000 schreibt Ivins: »[geschwärzt, Anm. d. Verf.] sind zehn Prozent der Bakteriologie-Abteilung. Wenn wir abbrechen, würden das Anthrax-Programm und *BioPort* vor die Hunde gehen. Ich prahle nicht, [geschwärzt, Anm. d. Verf.], aber die drei von uns haben zusammengenommen 52 Jahre Forschungserfahrung mit Anthrax. Du kannst nicht einfach hinausgehen und jemanden wie [geschwärzt, Anm. d. Verf.] mit deren Wissen, Handfertigkeiten und Fähigkeiten finden. Es darf nicht passieren.« Das nächste Ivins-Zitat im Dellafera-Dokument datiert viele Monate später, auf März 2001. Die wenigen Sätze zeugen von Ivins' Verzweiflung und auch bereits von einigen Hintergründen, die ihn überhaupt erst in die Lage brachten: »Die Leute in meiner Gruppe verstehen einfach nicht, was ich versuche zu sagen. Sie haben nichts mit den Problemen zu schaffen, die ich zur Sprache bringe, und so ist es auch schwer für sie, damit umzugehen. Der Psychiater ist nur insofern eine Hilfe, als er mir das Celexa verschreibt. Er ist kein leichter Gesprächspartner, und er nimmt meine Probleme nicht wirklich wahr. Die Frau, die ich aufgesucht habe, bevor ich in die Gruppe eintrat, wollte mich ins Gefängnis stecken. Das war ebenso wenig hilfreich. Ich bin an einem Punkt, an dem einige

Dinge nagen, von denen ich spüre, dass ich sie NIEMANDEM sagen kann ...«

Der Vorzeige-Mörder

Aus dem nächsten halben Jahr werden von der gemeinsamen Task Force des FBI und der US-Postinspektoren, vertreten durch Thomas Dellafera, keine weiteren dubiosen Mails mehr vorgelegt. Eine seltsam große Pause. Doch dann, vier Tage vor den katastrophalen Flugzeugangriffen auf New York und Washington, gibt es auch wieder eine schriftliche Mitteilung von Dr. Ivins: »Ich wurde aufgrund dessen, was im letzten Frühjahr geschah, aus dem *Special Immunization Program* abgezogen, bin aber nun gerade wieder eingetreten und bekomme meine Anthrax- und Gelbfieber-Impfungen. Wir beenden gegenwärtig die letzte AVA, und wenn das gelaufen ist, gibt es keinen Ersatz. Ich weiß nicht, was mit den Forschungsprogrammen und der ›hot suite‹-Arbeit geschehen wird, bis wir einen neuen Materialposten erhalten. Bei *BioPort* sind gegenwärtig keine zugelassenen Posten verfügbar ... [geschwärzt, Anm. d. Verf.] ließ uns zweiwöchentliche Treffen über den Fortschritt mit rPA-Impfstoff abhalten, und am 29. August ging ich ins Pentagon – ich war zum ersten Mal dort –, um an seiner Stelle einem Treffen über den Impfstoff beizuwohnen. Da gibt es eine ganze Tüte Würmer – mit neuem rPA, das von BDP (einer privaten Firma) für NCI produziert wurde, das unter Vertrag bei USAMRIID steht. BDP unterzeichnete einen Subkontrakt, um einen bei Menschen zu verwendenden Impfstoff herzustellen, Versuchsphase I. Sie wurden bezahlt und sie haben es produziert. Nun weigern sie sich, ihn herauszugeben, sofern die Armee nicht die unglaubliche Geldsumme von jährlich 200 000 Dollar Prozessentschädigung zahlt, und zwar für die nächsten 50 Jahre. Die Armee weigert sich natürlich, dies zu tun, und alles hängt in der Luft.«

Gerade die letzte bekannte Mail vor den einschneidenden Ereignissen der darauffolgenden Wochen klingt kaum nach Wahnvorstellungen und Paranoia. Dabei stand Dr. Ivins vielfach unter enormem Stress. Und so, wie es aussieht, unterzeichnete Ivins mit seinen tatsächlich teils recht ungewöhnlichen Mails sein Todesurteil ganz ähnlich wie Jahrzehnte früher Dr. Frank Olson, als er in England sehr offen mit William Sargant sprach, jenem Mann, der ihn sofort als Sicherheitsrisiko einstufte.

Der Druck, der beruflich auf Dr. Ivins lastete, war riesig. Doch war er bereits in eine andere Abwärtsspirale geraten. Denn die vermeintlichen Behandlungen, die ihn wieder auf Vordermann bringen sollten, waren seiner Gesundheit vielmehr abträglich. Es sieht sogar ganz danach aus, als ob man schon damals systematisch daran arbeitete, Dr. Ivins ins Aus zu manövrieren. Oder aber die Entwicklung fand ganz zufällig statt, und später nutzte »man« die diversen seelischen Eingeständnisse des Wissenschaftlers, um ihn zu diskreditieren und zum geeigneten Einzeltäter mutieren zu lassen – für die Öffentlichkeit. Er passte in vielerlei Hinsicht ausgezeichnet zum üblichen Muster des

Ein Sündenbock: Lee Harvey Oswald.

gut vorführbaren Schuldigen, er fügte sich wie von selbst in das Raster, das auch von vermeintlichen Attentätern wie Lee Harvey Oswald, Christer Petterson und anderen ausgefüllt wurde. Und warum soll er es nicht wirklich gewesen sein, wo doch recht viel gegen ihn spricht? Sicher, es sieht so aus. Doch bewiesen ist nichts. Außerdem gibt es da eine ganze Reihe von Merkwürdigkeiten, die sehr deutlich *für* Dr. Ivins sprechen. Und wie gesagt, seltsam ist schon, dass beinahe sämtliche Unterlagen zu seinem Fall unter Verschluss bleiben. Wie erklärte US-Staatsanwalt Jeffrey Taylor auf einer Pressekonferenz des Justizministeriums: »Wir bedauern, dass wir nicht die Möglichkeit haben, den Geschworenen die Beweise zu präsentieren.« – Nun, das ist aber auch bedauerlich! Mehr noch, kaum zu glauben! Wir sprechen von den *Vereinigten Staaten von Amerika*, keiner illegalen Diktatur!

Abgesehen davon sprechen einige sehr mysteriöse Fakten letztlich klar dafür, dass Ivins zerstört werden musste. Wir werden dabei sehen, wie sich die einzelnen Indizien verblüffend passgenau aneinanderfügen, um in ihrer Gesamtheit mindestens genauso schlüssig zu sein wie die gegenwärtig präsentierte offizielle Story. Und wenn Dr. Ivins erwähnte, er versuche etwas zu sagen, dann mochte damit eine Botschaft verbunden sein, die er sich nicht offen auszusprechen traute, da er nämlich wohl schon damals insgeheim um sein Leben gefürchtet haben dürfte. Zumindest muss seine Aussage, er könne einige an ihm nagende Probleme wohl NIEMANDEM erzählen, keineswegs ein Hinweis auf seinen angeblichen Plan gewesen sein, Anthrax-Briefe zu versenden. Denn genau diese Assoziation legt das Dellafera-Dokument nahe.

Versuchen wir nun einmal, zusätzlich zu den Ungereimtheiten und Unzulänglichkeiten in der FBI-»Beweisführung« einige weitere Aspekte und Hintergründe um Dr. Ivins anzusprechen, die sich mit seinen Aufgaben, mit seiner Krankheit und den teils drastischen Maßnahmen des FBI gegen ihn befassen.

Ein großer Kreis schließt sich

Wiederholt geht Dr. Ivins auf *BioPort* ein, auch in seiner Mail vom 7. September 2001. Die besonderen Verflechtungen von *BioPort* im militärisch-industriellen Komplex brachten Dr. Ivins in seiner Tätigkeit auf *Fort Detrick* in eine nicht ganz einfache Lage. Er stand unter dem Druck, den Konzern bei der Entwicklung eines Anthrax-Impfstoffes zu unterstützen, der aber die Standards noch nicht erfüllte. Die mit Ivins gut bekannte Mikrobiologin Dr. Meryl Nass erinnert daran, dass Ivins selbst die begrenzte Wirksamkeit des Mittels nachgewiesen

hatte. Das konnte natürlich *BioPort* nicht direkt glücklich stimmen. Nur gab es wirklich Probleme mit dem Präparat; es konnte sogar chronische Krankheiten hervorrufen, vor allem Auto-Immunkrankheiten. Phil

Die Mikrobiologin Dr. Meryl Nass glaubt weder daran, dass Dr. Bruce Ivins der Anthrax-Attentäter von 2001 war, noch dass er sich das Leben nahm.

Pittman, einer von Ivins Kollegen auf *Fort Detrick*, nahm diese Ergebnisse ebenfalls sehr ernst und veröffentlichte sie sogar. Ivins selbst hatte sich durch vorgeschriebene häufige Anthrax-Impfungen möglicherweise eine Blutkrankheit zugezogen. Zumindest äußerte er das Dr. Nass gegenüber. Sie fragt nun, ob es denn irgendeinen Sinn machte, wenn Dr. Ivins geradezu versuchte, *BioPorts* Impfstoffprojekt durch eine Anthrax-Attacke zu unterstützen, wie behauptet wurde. Allerdings hatte Bruce Ivins selbst einen neuen Impfstoff entwickelt, der *BioPorts* Präparat ersetzen sollte. Auch das konnte *BioPort* nicht gerade glücklich stimmen. Dann, nach den Attacken vom September und Oktober, kam aber genau der ursprüngliche *BioPort*-Impfstoff zum Einsatz. Doch Ivins schien wohl ein zu gefährlicher Gegenspieler zu sein. Da gab es noch jene Firma BDP, die Dr. Ivins eher beiläufig als privates Unternehmen erwähnt. BDP arbeite, wie er sagt, für das NCI, also das Nationale Krebsinstitut der USA, und das stehe wiederum beim USAMRIID unter Vertrag.

Was aber ist BDP eigentlich? Hinter dem Kürzel verbirgt sich wieder einmal ein pharmazeutisches Programm, das *Biopharmaceutical Development Program* im mittlerweile altbekannten Frederick, Maryland. Und bei näherem Hinsehen wird es erneut ziemlich schnell spannend. Denn BDP ist nichts als ein Ableger von SAIC. Sie erinnern sich? Jene *Science Applications International Corporation,* für die Stephen Hatfill tätig war, den das FBI zuerst verdächtigte, dann aber ganz plötzlich völlig entlastete. Hier, in der CIA-durchsetzten SAIC, gab Hatfill 1999 auch die ungewöhnliche Studie in Auftrag, die sich mit der ganz besonderen Frage befasste, welche Auswirkungen mit dem Versand von Anthrax-Briefen verbunden wären. Es kommt aber noch besser – pardon: schlechter. In einer Liste der diversen Projekte, darunter auch jenes Impfstoffprogramms zur Entwicklung von rPA (oder PA-83) für den Kontraktor USAMRIID/NIAID, findet sich auch *DynPort* erwähnt. Wie schon angesprochen, ist *DynPort* mit *Porton Down* und somit auch mit *BioPort* verbunden. Nicht zu vergessen der Kontext zur *Carlyle Group*, über die eine Verbindung zwischen der Bush-Familie und dem Bin-Laden-Clan besteht. Und jetzt schließt sich allmählich der Kreis. Denn im Jahr 2005 trat Jerome Hauer in die Führungsetage von *BioPort* ein. Der Experte für Biowaffen ist gut mit Stephen Hatfill bekannt und war im September 2001 nicht nur Sicherheitsberater des Nationalen Gesundheitsinstitutes NHI, sondern auch leitender Direktor der Firma *Kroll Associates*, die damals für die Sicherheit des *World-Trade-Center*-Komplexes zuständig war! Hauer war es auch, der dafür sorgte, dass der führende FBI-Ermittler gegen Osama bin Laden, John O'Neill, im August seine Stelle beim FBI aufgab und neuer Sicherheitschef direkt im *World Trade Center* wurde. Am 11.September starb O'Neill beim Einsturz der Zwillingstürme. Er nahm gerade an einer Sitzung zum Thema »Sicherheit« teil.

Hauer hatte ausgerechnet im Jahr 1999 auch mit Hatfill am SAIC zusammengearbeitet. Insgesamt tut sich hier also schon eine bemerkenswerte Konstellation auf. Vor allem auch für Dr. Ivins, der sowohl Hatfill als auch Hauer ein Dorn im Auge sein musste.

Es ging um viel Geld.

Hetzjagd auf Dr. Ivins

Wir sehen, es gab durchaus Gründe, Ivins aus dem Weg zu räumen. Und wie viele weitere Gründe mochte es dafür noch geben? Allein die Tatsache, dass die Behörden keinerlei zusätzliche Kommentare zum Fall veröffentlichen und die meisten Akten unter Verschluss bleiben, lässt weit mehr ahnen, als bislang ans Licht gedrungen ist. Das FBI hatte Dr. Ivins in die Zange genommen und schien fest entschlossen, ihn nicht mehr aus der eisernen Umklammerung entrinnen zu lassen. Die über Jahre hinweg geführten Ermittlungen verliefen immer drastischer, mit zunehmend brutalen Methoden, die den Wissenschaftler, wie jeden anderen auch, unvermeidlich in eine mentale Extremsituation hineinzwingen mussten. Sechs Jahre lang hatte Ivins mit dem FBI hinsichtlich der Anthrax-Recherche kooperiert. Gleich in der Anfangszeit überprüfte das FBI die Alibis sämtlicher Personen, die Zugang zu dem gefährlichen Material gehabt haben. Es ist doch völlig klar, dass dies einer der ersten Ermittlungsschritte überhaupt sein musste. Doch seltsamerweise schien Dr. Ivins damals über ein wasserdichtes Alibi zu verfügen. Denn der Verdacht richtete sich zunächst gegen Hatfill. Erst Jahre später fokussierten die Beamten ihr Handeln wieder auf Ivins, sehr plötzlich und mit aller Gewalt.

Hatfill war mit einer Entschädigung von 5,82 Millionen Dollar fein raus. An sich schon eine ungewöhnliche Geschichte. Drei in den USA tätige pakistanische Stadtangestellte in Chester, Philadelphia, hatten da weitaus weniger Glück. Die drei Brüder, zwei von ihnen promovierte Wissenschaftler, wurden heimlich beim FBI angeschwärzt, von einem verärgerten Angestellten. Zwei wurden des Landes verwiesen, der dritte, ein US-Bürger, vom FBI stark unter Druck gesetzt. Wie Dan K. Thomasson vom *Boston Herald* berichtet, trank sich ein anderer Verdächtiger angeblich sogar zu Tode. Auch Dr. Ivins und seine Familie waren sehr »harschen« Methoden ausgesetzt, die den Wissenschaftler schließlich zur Flasche greifen ließen. Die Bundesbeamten waren ständig hinter ihm her, 24 Stunden am Tag. Es gab keine ruhige Minute, die Hetzjagd nahm kein Ende. Das FBI wollte niemand anderen als Ivins, ob er nun der Anthrax-Killer war oder nicht. Kaum vorstellbar, aber die Beamten boten Andy Ivins, dem Sohn, ein unfassbares Geschäft an: zweieinhalb Millionen Dollar und einen Sportwagen seiner Wahl, wenn er ihnen Material übergäbe, das seinen Vater belastete! Spricht nicht allein dieses Vorgehen wahrlich Bände?

Nicht genug damit. Der Tochter legten sie schockierende Fotos von Anthrax-Opfern vor und erklärten dazu eiskalt: »Das hier hat Ihr Vater getan!« – Das FBI ging skrupellos und aggressiv vor, ohne Rücksicht auf Verluste. Dr. W. Russell Byrne, ehemaliger Vorgesetzter und Freund von Dr. Ivins, erklärte, von anderen Vertrauten des Wissenschaftlers gehört zu haben, dass die Fahnder dessen Tochter verfolgten. Doch viel wurde nicht gesprochen, denn die Leute hatten Angst zu reden. Jeder musste ein Schriftstück unterzeichnen, Stillschweigen zu bewahren. Die gesamte Angelegenheit wurde dadurch in eine zunehmend dubiose Aura gehüllt. Das FBI jagte nicht nur Ivins selbst, sondern auch seine Familie, um letztlich wiederum den Druck auf den Wissenschaftler stark zu erhöhen. Seit Jahren schon hatte er unter höchster nervlicher Anspannung gearbeitet. Dennoch waren seine E-Mails auch in der entscheidenden Zeit kurz vor den großen Anschlägen immer noch bemerkenswert klar und logisch formuliert. Und auch seine Reaktion auf 9/11 enthielt nicht die geringsten Anflüge von Kälte und Gleichgültigkeit, im Gegenteil. Am 15. September 2001 äußert sich der Wissenschaftler sehr deutlich und unmissverständlich: »Ich bin unglaublich traurig und wütend über das, was sich ereignete, nun, nachdem sich alles gesetzt hat. Traurig angesichts all der Opfer, ihrer

Familien, ihrer Freunde. Und wütend. Sehr wütend. Wütend auf jene, die dies taten, die sie unterstützen, die sie umhegen, und diejenigen, die sie entschuldigen.« Natürlich musste dies alles nicht unbedingt echt empfunden sein, konnte einfach nur dahingesagt sein. Versteckspiel eines Mannes, der sich in Wirklichkeit überhaupt nicht um die Opfer scherte, sondern dessen kranker Geist bereits eine eigene Attacke ausheckte. Vielleicht nicht, um massenweise Menschen in den Tod zu reißen, aber doch, um eine deutliche Botschaft auszusenden – die seinem Forschungsprogramm dienlich sein und seine Wichtigkeit herausstreichen sollte.

Der Doktor nahm demnach zur Sicherung seines Arbeitsplatzes und des nötigen Projektbudgets in Kauf, dass es Tote geben würde, vielleicht auch mehr, wenn das sehr virulente Anthrax sich noch weiter verbreiten würde. Ein paar Prominente unter den Opfern würden der Attacke eine noch höhere Aufmerksamkeit verleihen, zudem bestimmte Politiker ausschalten, für die Präsident Bush nicht gerade viel übrig hatte. Die Plausibilität dieses Szenarios zerbröselt jedoch schnell wieder zu feinstem weißen Pulver. Wenn Dr. Ivins überhaupt je plante, eine solche wahnwitzige Attacke auszuüben, dann hätte er sie in jedem Falle *vor* den Ereignissen des 11. September geschehen lassen! Aber davon ist nirgends die Rede, niemand fragt, warum Ivins den denkbar unsinnigsten Augenblick gewählt haben soll!

Augenwischerei

Mit den Flugzeugattacken brach der Terror über die ganze Welt herein. Jeder vermutete überall neue Angriffe, und nicht nur in der Fachwelt sprach man von möglicherweise bevorstehenden Bioanschlägen. Von jenem Tag an fiel das einzig vorstellbare Motiv des Dr. Ivins komplett weg, von jenem Tag an war ihm selbst ebenfalls glasklar, dass die Terrorangriffe in ihrer ganzen Wucht dafür sorgen würden, dass sein Forschungsprogramm *niemals* terminiert würde, sondern ganz im Gegenteil einen merklichen Aufschwung erfahren würde. Das gesamte Land, die ganze Welt war alarmiert. Nein, *nach* dem 11. September musste Ivins gewiss nicht mehr zuschlagen. Selbst wenn er bereits alles vorbereitet haben mochte, er konnte die tödlichen Reagenzien wieder in Kältestarre versetzen und Gebäude 1425 beruhigt verlassen. Denn ein solcher Plan war, hätte er ihn je geschmiedet, spätestens jetzt absolut hinfällig geworden!

Wenige Tage später landeten dennoch die verseuchten Kuverts im Briefkasten 10 Nassau Street.

Wiederum eine Woche nach der ersten Milzbrand-Attacke notiert Ivins in einer Mail: »Von den Leuten in meiner ›Gruppe‹ [Ivins meint hier nicht seine Forscherkollegen, sondern die Therapiegruppe, Anm. d. Verf.] befindet sich jeder im stressbedingten Depressions-/Traurigkeits-/Flucht-Modus. Ich bin wirklich der einzig Ängstliche in der Gruppe. Andere sprechen davon, wie traurig oder verängstigt sie sind, doch meine Reaktion auf die WTC/Pentagon-Ereignisse sind davon sehr verschieden. Natürlich spreche ich nicht mit ihnen darüber, wie ich mich wirklich fühle – sie wären dann noch schlimmer dran. Wenn ich sehe, wie anders ich im Vergleich zu ihnen auf die jüngsten Ereignisse reagiert habe, lässt mich das wirklich viel über mich selbst nachdenken. Ich habe gerade heute Abend gehört, dass die Terroristen bin Ladens mit Gewissheit Anthrax und Sarin-Gas haben. Sie [hier als Anrede formuliert, danach kompletter Satz geschwärzt, Anm. d. Verf.].« Kurz darauf schreibt Ivins dann: »Osama bin Laden hat soeben den Tod für alle Juden und Amerikaner entschieden.«

Die von Ivins hier gebrauchte Formulierung bietet natürlich ein gefundenes Fressen für die Ermittler, denn in der nächsten Anthrax-Welle zwei Wochen später schreibt der echte Attentäter: »TOD FÜR AMERIKA« und »TOD FÜR ISRAEL«! Ist das nicht ein eindeutiges Indiz für die Täterschaft des Dr. Ivins? Die Ermittler weisen darauf hin – und wer könnte das übersehen –, dass der Forscher in seiner Mail von Ende September eine ähnliche Sprache verwendet wie später dann der tatsächliche Anthrax-Killer.

Doch wieder einmal glatte Augenwischerei!

Die unermüdlichen Fahnder übersehen bei alledem nämlich völlig, dass dies sehr typische Phrasen waren, die damals allerorten zu lesen waren, und zwar *vor* den Attacken! Sie entstammten ganz generell dem Terrorklima des 11. September.

Und sollte Bruce Ivins wirklich so haarsträubend dämlich und nachlässig gewesen sein, die gleichlautenden Formulierungen unversehens in der tödlichen Post zu gebrauchen? Bei so viel Dummheit wären die Bazillen ja selber tot umgefallen, noch bevor Ivins sie zur Post gebracht hätte! Aber einen Moment, wir vergessen da etwas: Ivins war natürlich verrückt, er handelte also irrational! Nur, die schon erwähnte Mikrobiologin Meryl Nass fragt ganz zu Recht: »Wenn Ivins so deutlich außer Kontrolle geraten war, wenn er so beängstigend war, wie kommt es dann, dass ihm gestattet wurde, so lange in einem Hochsicherheits-Labor zu arbeiten, mit Zugang zu den tödlichsten Pathogenen der Welt?« Und noch etwas: Regierungsangestellte, die an klassifizierten Projekten arbeiten, Fachleute, die dafür genau wie Dr. Ivins hohe Sicherheitsfreistellungen benötigen und normalerweise bei einem ein-wandfreiem Lebenslauf auch erhalten, müssen ein ganz bestimmtes Formular ausfüllen: das SF-86-Formular. In Abschnitt 21 »Ihre medi-zinische Akte« muss der Bewerber psychologische Behandlungen der vergangenen sieben Jahre preisgeben. Nichts schien aber hier auf eine ernsthafte, bedrohliche mentale Situation von Ivins hinzudeuten.

Nebenwirkungen nicht ausgeschlossen

Dennoch litt Dr.Ivins, und das immerhin nach eigenen schriftlichen Aussagen, seit Anfang 2000 an Ängsten, Depressionen und paranoiden Zuständen. Die betreffenden Mails stützen offenbar auch die vom FBI als bewiesen präsentierte These, genau in ihm den Anthrax-Mörder gefunden zu haben. Die US-Bundespolizei gab jene Sammlung von Mails am 6. August 2008 frei, eine Woche nach dem vorgeblichen Freitod des Forschers. Selbst wenn es sich um eine Auswahl handelt, sind die seelischen Probleme klar ersichtlich. Ein von der *New York Times* beauftragter Psychiater, Richard G. Rappaport von der Universi-tät von Kalifornien, San Diego, analysierte die diversen Aussagen des USAMRIID-Wissenschaftlers. Demnach schien Ivins zwar Anzeichen für psychotisches Verhalten zu zeigen, doch könne er auch versucht haben, sein seelisches Leiden übertrieben zu schildern, um mehr Auf-merksamkeit zu erlangen, so meint Rappaport, der sich gleichfalls darüber wundert, wieso man Ivins ansonsten gestattete, seine For-schungen in den Hochsicherheits-Labors über eine so lange Zeitspan-ne fortzusetzen. Der Psychiater erklärt hinsichtlich der seltsamen Mails: »Nicht jeder, der das tut, ist verrückt. Aber es ist ziemlich offensichtlich, dass er psychische Probleme hatte. Er befand sich offenbar in einem Grenzbereich, wo er noch in der Lage war zu funktionieren, selbst wenn er nicht mehr gut funktionierte.«

Bruce E. Ivins wird als durchaus exzentrischer Mensch beschrieben, als vielseitig und außergewöhnlich. Freunde und Bekannte sprechen von einer milden Persönlichkeit. Er kümmerte sich aufopferungsvoll um seine Familie, Nachbarn sahen ihn und seine Frau Diane sehr häufig zusammen mit den Kindern, denen die volle Aufmerksamkeit beider Elternteile galt. Bruce Ivins absolvierte oft Trainingsrunden durch die Straßen der Nachbarschaft, um sich auch im höheren Alter noch fit zu halten, und engagierte sich auf freiwilliger Basis für das Rote Kreuz. Privat war er ein stiller, aber unternehmungslustiger Familienvater, der in seinem großen roten Van häufig mit den Kindern zum Schwimmen fuhr, leidenschaftlich gerne jonglierte und in der Kirche Orgel spielte. Der Pfarrer beschreibt ihn als jederzeit hilfsbereiten Gläubigen, der nach der Messe half, in der Kirche sauber zu machen. Allerdings kritisierte Ivins durchaus einige reaktionäre Aspekte der christlichen Glaubensgemeinschaft und bezog zu vielen aktuellen Themen deutlich Stellung. Unter anderem verurteilte er jegliche Unterstützung der Sterbe- bzw. Suizidhilfe!

Als sich gegen Anfang 2000 wohl erste deutlichere Anzeichen einer Verschlechterung des seelischen Zustands einstellten, suchte Ivins einen Fachmann auf. Warum er das so relativ bald tat, ob nun auf eigenen Wunsch hin oder aber auf eine Empfehlung, bleibt unklar. Wurde er vielleicht sogar von amtlicher Seite verpflichtet, sich untersuchen zu lassen? Offenbar trieben ihn seine Sorgen um das Programm um. Es war kurz nach jener Zeit, zu der Hatfill und Hauer im SAIC miteinander kooperierten und dort erstmals der Gedanke aufkam, doch einmal zu prüfen, welche Auswirkungen einige mit Anthrax verseuchte Postsendungen wohl haben würden. Bruce Ivins arbeitete an Anthrax-Impfstoff und kam der Konkurrenz zunehmend in die Quere. Bahnte sich hier bereits eine unheilvolle Konstellation an? Irgendetwas scheint sich damals abgespielt zu haben, das Ivins immer mehr in die Isolation führen sollte und immer weiter in die Rolle des vermeintlichen Anthrax-Killers. Dieser Gedanke wird wahrscheinlich immer spekulativ bleiben – und leider kann auch nicht hundertprozentig ausgeschlossen werden, dass Ivins tatsächlich der gesuchte Killer war. Doch scheint insgesamt betrachtet weit mehr für als gegen ihn zu sprechen.

Seit jenen Tagen und seit Ivins sich erstmalig bei dem nicht genannten Psychiater anmeldete, verschlechterte sich sein seelischer Zustand jedenfalls mehr und mehr. Wie notierte er damals auch: »Der Psychiater ist nur insofern eine Hilfe, als er mir das Celexa verschreibt. Er ist kein leichter Gesprächspartner, und er nimmt meine Probleme nicht wirklich wahr« – Ivins erhielt also ein Medikament namens *Celexa*, um seinen Zustand zu lindern. Aber das nützte überhaupt nichts. Und sollte es das überhaupt? Celexa (Citalopram) zählt zu den Serotonin-Hemmern und wird tatsächlich verschrieben, um Depressionen zu behandeln. Nebenwirkungen seien zu Beginn der Behandlung möglich, würden aber nach ein oder zwei Wochen wieder verschwinden. Welche Erfahrungen aber haben Betroffene mit dem Medikament gemacht? Eine Patientin schreibt:»Nehme Citalopram (in den USA: Celexor) seit drei Monaten … Letzten Monat habe ich sehr seltsame Nebenwirkungen gehabt, die ich am Anfang nicht erlebt habe: wöchentliche Phasen von metallischem Geschmack im Mund, gefolgt von einem Stoß einer eisigkalten Chemikalie, die meinen Körper durchflutete. Begleitet von unkontrollierbarem Zittern und Beunruhigung, Kribbeln in den Gliedmaßen und im Gesicht, Benommenheit, steifem Nacken … Die Ärzte beschuldigen mich, Panikattacken zu haben, DAS SIND KEINE! (Ich weiß, wie sie sich anfühlen.) …«

Wie klagte Dr. Ivins am 3. April 2000:»Gelegentlich bekomme ich dieses Kribbeln, das beide Arme hinunterläuft. Gleichzeitig werde ich ein wenig benommen und bekomme diesen unidentifizierbaren ›metallischen‹ Geschmack in meinem Mund (ich versuche nicht, komisch zu sein, [geschwärzt, Anm. d. Verf.]. Es macht mir wirklich ein wenig Angst« – und am 27. Juni 2000:»Auch mit Celexa und der Beratung kommen und gehen die depressiven Episoden. Das ist unerfreulich genug. Was aber wirklich erschreckend ist, das ist die PARANOIA … Erinnere dich, was ich dir über den ›metallischen‹ Geschmack in meinem Mund erzählt habe, den ich periodisch bekam? Das geschieht, wenn ich diese paranoiden Phasen bekomme.«

Benommenheit, metallischer Geschmack und Kribbeln in den Gliedmaßen, Paranoia und depressive Phasen. Ivins beschrieb genau die gleichen Nebenwirkungen, wie sie auch andere Patienten bei vor allem längerer Einnahme des Medikaments feststellen mussten. Laut Angaben der Herstellerfirma *Forest Laboratories* nehmen weltweit rund 30 Millionen Patienten das Medikament ein, acht Millionen davon allein in den Vereinigten Staaten.

Die allgemeine Tendenz solcher Antidepressiva, paradoxerweise eben genau auch das zu verstärken, was sie eigentlich lindern sollen, findet sich auch bei anderen Medikamentengruppen wieder. Bekanntlich ist dabei nicht jeder Patient gleichermaßen von Nebenwirkungen betroffen. Doch Dr. Ivins fällt genau in das Raster derjenigen, die spürbar darunter zu leiden hatten. Das Präparat unmittelbar daraufhin abzusetzen hätte seine Lage keinesfalls verbessert, denn mit einem abrupten Stopp konnten natürlich wieder schwere Entzugserscheinungen verbunden sein. Nur, warum kontrollierte der Arzt die Entwicklung nicht und griff dann rechtzeitig ins Geschehen ein? Ließ er Ivins völlig absichtlich ins Verderben laufen? Wenn das zutraf, so war er nicht der Einzige. Alles schien darauf abzuzielen, Bruce Ivins systematisch zu vernichten.

Zermürbung

Der Anthrax-Experte war in einen Teufelskreis geraten, weil er im Schnittpunkt zahlreicher Interessen stand und sich am leichtesten in eine unausweichliche Verdachtssituation manövrieren ließ. Um ihn herum gab es schon längst einige Personen aus dem Dunstkreis der CIA, die offenbar Witterung aufgenommen hatten und ein geeignetes Opfer in Ivins erkannten. Er lieferte die beste Sollbruchstelle in der *Operation Anthrax*, jenem bislang nicht eindeutig nachgewiesenen, aber durchaus denkbaren CIA-Unternehmen, das auch die Mikrobiologin Barbara Hatch Rosenberg vermutet. Diese Operation nutzte so manchem. Die CIA schürte damit das gerade heftig lodernde Feuer des 11. September weiter. Die Angst durfte nicht abebben, niemand sollte glauben, jenem großen Terrorangriff würden nicht weitere heimtückische Attacken folgen. Die Islamisten waren demnach nicht nur imstande, vier US-Flugzeuge zu entführen und in einer genial koordinierten Aktion als Waffen gegen Amerika zu richten, um Tausende Unschuldiger in den Tod zu reißen, sie demonstrierten nunmehr, dass sie auch gefährliche Keime zum Einsatz bringen konnten – beim nächsten Mal vielleicht in epidemischem Ausmaß.

Zu jener Zeit ahnte niemand, dass später dann der Feind in den eigenen Reihen ausfindig gemacht würde. Das spielte auch überhaupt keine Rolle. Denn damals, zu exakt jenem Zeitpunkt, war diese Aktion wichtig. Sie bestätigte die Regierungsposition, den harten Kurs von Bush und seinem eigentlichen Gehirn, den neokonservativen Beratern im Hintergrund. Die Operation brachte jedoch nicht nur politischen, sondern auch finanziellen Segen. Die große Industrie erlebte nunmehr einen immensen Aufschwung, wenn auch nur vorübergehend. Und verdeckt arbeiteten einzelne »Wegbereiter« daran, den allein verantwortlichen großen Schurken zu schaffen. Perfektionisten aber geben sich damit nicht zufrieden, sie legen ihre Schachzüge so an, dass mit einem Bauernopfer gleich mehrere Zwecke erfüllt sind. Es soll sich doch lohnen! Ideal war nunmehr, dass jener Dr. Bruce Edwards Ivins, der durch seine interessanten Ergebnisse bei der Entwicklung von Anthrax-Impfstoff zur gefährlichen Konkurrenz geworden war, auch genau der Richtige war, den man zum Killer machen konnte: ein exzentrischer Wissenschaftler mit psychischen Problemen, daher suizidgefährdet, mit Zugang zu den fürchterlichsten Biowaffen und ausgestattet mit exzellentem Fachwissen, um eine solche Attacke umsetzen zu können. Da bedurfte es nur noch geringer Anstrengungen, um diesen Mann dort zu haben, wo man ihn haben wollte. Also leichtes Spiel für das FBI, das jahrelang offenbar im Trüben gefischt hatte, so lang, dass sogar konservativere Blätter verwundert und teils ein wenig sarkastisch zu fragen begannen, ob denn die – doch nicht ganz unzulängliche – Bundespolizei den Anthrax-Täter überhaupt finden wolle!

Als seinerzeit Dr. Stephen Hatfill verdächtigt wurde, gab es großen Wirbel. Der war sogar so groß, dass es rückblickend selbst schon wieder verdächtig erscheint. Die gesamte Entwicklung scheint geradezu konstruiert, nämlich darauf hin, Hatfill später umso deutlicher entlasten und auch entschädigen zu können. Und plötzlich hatte man Dr. Ivins am Wickel. Ein nahtloser Übergang. Die vermeintliche Entlastung des einen brachte die vermeintliche Entlarvung des anderen!

Jetzt ging alles ziemlich schnell. Die psychischen Probleme wuchsen an, die hart geführten FBI-Ermittlungen mit all ihrem Druck auf seine Familie zermürbten den Wissenschaftler, den man nun weinend an seinem Schreibtisch vorfand. Zweimal hatte man sein Haus durchsucht, seit Langem schon standen fortwährend Überwachungsfahrzeuge mit verdunkelten Scheiben gegenüber auf der Straße. Alle sahen es. Und die Schlinge zog sich zu. Man muss nicht sonderlich feinfühlig oder fantasievoll sein, um sich vorstellen zu können, was in einem Menschen in einer derartigen Situation vor sich gehen dürfte – und zwar völlig ungeachtet dessen, ob er nur wirklich der gesuchte Schuldige ist oder aber völlig zu Unrecht in Verdacht geriet.

Die Kronzeugin

In die Endphase jenes traurigen Spiels tritt noch eine weitere dubiose Person, in Gestalt einer gewissen Jean Carol Duley. Sie sei die psychologische Beraterin von Bruce Ivins gewesen. Und sie ist seltsamerweise die eigentlich entscheidende Figur, auf deren Aussagen die Behörden sich vorrangig berufen, wenn es um die desolate mentale Verfassung von Dr. Ivins geht. Mehr noch, wenn es um seine düstere Seite geht.

Duley kam wirklich wie gerufen. Sie berichtete genau das, was alle, insbesondere aber das FBI, hören wollten. Und die Medien stimmten in diesen vernichtenden Tenor sofort mit ein. Fast durchgängig bezichtigte ihn die große Presse als den paranoiden Forscher, der schließlich zum heimtückischen Killer mutierte. Bruce Ivins sei eine instabile Persönlichkeit gewesen, habe schon lange zu Gewalttätigkeit tendiert. Diese Charakterisierung geht auf genau jene Jean C. Duley zurück, deren unbestätigte Aussagen allgemein kaum angefochten werden. Doch wer ist diese Zeugin überhaupt?

Jean C. Duley, die Hauptbelastungszeugin gegen Dr. Bruce Edwards Ivins.

Da war die Rede davon, sie sei die psychologische Betreuerin des so zerrütteten Armee-Wissenschaftlers gewesen. Doch ist sie weder Psychologin noch gar Psychiaterin, sondern frischgebackene Suchtberaterin, die jedoch nicht einmal in der Lage ist, »Therapeut« richtig zu schreiben und zudem von »Dr. Ivin« sowie »Fort Dietrich« spricht. In einer gegen Ivins gerichteten Beschwerde, in der sie um eine gerichtliche Schutzverfügung ersuchte, bezichtigt sie Ivins der Gewaltandrohung gegen ihre Person, weiter der Einschüchterung, Verfolgung und anderer Delikte. Ende Juli 2008 sagte sie unter Eid aus. Hier einige Auszüge aus dem Dialog, den ihre Anwältin Kathleen Cahill (C) mit Duley (D) vor Gericht führte – die permanenten »Ähms« von Jean Duley, die sehr unsicher wirkte, sind der besseren Lesbarkeit halber fast immer weggelassen:

C: Ms. Duley, bitte nennen Sie Ihren vollen juristischen Namen für das Gericht.

D: Jean Carol Duley.

C: Und wie alt sind Sie, Ma'am?

D: 45.

C: Meinem Verständnis nach baten Sie dieses Gericht, Ihre beiden Adressen – sowohl die private als auch die berufliche – vertraulich zu behandeln, ist das richtig?

D: Ja.

C: Wo waren Sie im Lauf der vergangenen sechs Monate angestellt?

D: Psychiatrisches Zentrum, Frederick.

C: Und in welcher Funktion? Wie lautete die Bezeichnung für Ihre Tätigkeit?

D: Programmleiterin.

C: Und während Ihrer Zeit an jener Örtlichkeit, führten Sie da therapeutische Gruppensitzungen durch?

D: Gruppen-, aber auch Einzelberatung.

C: Und im Lauf ihres Anstellungsverhältnisses, kamen Sie da in Kontakt mit der Person, die sie in Ihrem Gesuch als Beklagten nennen?

D: Ja.

C; Kam in den letzten Wochen der Moment, wo Sie vom *Federal Bureau of Investigation* der Vereinigten Staaten [FBI] kontaktiert wurden?

D: Ja.

C: Und wurden Sie als Ergebnis von dessen Untersuchung vorgeladen, um vor einem Großen Geschworenengericht Zeugnis abzulegen?

D: Ja.

C: Und kontaktierte Sie das *Federal Bureau of Investigation* hinsichtlich einer Ermittlung, die den genannten Beklagten beschuldigt, in einige sehr ernste Vergehen auf Bundesebene verwickelt gewesen zu sein?

D: [Sehr zögerlich]: Ja.

…

C: Wie lange kannten Sie die Person, die Sie in dieser Sache als Beklagten genannt haben?

D: Sechs Monate.

C: Und wie oft haben Sie ihn gesehen?

D: Auf wöchentlicher Basis, einmal die Woche, und auf individueller Basis, beinahe jede andere Woche.

C: Äußerte er im Verlauf Ihres beruflichen Kontaktes mit ihm je irgendwelche Bedrohungen, die nach Ihrer Auffassung gemeingefährlich waren?

D: Ja.

C: Äußerte er irgendwelche Bedrohungen, die Ihrer Auffassung nach Ihre persönliche Sicherheit im Laufe jener sechs Monate gefährdeten?

D: Ja, so ist es.

Nun wendet sich Kathleen Cahill einem Vorfall zu, der sich am 9. Juli 2008 zugetragen haben soll, und fragt:

C: Wenn Sie nun Ihre Aufmerksamkeit speziell auf den 9. Juli 2008 richten, können Sie dem Gericht sagen, wie sich Ihr Kontakt mit dem genannten Beklagten zu jener Zeit gestaltete?

Duley antwortet wiederum sehr unsicher und zögerlich, stottert eher, als dass sie vollständige Sätze gestaltet. Natürlich ist gut möglich, dass die ungewohnte Situation vor Gericht sie deutlich belastete und einschüchterte. Gewiss mochte es sein, dass ihr die ganze Angelegenheit nicht besonders angenehm war. Alles verständlich und durchaus denkbar. Wären da nicht wieder einmal einige merkwürdige Aspekte, mit denen wir uns gleich anschließend noch kurz beschäftigen werden. Duley also antwortete:

D: Am 9. Juli befand sich der Beklagte in einer Gruppe … in einer unserer Arbeitsgruppen, und er war extrem erregt, außer Kontrolle, und kam in die Gruppe, und ich fragte ihn, was denn sei. Und er fuhr fort, der Gruppe einen sehr langen und genauen Plan zu beschreiben und die Absicht zu …, dass er eine kugelsichere Weste gekauft habe, eine Waffe erworben habe …, einen sehr detaillierten Plan, um seine Mitarbeiter zu töten, zu … dass, weil er kurz davor stand, wegen kapitalen Mordes angeklagt zu werden, dass er in einem Glorienschein abtreten würde, dass er jeden mit sich mitreißen werde, dass er die Straßen von Frederick durchstreifen würde, um einen Streit mit jemandem zu provozieren, sodass er ihn niederstechen könne, … dass sie ihn nicht kampflos wegschaffen könnten … Ich … stellte ihm Fragen zu genaueren Einzelheiten, da ich den Klienten so gut kenne … Ich wusste, dass er sich verschwor und Pläne schmiedete, also versuchte ich, so viel Details wie möglich zu erhalten, und er beschrieb ganz genau, was er zu tun gedachte an seinem Arbeitsplatz, …, und er beschrieb diese Pläne im Detail.

C: Basierend hierauf, ließen Sie ihn zwangseinweisen?

D: Ja. Ich setzte mich mit seinen beiden Anwälten in Verbindung. Ich hatte mit Captain Byrnes von der Stadtpolizei Frederick Kontakt aufgenommen. Sie gingen dann zu seiner Arbeitsstelle, griffen ihn auf und ließen ihn ins FHM einweisen [*Frederick Memorial Hospital*, Anm. d. Verf.].

C: Und nach dem [Zwangsaufenthalt im] *Frederick Memorial Hospital*, wohin wurde er dann nach Ihrem besten Wissen verbracht?

D: Am nächsten Tag wurde er ins *Shepard Pratt* [Psychiatrische Klinik, Anm. d. Verf.] transportiert, Hochsicherheitstrakt, und unter Beobachtung wegen Mord- und Selbstmordgefahr gestellt.

Ivins wurde also als gemeingefährlicher Psychopath, der einen Amoklauf plante, aufgegriffen und unschädlich gemacht.

C: Meinem Verständnis nach wurden während seines Aufenthaltes in *Sheppard Pratt* mehrere Mitteilungen auf Ihrem Anrufbeantworter hinterlassen. Ist das richtig?

D: Korrekt, vom FMH, um 4.25 Uhr und 4.28 Uhr morgens.

C: An welchem Tag?

D: Am 11. Juli hinterließ er zwei Sprachmitteilungen.

Jean Duley beschreibt die erste Nachricht als eine »Schimpfkanonade. Er warf mir vor, ihm dies angetan zu haben … Es war so eine Art

Geschwafel. Drei Minuten später das Gleiche, ..., er sagte, dass wir nicht länger ein therapeutisches Verhältnis hätten, ... und wie ich ihm das angetan haben kann.«

Laut Duley rief er am 12. Juli um halb ein Uhr nachts wieder an.

D: Dieser [Anruf] kam aus dem *Sheppard Pratt*. Dieser Anruf war ... ziemlich angsteinflößend. Er bedankte sich bei mir sehr ruhig dafür, sein Leben ruiniert zu haben, und für den Durchbruch, der dem FBI nun erlaubte, ihn für ... die Morde zu belangen ... und ... dass dies alles meine Schuld sei ... [Duley gerät hier ins Stammeln, Anm. d. Verf.]. ... Es ist meine Schuld, wenn sie ihn nun bekommen.

C: Und physisch liegen uns diese Bänder heute nicht vor, ist das richtig?

D: Das FBI hat sie.

C: Und warum haben sie die Bänder?

D: Weil sie sie dem Beweismaterial für die Anhörung des Großen Geschworenengerichts hinzufügen müssen.

C: Sind Sie zum jetzigen Zeitpunkt besorgt um Ihre persönliche Sicherheit?

D: Das bin ich und ebenfalls das FBI.

Cahill will nun die genaueren Gründe dafür hören, natürlich im Interesse ihrer Klientin. Nun kommen einige wirklich bemerkenswerte Geschichten zum Vorschein, die Ivins in ein noch unglaublicheres Licht rücken, als das bisher schon der Fall war. Demnach muss er ganz unabhängig von den Anthrax-Attacken ein äußerst gefährlicher, pathologischer Killer gewesen sein. Das Ganze wirkt, wenn auch äußerst unsicher, so doch umso dicker aufgetragen:

D: Bis zurück ins Jahr 2000 hat der Beklagte, ähm, versucht, mehrere andere Leute umzubringen, ähm, entweder durch Vergiften, ähm, er ist ein Rachekiller, wenn er das Gefühl hat, ähm, dass er beleidigt wird, oder hatte, ähm, ähm, speziell gegenüber Frauen, ähm, er, äh, schmiedet und versucht auch tatsächlich Rachemorde auszuführen, ähm. Er wurde von mehreren Top-Psychiatern als soziopathischer, gemeingefährlicher Mörder beschrieben, ähm. Und ich habe Beweise dafür. Ich habe sie, ähm, ähm, und durch meine, ähm, Arbeit mit ihm, ähm, glaube ich auch, dass das sehr wahr ist.

Wirklich interessante Ausführungen. Vor allem auch, dass Jean Duley erklärt, *Beweise* zu haben, dann aber noch einmal unterstreicht zu *glauben*, dass das *sehr* wahr ist. Das klingt doch eher nach dem Gegenteil. Nach echten Beweisen jedenfalls nicht!

Duley erklärte auf die entsprechende Nachfrage noch, im betreffenden Fall mit dem FBI zu kooperieren und diese Behörde um Schutz gebeten zu haben:

D: Sie werden ihn verfolgen. Er wird heute entlassen … und der für mich abgestellte FBI-Agent hat tatsächlich sehr deutlich vorgeschlagen, dass ich unter Schutz gestellt werde.

C: Gibt es noch irgendetwas, was Richter Roberts Ihrer Ansicht nach die Situation betreffend wissen sollte, bevor er eine Entscheidung fällt?

D: Ich bin zu Tode verängstigt.

Widersprüche um Jean Duley

Vieles daran will sich nicht recht zusammenreimen. Duley erfuhr spätestens am 9. Juli von den angeblich mörderischen Absichten des Wissenschaftlers. Sie sagt allerdings, sie habe schon von seinen Plänen erfahren gehabt und sie kenne den Klienten gut. Allerdings waren das faktisch doch nur sechs Monate, während sie offenbar die psychopathische Historie des Dr. Bruce Ivins schon sehr lange sicher zu kennen schien. In ihrem Antrag vom 24. Juli schreibt sie darüber hinaus sogar: »Klient hat eine Geschichte, die bis in die Zeit seines Hochschulabschlusses datiert und mörderische Drohungen, Aktionen, Pläne, Bedrohungen und Aktionen gegen den Therapeuten [›Theripist‹] beinhaltet. Dr. David Irwin, sein Psychiater, nannte ihn gemeingefährlich, soziopathisch mit klaren Absichten, [er] wird mit anderen Details bezeugen, FBI involviert, gegenwärtig unter Ermittlung & wird wegen fünffachen Mordes bestraft. Ich bin vorgeladen gewesen, vor dem Großen Bundesgeschworenengericht am 1. August 2008 in Washington, D. C., Zeugnis abzulegen.«

Jean Duley scheint selbst ebenfalls unter Druck zu stehen, ihre Kommentare sind teils schlecht leserlich, teils wirr. Am 24. Juli schreibt sie, für den 1. August vorgeladen *gewesen* zu sein. Aber weitaus wichti-

DISTRICT COURT OF MARYLAND FOR Frederick County

Located at 100 West Patrick St., Frederick, MD 22701   1101-SP713-2008

Jean C Duley
Confidential

vs.

Dr. Bruce Edward Ivins
622 Military Rd
Frederick MD

PETITION FOR PEACE ORDER

(NOTE: Fill in the following, checking the appropriate boxes. If you need additional paper, ask the clerk.)

1. I want protection from Dr. Bruce Edward Ivins

The Respondent committed the following acts against Jean C Duley within the past 30 days on the dates stated below. (check all that apply) ☐ kicking ☐ punching ☐ choking ☐ slapping ☐ shooting ☐ rape or other sexual offense (or attempt) ☐ hitting with object ☐ stabbing ☐ shoving ☒ threats of violence ☒ harassment ☒ stalking ☐ detaining against will ☐ trespass ☐ malicious destruction of property ☒ other

The details of what happened are: *(Describe injuries. State the date(s) and place(s) where these acts occurred. Be as specific as you can.)*: July 9th threats of homicidal intent, plans, had committed to being pratt. July 10th; July 11 1:05 am 11:28 from FMH, was transfered to sheppard pratt. Called left threat 11:25; was to have commitment hearing July 16th in grand in vol. psych himself out Joe back.

2. I know of the following court cases involving the Respondent and me:

Court	Kind of Case	Year Filed	Results or Status (if you know)

3. Describe all other harm the Respondent has caused you and give date(s), if known.

4. I want the Respondent to be ordered:
☒ NOT to commit or threaten to commit any of the acts listed in paragraph 1 against Jean C. Duley
☒ NOT to contact, attempt to contact, or harass Jean C Duley
☒ NOT to go to the residence(s) at Confidential
☐ NOT to go to the school(s) at
☒ NOT to go to the work place(s) at Confidential
☐ To go to counseling ☐ To go to mediation ☒ To pay the filing fees and court costs
☒ Other specific relief: come within 50 feet at any time

I solemnly affirm under the penalties of perjury that the contents of this Petition are true to the best of my knowledge, information, and belief.

7/24/08

NOTICE TO PETITIONER
Any individual who knowingly provides false information in a Petition for Peace Order is guilty of a misdemeanor and on conviction is subject to a fine not exceeding $1,000 or imprisonment not exceeding 90 days or both.

Jean C. Duleys vertraulicher Antrag gegen Bruce E. Ivins. Sie bezichtigt den Wissenschaftler mörderischer Drohungen und Pläne. War Dr. Ivins wirklich verrückt?

ger ist die Frage, woher sie weiß, dass Dr. Ivins wegen fünffachen Mordes unter Strafe gestellt würde! Sie scheint geradezu hellsichtig – oder wurde sie vom FBI in eine an sich streng geheime Untersuchung eingeweiht? Allein, weil sie eine wichtige Zeugin war – oder eher darstellen sollte? Sämtliche von ihr stammenden Aussagen sind jedenfalls fragwürdig und können nicht als Expertisen oder Beweise gelten. Hatte ihr irgendjemand beim FBI die Bedeutung ihres Auftritts im Fall Ivins klarmachen wollen und ihr erzählt, man werde ihn wegen fünffachen Mordes verurteilen, da er definitiv ein brutaler, paranoider Killer sei? Machte man ihr auch Versprechungen, sie beruflich oder wie auch immer zu unterstützen, wenn sie Dr. Ivins nur schön kräftig belastete? Immerhin hatte man es ja auch ganz offenbar bei dessen Sohn mit klarer Bestechung versucht – wenn auch erfolglos.

Woher wusste Jean Duley, dass Ivins angeblich wegen fünffachen Mordes verurteilt werden würde?

Alles, was Jean Duley äußerte, klang jedenfalls aufgepflanzt, einstudiert und überzogen. Und neben den umfangreichen und unvorstellbar teuren genetischen Analysen, die schließlich den Zusammenhang zwischen dem Brief-Anthrax und der Flasche RMR-1029 in Dr. Ivins Büro herstellten, mauserte sich Jean C. Duley schließlich zur Hauptbelastungszeugin gegen den Forscher. Und damit wurde sie gleichzeitig mit zum Sündenbock in der ganzen Geschichte, so meinen einige Beobachter. Aber ebenso, wie die spezielle Anthrax-Kultur nicht allein Dr. Ivins zugänglich war, sondern rund 100 (!) anderen Wissenschaftlern – weshalb auch die spärlichen Indizien und Anschuldigungen gegen ihn längst nicht ausgereicht hätten, ihn wirklich klar als den Schuldigen, als den Anthrax-Einzeltäter zu entlarven –, genauso wenig können die spärlichen Aussagen einer möglicherweise gekauften Zeugin reales Gewicht haben. Jener Dr. David Irwin jedenfalls ist mit keiner Expertise aufgetreten, die publiziert wurde. Und warum füllte Duley ihren Antrag erst am 24. Juli aus, wenn sie bereits mindestens seit dem 9. Juli wusste, was für ein Mensch Dr. Ivins war, und wenn sie doch immerhin zum Kreis derer zählte, die er angeblich massiv bedrohte? Am 11. und 12. Juli habe sie wütende Anrufe von Ivins erhalten, deren Bandaufzeichnungen allerdings nicht vorgelegt wurden. Spätestens jetzt musste ihr bewusst sein, ganz ihrer Beschreibung gemäß, dass sie in sein Visier geraten war und sich damit in Lebensgefahr befand.

Wenn man von einem Mikrobiologen, der in einem der gefährlichsten Hochsicherheits-Labors des Landes arbeitet, einem Mann, der angeblich schon Menschen getötet hat und als paranoid gilt, deutlich bedroht wird, was tut man da? Wartet man dann erst noch rund zwei Wochen, bevor man etwas unternimmt? Eilig also schien Ms. Duley es ganz und gar nicht gehabt zu haben. Seltsam eigentlich auch, dass sie im Zusammenhang mit dem aufgebrachten Anruf von Ivins lediglich von »Geschwafel« sprach. Anscheinend ließen sie seine Vorhaltungen ziemlich kalt, sodass sie nichts davon ernst nahm. Vielmehr schien sie während ihrer Aussagen stets dann ebenso nervös wie nebulös zu werden, wenn sie Anschuldigungen gegen Dr. Ivins vorbrachte. Oder sollte man vielleicht sagen: vorbringen *musste*? Leider wissen wir nicht, ob sie wirklich unter diesem Druck stand, ob das FBI sie tatsächlich angeheuert hatte. Der Fall ist insgesamt noch so frisch und in weiten Teilen ohnehin so geheim, dass eine wirkliche Bewertung überhaupt nicht möglich ist und auch hier nicht vorgenommen werden soll. Doch diese Fragen drängen sich zwangsläufig auf, all diese Fragen, wie sie sich aus den zahlreichen Merkwürdigkeiten und Widersprüchen ergeben, ebenso wie aus der schwachen »Beweislage«, die das FBI

DISTRICT COURT OF MARYLAND FOR .... **Frederick County**
Located at ..100..W...Patrick..St.,,..Frederick,..MD..21701.. No. **1101-SP713-2008**

.... vs. ....
    Petitioner   Respondent

ADDENDUM TO PEACE ORDER PETITION
DESCRIPTION OF RESPONDENT
(Provided by Petitioner)

(This information will be used to help the law enforcement officer serve these papers on the Respondent. Be as specific as possible.)

Height **5'6"** Weight **135** Sex **M** Race **W** Hair Color **gray** Eye Color ....

Skin Tone **Light** Date of Birth **4/22/46** Other (Tattoos, scars, etc.)..............

.... Where on body and description

Driver's License No. ....

Employer .... **Ft. Dietrich.**

Respondent's Work Address, Work Hours and Telephone Number ....

....

....

Other places where Respondent can be found: ....

....

Home Address: .. **622 Military Rd Fred.** Date: ....

Home Address: .... Date: ....

Home Address: .... Date: ....

Date Petition Completed: ....

Date Description Revised: ....

Date Description Revised: ....

Date Description Revised: ....

DC/PO 1A (Rev. 1/2003)

»Fort Dietrich«. Ein weiteres von Jean Duley ausgefülltes Formular zur Diskreditierung von Bruce Ivins.

präsentiert. Da ändern auch die umfangreichen wissenschaftlichen Anthrax-Analysen nichts. Merkwürdig zudem, dass sich keiner zu Wort meldet, der wirklich zur Aufklärung beitragen könnte, wenn auch nicht zur Aufklärung des gesamten Falles, so doch zur Aufklärung einzelner Facetten. Alle tauchen ab. Das FBI schweigt ohnehin, die

Staatsanwälte schweigen, die Repräsentanten verschiedener Firmen und des Militärs schweigen, die relevanten Mediziner schweigen, einfach alle. Auch Allan Levy schweigt. Levy ist Chef der psychologischen Beratungsgruppe *Comprehensive Counseling Associates* in Frederick. Hier kümmert man sich auch um Suchtkranke. Und hier arbeitete Jean C. Duley seit Januar 2008 als »Programmleiterin«. Sie wurde engagiert, um Patienten, die von Schmerzmitteln abhängig geworden sind, mit dem Medikament *Suboxone* zu behandeln. Das war offenbar ihr Programm. Aus welchem ursprünglichen Grund kam Dr. Ivins in ihre Gruppe? Und warum arbeitete Duley kurz nach dem Tod von Dr. Ivins nicht mehr in dieser Klinik? Die Suchtberaterin gibt keinen Kommentar hierzu ab. Auch nicht zu ihrer eigenen Vergangenheit, die sich allerdings auf andere Weise erschließen lässt. Mit überraschenden Ergebnissen. Während nämlich zum vermeintlichen Rachemörder und Anthrax-Killer keinerlei gerichtliche Aufzeichnungen über kriminelle Handlungen oder Fehlverhalten zu finden sind, zeigt sich hingegen, dass Jean Duley bei der Justiz von Frederick, Maryland, keine ganz Unbekannte war. Demnach war auch ihr die Situation, vor Gericht aussagen zu müssen, nicht ganz fremd.

Seit Mitte 1990 geriet Ms. Duley wiederholt mit dem Gesetz in Konflikt, vor allem wegen »Fahrens unter Einfluss von Alkohol oder Drogen«, so heißt es in den Protokollen. Zuletzt im Dezember 2007, also kurz, bevor sie ihren Job bei der Suchtberatung anfing! 1992 war

000000FB36664	Duley, Jean Carol	03/1963	Defendant	Frederick County District Court	Traffic	Closed	12/23/2007
00076958D0	Duley, Jean Carol		Defendant	Silver Spring District Court 02	CR	Closed	10/17/1992
00656903D2	Duley, Jean Carol		Plaintiff	Rockville District Court	CR	Closed	03/02/1992
10K06040185	Duley, Jean Carol	03/1963	Defendant	Frederick County Circuit Court	Jury Trial Motor Vehicle	Closed/Inactive	09/15/2006	State of Maryland vs JEAN CAROL DULEY
90458V	Duley, Jean		Defendant	Montgomery County Circuit Court	DOMESTIC FAMILY	CLOSED	05/01/1992

10 items found, displaying all items.

1

Jean Duley kam mehrmals mit dem Gesetz in Konflikt. Hier ein offizieller Auszug.

sie wegen Handgreiflichkeiten gegen ihren damaligen Lebensgefährten verurteilt worden. Im selben Jahr hatte sie noch einmal wegen des Besitzes diverser Drogenutensilien vor Gericht gestanden. Dies alles

> "Subject: Finally! I know Who mailed the anthrax!
> From: KingBadger7@aol.com <KingBadger7@aol.com>
> Date: Fri, 7 Sep 2007 17:49:01 EDT
> To: ████████████████████
>
> Hi, ████
> Yes! Yes! Yes!!!!!!! I finally know who mailed the anthrax letters in the fall of 2001. I've pieced it together! Now we can finally get all of this over and done with. I have to check a couple of things to make sure...absolutely sure...and then I can turn over info. I'll probably turn it over to my lawyer, and then he'll turn the info over to the authorities. I'm not looking forward to everybody getting dragged through the mud, but at least it will all be over. Finally! I should have it TOTALLY nailed down within the month. I should have been a private eye!!!!
>
> -bruce"

Was hatte es mit einer seltsamen E-Mail vom 7. September 2007 auf sich, in der Dr. Ivins behauptet, nun endlich zu wissen, wer der Anthrax-Killer war? Hier schreibt er aufgeregt: »Ja! Ja! Ja!!!!!!!! Ich weiß endlich, wer die Anthrax-Briefe im Herbst 2001 abgeschickt hat. Ich habe die Einzelteile jetzt zusammengefügt! Nun können wir das alles schließlich doch ein für alle Mal hinter uns bringen. Ich muss noch einige Dinge überprüfen, um absolut sicherzugehen ..., absolut sicher ..., und dann kann ich die Information weitergeben. Ich werde sie wahrscheinlich meinem Anwalt übergeben, und er wird sie dann an die Behörden weiterleiten. Ich freue mich nicht, irgendjemanden durch den Schmutz zu ziehen, aber zumindest wird alles vorbei sein. Endgültig! Ich sollte es bis Monatsende TOTAL festgenagelt haben. Ich hätte Privatdetektiv werden sollen!« Drehte der Wissenschaftler nun endgültig durch oder stand er wirklich kurz vor der Lösung des Rätsels? Immerhin befand er sich beruflich wohl in einer geeigneten Position, um einige Hintergründe abzuklären und genauere Recherchen anzustellen. Waren diese neuen Erkenntnisse der eigentliche Grund dafür, warum er sterben musste?

muss nicht zwangsläufig bedeuten, dass Jean C. Duley im Fall des Dr. Ivins die Unwahrheit sagt, doch glaubwürdiger wird sie dadurch gewiss nicht. Und weder kann sie durch ihre Anschuldigungen gegen ihn als wirklich relevante Zeugin gesehen werden, noch basieren ihre Einschätzungen auf einer psychologischen oder gar psychiatrischen Ausbildung.

Der »Besessene«

Während aber in der Öffentlichkeit bis auf die Publikationen unabhängiger Rechercheure kaum je ein Wort über die eigenen Suchtprobleme der Suchtberaterin verloren wird, lassen es sich viele große Medien kaum entgehen, Bruce Ivins ganz im Sinne des FBI nicht nur als Paranoiker, sondern auch als Alkoholiker hinzustellen sowie als einen in vieler Hinsicht regelrecht besessenen Menschen.

Kaum hinfällig dürfte die Frage sein, wann denn ein Mensch zu trinken beginnt. Denn dieses »Wann« führt oft auch zum »Warum«. Ivins fing zu trinken an, als das FBI begann, ihn zu jagen. Während er früher mit Bedacht sehr vorsichtig im Umgang mit Alkohol war, da er von einer familiären Anfälligkeit wusste und daher kein Risiko eingehen wollte, griff er seit dem Herbst 2007 hemmungslos zur Flasche. Und die war durchaus schnell geleert. Hinzu kamen Schlafmittel und Beruhigungstabletten. Aber: Richtete er sich wirklich selbst zugrunde oder waren hierfür vielmehr die äußeren Umstände verantwortlich?

Ganz ohne Zweifel gab es jedenfalls einige Leute, die über die neuesten Wendungen geradezu frohlockten. Ivins entwickelte sich genau in die richtige Richtung. Doch zuvor war Ivins niemandem als sonderlicher Alkoholkonsument aufgefallen. Wie auch hätte er sonst seine Sicherheitsfreistellung für die Arbeit in Gebäude 1425 auf *Fort Detrick* über viele Jahre hinweg regelmäßig erhalten können? Und der Forscher behielt diese Freistellung, die ihm weiterhin Zugang zu den gefährlichsten Labors und Agenzien gewährte, bis zum 10. Juli 2008! Am selben Tag, an dem er für ein psychologisches Gutachten in die Klinik gebracht wurde, hatte er noch an einer heiklen Besprechung auf *Fort Detrick* teilgenommen, in der es um einen neuen Impfstoff gegen Beulenpest ging, der sich gerade zum Schutz der US-Soldaten in der

116

Entwicklung befindet. Etliche Fachleute diskutierten zusammen mit Dr. Ivins die nächsten Schritte der betreffenden Forschungsarbeit. Anwesend war auch Jeffrey J. Adamowicz, sein einstiger Vorgesetzter. Später erklärte Adamowicz, rund zehn Minuten mit ihm gesprochen zu haben. Ivins habe gestresst gewirkt, aber ziemlich normal. Ein wahres Wunder, wenn man sich die Situation vorstellt, in der er sich befand. Bald nach jener Sitzung wurde er dann aufgrund seines psychischen Zustands geradezu von der Basis verbannt – sehr plötzlich und sehr einschneidend. Unverständlich nur, dass man ihn, der nunmehr bereits monatelang als Hauptverdächtiger im Amerithrax-Fall galt, bis dahin völlig unbehelligt in den Labors hatte agieren lassen. Wenn der vermeintliche Psychopath Ivins wirklich gewollt hätte, welche Katastrophe hätte er dann in den letzten Wochen seines Lebens noch entfesseln können! Bei der Durchsuchung seines Hauses fand man Schusswaffen, er selbst hatte sich eine kugelsichere Weste zugelegt, doch nie fiel auch nur ein einziger Schuss. Und: Wie unvergleichlich größer wäre der Schaden gewesen, hätte der rachsüchtige Forscher angesichts seines zumindest beruflich absehbaren Endes eine jener todbringenden Kühlboxen geöffnet! Wahrhaft eine »Büchse der Pandora«! Ivins hätte die schlimmsten Seuchen über das Land bringen können. Doch er tat es nicht.

Wenn in den geheimsten und tödlichsten Labors des US-Militär tatsächlich zu allem bereite Geisteskranke forschen und dabei jahrzehntelang unbemerkt bleiben, dann gute Nacht! Und zwar nicht nur gute Nacht Amerika!

Fall erledigt!

Die Abgründe, die sich allerdings um die Person des Bruce Ivins auftun, wirken reichlich konstruiert. Das FBI arbeitete ganz offenbar sehr zielstrebig daran, einen neuen Ivins zu schaffen.

Da gab es noch eine andere ungewöhnliche Geschichte, die für Furore sorgte und recht schnell erzählt ist. Sie spielte sich noch in der College-Zeit ab, in der Ivins wohl wirklich eine depressive Phase durchlebte. Damals hatte er sich angeblich bei einer Kommilitonin einen Korb eingehandelt, was er – der Rächer – nie wirklich verwunden habe. Das Mädchen gehörte offenbar einer studentischen Verbindung in Princeton an, *Kappa Kappa Gamma* (KKG), und seit jener Abfuhr sei Ivins geradezu besessen von eben dieser Verbindung gewesen, die nur weibliche Mitglieder aufnimmt. Da haben wir wieder das Stichwort *besessen!* Und wie es sich für einen echten Besessenen geziemt, sei Ivins immer wieder in der Nähe des KKG-Hauses aufgetaucht und drum herumgeschlichen wie ein verliebter Kater.

Die ganze »Story« wurde in vielen Medien geradewegs zum schauerlichen Psychomärchen ausgeweitet. Die neue Verbindung zur alten Verbindung bestand nämlich in jenem Briefkasten in der Nassau Street, dem Ausgangspunkt der Anthrax-Mails. Jahrzehnte später also, mittlerweile als hoch angesehener Wissenschaftler, soll der immer noch zutiefst gekränkte Forscher die verseuchten Briefe absichtlich genau dort eingeworfen haben, denn nur 100 Meter vom unseligen Postkasten entfernt befindet sich das KKG-Verbindungshaus.

Seltsam klingt das schon. Ein merkwürdiger Zufall oder mehr? Was steckt tatsächlich dahinter?

In Wirklichkeit gibt es dort im Umkreis von 100 Metern kein KKG-Haus! Einzig ein *Lagerhaus*, in dem die Verbindung möglicherweise einige Gegenstände unterbrachte. Und Ivins hatte die Kommilitonin offenbar an der Universität Cincinnati kennengelernt, nicht in Princeton. Das letzte Mal, dass er ein solches Verbindungshaus aufsuchte, war nach Aussage eines von der *New York Times* zitierten guten Bekannten im Jahr 1981. Insgesamt bleibt also von der Besessenheit nicht viel übrig. Und wenn der auf alle Ewigkeit gekränkte Forscher wirklich auf die KKG abgezielt hätte, dann wohl durch eine direkte Briefsendung an ein echtes Verbindungshaus ganz in der Nähe, nämlich an der Uni von Maryland oder aber in einem der benachbarten Bundesstaaten. Mit etwas Mühe hätte er vielleicht sogar die Adresse des Mädchens herausfinden und bei ihr dann noch nachträglich wegen eines – allerdings richtig üblen – »Heirats-Anthrax« vorstellig werden können!

Ohne den Fall Ivins nun wirklich umfassend geschildert zu haben oder ihn in einer endgültigen Weise bewerten zu können – denn hierfür fehlen schlichtweg die *faktischen* Kerninformationen des FBI und sämtliche echte Beweise –, dürften die bisher genannten Beispiele dennoch genügen, um die Unzulänglichkeiten der offiziellen Ermitt-

lungen ebenso zu demonstrieren, wie auch einige Hintergründe zu
beleuchten, warum der Arme(e)-Wissenschaftler wohl sterben musste.
Doch der Fall ist viel zu frisch und die Geheimhaltung viel zu ausge-
prägt, um hierbei von einer echten Beweislage sprechen zu können. So
bleibt vieles mysteriös oder spekulativ. Möglich, dass Ivins nicht ganz
unbeteiligt war, dass er über ein potenzielles CIA-Projekt Bescheid
wusste, sogar daran mitwirkte, um ähnlich wie Olson instabil und
daher für die eigentlichen Köpfe des Unternehmens gefährlich zu
werden. Mit hoher Wahrscheinlichkeit war die Arbeit des Wissenschaftlers auch für einige Leute zur gefährlichen Konkurrenz geworden. Sein Anthrax-Impfstoff schien sich gegenüber den anderen Pro-
dukten als effektiver zu erweisen. Und das hätte manch exzellentes
Geschäft vereiteln können. Denken wir nur an Stephen Hatfill und
BioPort.

Und so wenig, wie der Fall Ivins geklärt ist, genauso wenig ist auch
die eigentliche Rolle von Hatfill geklärt, der zunächst als Hauptverdächtiger gehandelt wurde, um anschließend mit 5,82 Millionen
Dollar entschädigt zu werden. Wird die Familie von Dr. Bruce Ivins je
eine vergleichbare Summe sehen, auch wenn keiner der Angehörigen,
trotz immenser Geldversprechen, belastendes Material gegen ihn vor-
gebracht hat?

Am 7. August 2008 richtete US-Senator Chuck Grassley einen
Katalog von 18 sehr konkreten Fragen an das Justizministerium und
das FBI. Dabei spricht er auch einige ungelöste Fragen um Hatfill an.
So auch, wann denn das FBI nachgewiesen habe, dass Hatfill niemals
Zugang zu jenem in den Briefen verwendeten Anthrax besaß und *wie*
die Behörde dies überhaupt sicher ermitteln konnte. Grassley scheint
der Ansicht, dass Hatfill weiterhin einen wesentlichen Schlüssel zum
Amerithrax-Rätsel bildet. Unklar bleibt, ob sich die Behörden jemals
zur nachdrücklichen Anfrage des Senators stellen und ob der Fall je
wieder neu aufgerollt werden wird.

Offiziell gilt einer der größten und hartnäckigsten Kriminalfälle
der USA seit dem vermeintlichen Selbstmord des Dr. Bruce Edwards
Ivins als gelöst. Doch wie wir gesehen haben, passt an der offiziellen
Darstellung vieles nicht. Man brauchte einfach den einen vorzeigbaren
Schuldigen. Und genau deshalb, weil die Beweislage alles andere als
felsenfest war, sah sich das FBI gezwungen, wesentliches Material

wegzuschließen. Aber das geschieht mit Routine. Dr. Ivins war schließlich nicht der erste Mikrobiologe, der sein Leben unter sehr mysteriösen Umständen verlor. Und er wird bei Weitem auch nicht der letzte
sein.

Gefahr in Verzug

Der Bärtige

Der Raum ist ins Dämmerlicht des nahen Todes gehüllt. Nur ein fahler Schein trifft die Decke der hohen Kammer. Die Treppe auf der linken Seite führt zu einer Art Empore, die von einem schlichten strengen Geländer eingefasst wird. Eher schemenhaft sind einige dunkle Gestalten zu erkennen. Schatten wandern umher, ein unverständliches Murmeln dringt durch das abstoßende Gemäuer, das einem Kellerverlies gleicht. Wortfetzen hallen vom kalten Mauerwerk wider, während aus dem Hintergrund ein stetes Klopfen zu hören ist. Etwas Unheilvolles und Endgültiges liegt in der Luft, jene tiefe Schwärze des letzten Moments.

Die finstere Silhouette eines Mannes erscheint unten neben der Treppe, er trägt offenbar eine Ghutra, jene typische arabische Kopfbedeckung. Andere Schatten bewegen sich die Treppe nach oben, zur Empore hin. Von der Decke herab hängen Seile. Aus dem dunklen Hintergrund löst sich jetzt ein Mann mit weißem Bart. Er tritt in den Lichtkegel ein, verharrt dort still, umgeben von betriebsamem Stimmengewirr. In seiner Starre wirkt er fast, als gehe ihn dies alles nichts an. Und dennoch ist er die Hauptperson. Kurz durchzuckt ein Blitzlicht den Raum. Jetzt ist deutlich zu erkennen, dass die schattenhaften Personen ihrem Werk mit vermummten Gesichtern nachgehen. Sie tragen eng anliegende Kopfmasken und führen den Bärtigen einige Schritte nach vorne. Zögerlich folgt er ihrer Anordnung. Im nächsten Moment greift jemand eines der Seile. Es ist ein fester Strick mit einer weiten Schlinge am Ende und einem fast kopfgroßen Knoten. Der Henker legt das schwere Hanfseil um den Hals des Verurteilten, zieht die Schlinge langsam zu. Sekunden scheinen zur Ewigkeit zu werden, es sind die letzten Sekunden eines Lebens. Warten auf den Tod.

Der Bärtige bleibt weiter regungslos, mit geschlossenen Augen und leicht geöffnetem Mund. Niemand verdeckt sein Haupt. Die ringsum

Anwesenden werden nun lauter, aufgeregter. Sie stimmen in einen beschwörerischen Chor ein, der den Propheten Mohamed zitiert. Doch ein Gebet ist es nicht. Der Sprechgesang steigert sich. »Muqtada! Muqtada!«, hallt es. Dann ebben die Rufe wieder ab. Plötzlich öffnet sich der Boden unter dem Bärtigen. Ein markerschütterndes Krachen geht durch die Henkerskammer – alle hören, wie das Genick des alten Mannes bricht. Der tote Körper liegt jetzt auf dem Boden. Es ist aus.

Das Leben des Diktators Saddam Hussein hat hier sein gewaltsames Ende genommen, am 30. Dezember 2006.

Seine Hinrichtung wurde offiziell bis zu dem Moment mitgefilmt, als Saddam die Schlinge um den Hals gelegt wurde. Doch auch die darauffolgenden Szenen sind heimlich aufgezeichnet worden, mit einer einfachen Handykamera. Die Exekution fand in der irakischen Armee-Basis *Camp Justice* bei Bagdad statt, am frühen Morgen, wohl gegen kurz nach sechs Uhr Ortszeit.

Unmittelbar vor seinem Tod habe Saddam noch »Allah ist groß« ausgerufen, doch wenn, dann ging dieser Ruf in der übrigen Geräuschkulisse unter. Jemand soll ihm gewünscht haben »Fahr zur Hölle«,

Die Hinrichtung Saddam Husseins. Der irakische Diktator starb am 30. Dezember 2006.

worauf Saddam noch mit der Frage geantwortet habe: »Die Hölle, die der Irak ist?« Wie es heißt, bat daraufhin ein anderer Anwesender, mit den erbosten Zurufen aufzuhören und endlich ruhig zu sein – »Der Mann steht vor der Hinrichtung!« Doch eine Gruppe von Wärtern rief immer wieder den Namen eines irakischen Politikers und Religionsführers,

jenes Muqtada al-Sadr, dessen Vater sowie zwei seiner Brüder getötet worden waren, wofür man Saddams Regierung verantwortlich machte. Jetzt sah der Mörder dem Tod selbst ins Auge.

Dieser Mann war weit gewaltsamer als sein Ende gewesen. Er war ein von Macht besessener Massenmörder und von einem irakischen Sondertribunal wegen Verbrechen gegen die Menschlichkeit verurteilt worden. Seine Hinrichtung erfolgte ziemlich genau drei Jahre nach seiner Festnahme durch amerikanische Truppen, die ihn vor einer Hütte im Dörfchen ad-Dawr aufgegriffen hatten, in einem Erdloch versteckt. Ein sehr merkwürdiges Szenario, das manche nicht für sehr glaubhaft halten. Ebenso wie auch die Verbindung Saddam Husseins zu bin Laden, wie sie von den Amerikanern lange und ausgiebig propagiert wurde.

Ratschluss der Götter

Diese Geschichte beginnt Mitte 2002 mit einer Geheimkonferenz der elitären Bilderberger-Gruppe, die sich jährlich einmal trifft, um am »runden Tisch« ihren beinahe göttlichen Ratschluss über die Welt zu fällen. Das ist seit 1954 so, als man sich unter Vorsitz des Prinzen Bernhard der Niederlande erstmals im niederländischen *Hotel de Bilderberg* bei Oosterbeek traf. Es sind Wirtschaftsgrößen, Ex-Regierungs-Chefs, hochrangige aktive Politiker, Medienmogule, gekrönte Häupter, die hier allesamt in Klausur gehen, strengstens abgeschirmt vor der Öffentlichkeit und gesichert gegen jegliche Eindringlinge. Ganze Luxushotels werden für die Geheimtreffen angemietet und von spezialisierten Wachmannschaften geschützt. Hotelpersonal verpflichtet sich, über alles, was es im Umfeld der Geheimkonferenz erfährt, tiefstes Stillschweigen zu bewahren. Nur die Chefs jener Medien, die »mit den Wölfen heulen«, werden zu den Zusammenkünften der Welt-Elite geladen. Der Rest gelangt nicht in deren Nähe – oder landet schnell hinter Gittern, wie bereits immer wieder geschehen.

Damals, zwischen dem 30. Mai und 2. Juni 2002, versammelten sich die »Weichensteller unserer Welt« im noblen *Westfields-Marriott-Hotel* von Chantilly bei Washington, um die aktuelle Lage zu diskutieren. Die Terroranschläge von New York und Washington sowie die tödlichen Anthrax-Wellen lagen noch nicht einmal neun Monate zurück, und seitdem war kein Tag vergangen, an dem nicht der für alles verantwortlich gemachte bin Laden in den Massenmedien erschien. Er war omnipräsent. Doch nun benötigte man dringend einen neuen Kurs, denn es ging darum, den Irak wieder in die Zange zu nehmen. Wie später durch eine Insider-Quelle bekannt wurde, war demnach auch das große Thema jener Bilderberger-Konferenz, wie man den zögerlichen Westen überzeugen könne, den Irak erneut anzugreifen. Man benötigte dafür einen triftigen Grund, der einen solchen Krieg vor der Öffentlichkeit unanfechtbar rechtfertigen würde. Und sehr plötzlich wandelte sich auch das Bild der Medienlandschaft. In erstaunlichem Gleichtakt wechselten die großen Meinungsmacher in TV- wie Printmedien nunmehr zu Saddam Hussein über, dessen Konterfei übergangslos den Platz von bin Laden ersetzte und von nun an alltäglich als altes, neues Feindbild präsentiert wurde.

Der Diktator verfüge über biologische und chemische Massenvernichtungswaffen, so der Tenor. Sicherheit und Freiheit der westlichen Welt stünden auf dem Spiel, also musste die Weltpolizei eingreifen. Nur Beweise legte sie nicht vor. Lediglich Spekulationen und Mutmaßungen. Die waren zwar insofern nicht unbegründet, als Saddam schon Jahrzehnte früher chemische Waffen schonungslos eingesetzt hatte. Und somit ließen sich die Befürchtungen leicht rechfertigen. Aber ein Krieg, der ließ sich damit nicht begründen. Im zweiten Golfkrieg unter Bush senior waren die Arsenale Saddam Husseins zerstört worden, und seitdem lagen keine wirklichen Beweise für eine Fortsetzung des irakischen Programms zur Herstellung von Massenvernichtungswaffen (*Weapons of Mass Destruction*, WMP) vor. Die Geheimdienstberichte hierzu blieben weiter unter Verschluss, was aber der Diskussion gewiss nicht förderlich war. Waffeninspektionen, wie sie seit November 2002 bis März 2003 von den Vereinten Nationen durchgeführt wurden, lieferten keine Ergebnisse zu einer aktuellen WMP-Gefahr.

Ein kurzer Blick zurück in jene Jahre ...

935 Lügen

Anfang November 2002 verabschiedet der UN-Sicherheitsrat, den manche zynisch als »UNsicherheits-Rat« bezeichneten, die Resolution 1441, mittels derer der Irak aufgefordert wird, alle existierenden WMPs unschädlich zu machen. Hans Blix und Mohammed El-Baradei leiten die nun beginnende Waffeninspektion vor Ort. Sie überprüfen die Abrüstung im Irak und suchen nach vorhandenen Arsenalen. Nur wenige Monate später legt der damalige Außenminister Colin Powell belastendes Material aus geheimdienstlichen Quellen vor, das angeblich Auskunft über ein verdecktes irakisches Programm gebe. Saddam Husseins Regime entwickle neue Raketen. Wirklich? Es dauerte nicht lange, da wurde bekannt, wer tatsächlich für den Bericht verantwortlich war. Die vermeintlich nachrichtendienstliche Quelle entpuppte sich als die Arbeit eines Studenten. Beinahe unglaublich. Und mehr noch. Die US-Regierung berief sich ganz offenbar auf *gefälschte* Geheimdienstdokumente. Diesen Vorwurf äußerte immerhin niemand anderer als El-Baradei, der weiterhin aktive Chef der UN-Atomenergie-Organisation (IAEA). Fünf Jahre später, im Juni 2008, warnte er auch nachdrücklich vor einer Attacke auf den Iran: »Ein militärischer Angriff wäre schlimmer als alles andere. Er würde den Nahen Osten in einen Feuerball verwandeln.«

Nun, die damaligen Fälschungen seien nach Auskunft von El-Baradei plump gewesen. Unter ihnen auch Dokumente, die vorgebliche Uraneinkäufe des Irak belegen sollten. Sie trugen allerdings die Unterschrift eines Ministers, der überhaupt nicht mehr im Amt war. Trotzdem machten die US-amerikanischen Kriegspläne und -vorbereitungen schnell Fortschritte. Denn George W. Bush verkündete mit unerschütterlicher Gewissheit: »Der Irak verfügt über einige der tödlichsten Waffen, die jemals ersonnen wurden.« Und zwei Tage, nachdem die Inspektoren den »Schurkenstaat« verlassen hatten, begann der Krieg gegen – ja, gegen was eigentlich? Wieder einmal gegen den Terror, gegen einen Verbündeten bin Ladens, gegen einen unbrauchbar gewordenen Diktator, gegen phantomartige Waffenfabriken? Oder vorwiegend gegen die Bevölkerung eines der ärmsten Länder unseres Planeten? Wieder einmal waren die Leidtragenden jener riesigen, durch eine vermeintlich zivilisierte Regierung entfesselten militärischen Aktion in allererster Linie unschuldige Zivilisten. Die stets gerühmte messerscharfe Präzision der modernen US-Militärmaschinerie zerfetzte mit jeder vierten detonierenden Bombe ein Kind. Doch was sollte Bush tun? Dies war eben der schreckliche Preis seines Amtes! Nicht allein der Preis der Gerechtigkeit, sondern auch der Preis für die globale Sicherheit! Denn Saddams Waffenarsenale konnten unstrittig zur Gefahr für die Welt werden. Sich später vorwerfen zu lassen, wider besseres Wissen untätig gewesen zu sein, wäre doch unverzeihlich!

Bis heute belässt das Weiße Haus eine Liste der vermeintlichen Belege für die irakische Herstellung von Massenvernichtungswaffen auf seiner Internet-Präsenz. Hier ist unter anderem davon die Rede, dass im Jahr 2001 »ein irakischer Abtrünniger, Adnan Ihsan Saeed al-Haideri, sagte, er habe 20 geheime Anlagen für chemische, biologische und nukleare Waffen besucht«. Da könnte man fast meinen, die Rede ist von einem Besuch in den Vereinigten Staaten! Doch nein, weiter heißt es konkret: »Mr. Saeed, ein Bauingenieur, unterstützte seine Behauptungen mit Stößen irakischer Regierungsverträge inklusive der technischen Spezifikationen. Mr. Saeed sagte, der Irak nutzte Firmen zum Erwerb von Ausrüstung mit dem Segen der Vereinten Nationen – und nutzte diese Ausrüstung dann für seine Waffenprogramme.«

Doch wer überhaupt war jener Adnan Ihsan Saeed al-Haideri? Er zählte zu einer Gruppe um den US-hörigen irakischen Präsidentschaftsanwärter Ahmed Chalabi und seines Irakischen Nationalkongresses INC und unterstützte die zahlreichen Aussagen eines gewissen Jamal al-Ghurairy – ein Ex-Generalleutnant aus Saddam Husseins nachrichtendienstlichen Corps. Schon am 6. November 2001, einen knappen Monat nach den großen Terrorattacken, hatte Chalabis INC ein Treffen zwischen jenem Abtrünnigen und etlichen Reportern arrangiert, in einem luxuriösen Beiruter Hotel. Dort enthüllte al-Ghurairy den Journalisten, eine geheime Anlage bei Salman Pak zu kennen, in der irakische Wissenschaftler unter Leitung eines Deutschen an der Herstellung von Biowaffen arbeiteten. Das alles war jedoch pure Fiktion. Und nicht einmal der Name des Informanten stimmte. Wie sich später herausstellte, handelte es sich um einen Abu Zeinab al-Qurairy. Nun, und was war mit dem Biowaffenlabor? Der damalige Chef der UN-Waffeninspektions-Einheiten, Richard Spertzel, sagte, dass die Irakis stets behaupteten, in Salman Pak ein Antiterror-Übungslager für die eigenen Spezialeinheiten zu unterhalten. Richard Spertzel? Ja, es ist jener Waffenexperte, der später auch seine sehr deutlichen Zweifel an der offiziellen Geschichte zum Tod von Bruce Ivins anmeldete.

Natürlich konnte die irakische Darstellung von Salman Pak als reinem Übungsplatz eine schlichte Deckgeschichte sein. Doch das Gegenteil wurde nicht nachgewiesen. Spertzel erklärte: »Jeder von uns hatte hier seine eigenen Vermutungen, aber spezifische Beweise gab es nicht.« Und überhaupt, *woher* stammten denn die biologischen Waffen, über die Saddam Hussein in den 1980er-Jahren nachweislich verfügte?

Anfang 2002 drang an die Öffentlichkeit, dass der Irak damals verschiedene Bakterienkulturen für biologische Forschungszwecke angefordert hatte, und zwar direkt aus den USA! Sowohl das *Center for Disease Control and Prevention* (Zentrum für Krankheitskontrolle und Prävention, CDC) als auch ein Biounternehmen namens *American Type Culture Collection* sandten daraufhin entsprechende Proben an den Irak; Stämme gefährlicher Keime wie Botulinum, West-Nil-Viren, Gasbrand-Keime und auch Anthrax waren mit von der Partie. Der Irak erklärte, diese Kulturen für medizinische Forschungen zu benötigen, und damals war der Export tatsächlich noch legal, sogar vollständig gebilligt vom US-Handelsministerium. Wie konnte es dazu kommen? Der ehemalige Biowaffeninspekteur Jonathan Tucker drückte es sehr vorsichtig so aus: »Ich glaube nicht, dass es korrekt wäre zu sagen, die Regierung der Vereinigten Staaten übergab dem biologischen Waffenprogramm der Irakis die Samenbestände absichtlich. Aber sie lieferten Proben, die laut Aussage des Irak einem legitimen Zweck des allgemeinen Gesundheitswesens dienten. Und das zu glauben halte ich selbst für jene Zeit für naiv.« Nur, war das wirklich eine Frage der Naivität? Oder *wollte* man vielmehr »glauben«? Denn nicht zu vergessen, damals unterstützten die USA die irakische Regierung im Kampf gegen den Iran. Die Rechnungen für jene Lieferungen lasen sich damals wie Einkaufslisten für ein Biowaffenprogramm. Lieferanschrift: die Universität von Bagdad, die aber nach Ansicht von UN-Spezialisten nichts als eine saubere Fassade war, hinter der sich die biologischen Waffenlabors versteckten. Kein Wunder, wenn man im Weißen Haus später die genaue Information darüber besaß, welche Biowaffen die Iraker entwickelt hatten, und diese Information geradezu stolz in die Beweisführung aufnahm, neben einem Stoß gefälschter Dokumente. Und so heißt es da: »Experten der *United Nations Special Commission* (UNSCOM) folgerten, dass die Erklärung des Irak hinsichtlich biologischer Agenzien das Ausmaß seines Programms massiv untertrieben hat und der Irak tatsächlich zwei- bis viermal mehr hergestellt hat, als er für die meisten Stoffe angibt, einschließlich Anthrax und Botulinum-Toxin. UNSCOM berichtete dem Sicherheitsrat der UN im April

1995, dass der Irak sein Biowaffenprogramm unter Verschluss hielt …
Das Verteidigungsministerium berichtete im Januar 2001, dass der
Irak fortfuhr, an seinen Waffenprogrammen zu arbeiten, einschließlich
dem Umbau von L-29-Übungsflugzeugen zu potenziellen Verkehrs-
mitteln für den Transport von chemischen und biologischen Waffen.«
Doch wirkliche Beweise dafür, dass die Biowaffenprogramme des Irak
nach dem zweiten Golfkrieg noch existierten, gab es wie gesagt nicht.
Die später entsandten Inspektoren fanden jedenfalls nichts.

Wie sich im Zuge einer unabhängigen Studie des *Center for Public
Integrity* herausstellte, machte die US-Regierung um George W. Bush
zwischen 2001 und 2003 mindestens 935 falsche Aussagen über eine
vom Irak ausgehende Bedrohung der USA. Zwar gab es einige Überreste des alten Waffenprogramms aus der Dekade seit 1980, doch die
meisten Inspektoren sind sich längst darüber einig, dass die Produktion von chemischen und biologischen Waffen im Irak mit dem Jahr
1991 zum Stillstand kam.

»*Wir wissen, wo sie sind*«

Am 20. März 2003 beginnt der Irak-Krieg. Die Jagd auf Saddam und
seine Biowaffen nahm somit ihren Anfang; sie forderte das Leben
einiger tausend US-amerikanischer und alliierter Soldaten sowie ungezählte zivile Opfer in der irakischen Bevölkerung. Die Gesamtzahl
wird hier mit rund 95 000 sicher dokumentierten Toten durch direkte
Gewalteinwirkung genannt. Eine Studie amerikanischer und irakischer Epidemiologen ging im Jahr 2006 von insgesamt jedoch rund
655 000 Opfern aus. Im März 2008 und somit genau fünf Jahre nach
dem Krieg schreiben die beiden britischen Journalisten Jonathan Steele
und Suzanne Goldenberg im *Guardian*: »In Vietnam lernten die Amerikaner eine Lektion: Zähle die zivilen Toten nicht« – und so hielt man
es dann auch tatsächlich im Irak-Krieg. General Tommy Franks, Leiter
der Invasionstruppen in Afghanistan und im Irak, erklärte einst freiweg: »Wir führen keine Opferzählungen durch.« Genauso freiweg
äußerte sich Franks allerdings auch im Zusammenhang mit den stets
als Kriegsgrund angeführten Bio- und Chemiewaffen. Kurz nach Beginn der Kampfhandlungen hatte der damalige Verteidigungsminister

Donald Rumsfeld die Entdeckung und Zerstörung solcher Waffen im Irak als eines der ersten großen Einsatzziele genannt. Bald schien es auch tatsächlich erste Erfolgsmeldungen zu geben – US-Soldaten stürmten laut einem Bericht des Senders ABC eine angebliche Chemiewaffenfabrik südlich von Bagdad, doch Franks hatte hierzu keinerlei Informationen und stellte ziemlich lapidar fest: »Es würde mich nicht wundern, wenn dort Chemikalien in der Anlage zu finden sind. Es würde mich auch nicht überraschen, wenn dort keine zu finden sind.«

Als britische Soldaten dann drei Tage später andernorts rund 100 auf Chemiewaffen abgestimmte Schutzanzüge entdeckten, interpretierte man das schnell als schlagkräftigen »Beweis«. Nicht anders bei vergleichbaren Funden. Mittlerweile gerieten die USA trotzdem unter einen gewissen Zugzwang, denn handfeste Beweise konnte niemand vorlegen. Im Gegenteil, Rumsfeld konnte nicht umhin, eine Schlappe einzugestehen. Denn bis dato waren nirgends Massenvernichtungswaffen gefunden worden. Doch genau um die ging es. Um sich nur nicht die Blöße zu geben, gab man sie sich unweigerlich erst recht. Das schaffte Rumsfeld hinsichtlich der irakischen WMDs mit der Bemerkung, dass es *Hinweise* darauf gebe – und vor allem: »Wir wissen, wo sie sind. Sie sind im Gebiet um Tikrit und Bagdad und östlich, westlich, südlich und nördlich davon.« Eine wahrhaft bemerkenswerte Feststellung und hilfreich obendrein. Denn mit diesem Wissen ausgestattet, benötigte man weder Karte noch Kompass, um die Massenvernichtungswaffen zu finden!

Als sich die alliierten Truppen schließlich Bagdad nähern, legen sie Schutzanzüge an. Denn, so die Information der Geheimdienste, ab einer magischen Distanz habe man mit gegnerischen Giftgasattacken zu rechnen.

Doch auch als die Truppen über jene »rote Linie« marschieren, geschieht nichts. Dafür stoßen Soldaten südlich von Bagdad – und somit genau wie von Rumsfeld »prophezeit« – auf zwei verdächtige Fabriken. Was sie dort finden, scheint die schlimmsten Befürchtungen wahr werden zu lassen. Hier stapeln sich Tausende von Kisten mit beunruhigendem Material: kleine Röhrchen mit undefinierbarem Inhalt. Merkwürdige Flüssigkeiten und ein weißes Pulver lassen alle Alarmglocken läuten. Doch Entwarnung, bei der Substanz handelt es sich um Atropin, das als Gegengift bei Angriffen mit Nervengas verwendet wird und nicht für chemische Kriegsführung. In den nächsten Wochen folgen noch zahlreiche weitere »Erfolgsmeldungen«, die sich jedoch genauso schnell, wie sie aufblitzen, wieder im Nichts auflösen. Also nur kleine, trügerische »Sternschnuppen« am biochemischen Waffen-Firmament von Bush, Rumsfeld und der gesamten US-Kriegsmaschinerie. Bush seinerseits scheint überall WMDs zu sehen. So bezichtigt er Mitte April 2003 nunmehr auch Syrien, im Besitz dieser Waffen zu sein. Doch zunächst geht es im Irak weiter.

Die US-Regierung will schließlich bis zu 1500 Waffeninspektoren ins Land schicken. Doch während Colin Powell zur Existenz der WMDs meint: »Die Koalitionstruppen werden sie finden, da bin ich mir ziemlich sicher«, erklären zwei Ex-Inspektoren die vermeintlichen Beweise des Außenministers schlichtweg für falsch. Und auch laut Hans Blix ist es mit den geheimdienstlichen Informationen von USA und Großbritannien nicht weit her.

Schließlich weht ein frischer Wind, auch aus dem Weißen Haus. Denn hier bestätigt der Präsident nun selbst, dass die Suche nach den omnipotenten Waffen bislang ohne Erfolg war. Aber das hieße überhaupt nichts. Außerdem gab es da noch eine ganz andere Möglichkeit: Die Irakis waren eben wohl sehr schnell gewesen und hatten zuvor alle Beweise beseitigt, so meinte zumindest Ari Fleischer, damals Sprecher des Weißen Hauses. Bald folgten wieder einige aufrüttelnde Meldungen, und bald wusste zumindest in der Öffentlichkeit niemand mehr so recht, ob denn nun die gefährlichen Waffen endlich gefunden wurden oder aber immer noch vergeblich danach gesucht werde. Unsicherheit und Verwirrung beherrschten das Bild, und genau so sollte es wohl auch sein. Nur meinten jetzt einige sogar, den Krieg auch ohne die Existenz solcher Waffen rechtfertigen zu können; Rumsfeld stimmte in den neuen Singsang Fleischers ein und erklärte, die Waffen seien wohl noch vor Kriegsausbruch vernichtet worden. Aber wie gesagt, das alles habe nichts an der Notwendigkeit jenes Krieges geändert.

Ende Mai 2003 kommt der BBC-Reporter Andrew Gilligan ins Spiel – und die Rolle Großbritanniens im Irak-Krieg, vor allem natürlich der Part von Premierminister Tony Blair. Wie Gilligan damals auf *BBC Radio 4* berichtete, bestätigte ihm ein hoher britischer Beamter, man habe die geheimdienstlichen Akten zum Irak gleichsam »attraktiver« gemacht, sie hinsichtlich der gesuchten Waffen regelrecht getrimmt, um den gewünschten Anschein zu erwecken.

Gilligans Bericht sollte etliche Folgen zeitigen, die der Journalist zu jener Stunde wohl selbst nie geahnt hätte.

Ein unangenehmes Eingeständnis

Anfang Juni 2003 mehren sich sowohl in Großbritannien als auch den Vereinigten Staaten die Zweifel an der Rechtmäßigkeit des Krieges, am Wert der vorgeblichen Beweise, an der Aufrichtigkeit der Regierungen und an der Arbeit der Geheimdienste. So soll ein Sonderausschuss des britischen Unterhauses prüfen, ob die Regierung das Parlament genau und ausreichend genug informiert hat. In den Staaten fordern wiederum einige Senatoren eine unabhängige Aufklärung der gesamten Situation. General John Philip Abizaid, seit seiner Zeit auf der elitären Militärakademie *Westpoint* wegen der libanesisch-amerikanischen Abstammung als der »verrückte Araber« bekannt, war am 7. Juli 2003 soeben Nachfolger von General Tommy Franks geworden und damit neuer Kommandant des gewaltigen *United States Central Command* (USCENTCOM), das US-Militäroperationen von insgesamt 250 000 US-Truppen in über zwei Dutzend Ländern kontrolliert. Abizaid erklärte im Sommer 2003, die geheimdienstlichen Unterlagen über irakische WMDs seien »auf beunruhigende Art und Weise unvollständig« gewesen. Man habe nicht eine einzige solche Waffe gefunden.

Am selben Tag, an dem General Abizaid seinen neuen machtvollen Posten antritt, gerät in England Tony Blair unter massiven Druck. Der parlamentarische Untersuchungsausschuss stellt fest, dass Blair ein im Faktenbestand unzureichend gesichertes Geheimdienstpapier verwendete, es veröffentlichte und ganz im Sinne der Regierungsposition zum Irak interpretierte. In jenen Tagen gingen noch andere hochrangige Leute nach Canossa – oder ganz vor die Hunde. Und das lag gewiss nicht daran, dass die Hundstage ohnehin gerade vor der Türe standen – vor allem in Amerika, wo man sie schon ab dem 12. Juli zählt.

Am 11. Juli jedenfalls musste der damalige CIA-Chef George J. Tenet ein unangenehmes Eingeständnis vorbringen. Er nämlich sei für eine bedauerliche Textpassage in George W. Bushs alljährlicher Rede

132

Ex-CIA-Chef George Tenet bei der Verleihung der höchsten nationalen Auszeichnung durch Präsident George W. Bush im Ostzimmer des Weißen Hauses. Am 14. Oktober 2004 erhielt Tenet hier die Freiheitsmedaille des Präsidenten.

zur Lage der Nation persönlich verantwortlich gewesen. Dabei ging es um Informationen über die schon erwähnten angeblichen Versuche des Diktators (Saddam Hussein!), Uranoxid, auch »Yellowcake« genannt, aus Niger zu erwerben. Tenet hatte jene kurze Textpassage gebilligt, obwohl die Informationen, wie sie damals der CIA vorgelegen hätten, noch nicht gesichert gewesen seien. Zwar habe der britische Geheimdienst die Sachlage bestätigt, die eigene Behörde aber nicht.

Letztlich waren allerdings auch die britischen Informationen fragwürdig. George Bush jedenfalls erklärte damals: »Die Internationale Atomenergiebehörde bestätigte in den 1990er-Jahren, dass Saddam Hussein ein fortentwickeltes Nuklearwaffenprogramm hatte, ein Konzept für eine Kernwaffe, und dass er an fünf verschiedenen Methoden der Anreicherung von Uran für eine Bombe arbeitete. Die britische Regierung erfuhr, dass Saddam Hussein kürzlich bemerkenswerte Mengen an Uran aus Afrika zu erwerben versuchte. Unsere Geheimdienstquellen berichten uns, dass er bestrebt war, hochstabile Aluminiumröhren zu kaufen, die für die Herstellung nuklearer Waffen geeignet sind. Saddam Hussein hat diese Aktivitäten nicht glaubhaft erklärt. Er hat ganz klar viel zu verbergen.«

George Tenets Fehler erwies sich nicht als existentiell für ihn; weder nahm er selbst seinen Hut, noch wurde er darum gebeten. Erst knapp ein Jahr später, am 3. Juni 2004, legte Tenet sein Amt nieder, wie er erklärte, »aus persönlichen Gründen«; nur einen Tag später schied auch sein stellvertretender Einsatzchef James Pavitt aus der Agency aus. Dass zwei hochrangige CIA-Leute den Dienst beinahe gleichzeitig quittierten, sorgte für einige Spekulationen. Demnach schien ein Zusammenhang mit den angeblichen Informationen zu WMDs und dem gesamten Krieg gegen den Irak zu bestehen. – Doch George Tenet war nicht der Einzige, der sich verantwortlich für die voreilige Äußerung in Bushs Rede sah. Auch die seinerzeitige Sicherheitsberaterin des Präsidenten, Condoleezza Rice, gab am 8. Juni 2003 zu, dass diese Passage auf ungenauen Informationen beruhte, ohne dies jedoch wirklich zu vertiefen.

Die Uran-Behauptung jedenfalls wurde immerhin zum Schlüsselfaktor für die Irak-Invasion. Und sie war eigentlich schon viel länger vom Tisch, als gemeinhin zugegeben wird. Denn bereits im Jahr 2002 sandte die CIA den Ex-Diplomaten Joseph Wilson nach Niger, um die ganze Geschichte zu überprüfen. Sein Ergebnis: Die Angelegenheit war höchst unwahrscheinlich. Wilson warf der US-Regierung später sogar vor, die Beweise um des Krieges willen gebeugt zu haben. Noch Jahre später drängte der demokratische Abgeordnete Henry Waxman die mittlerweile zur US-Außenministerin aufgestiegene Condoleezza Rice auf eine Antwort auf die Frage, was sie damals über die erfundene Niger-Behauptung wusste und wann sie es wusste. Rice lehnte es ab, vor dem Kongress auszusagen. Journalisten gegenüber erklärte sie nur: »Ich denke, ich habe diese Fragen mehr als beantwortet und ich habe diese Antworten direkt an den Kongressabgeordneten Waxman gerichtet … Dies ereignete sich alles in meiner Zeit als nationale Sicherheitsberaterin … Es gibt ein Verfassungsprinzip. Es gibt die Gewaltenteilung, und Präsidenten-Berater müssen im Allgemeinen auch nicht vor dem Kongress Zeugnis ablegen.«

Die geheime Quelle

Doch zumindest einige Fragen um das irakische Waffenprogramm waren von anderer Seite, wenn auch zunächst völlig anonym, durchaus präzise beantwortet worden. Da war jener BBC-Journalist, Andrew Gilligan, dem ein hochrangiger Zeuge die Manipulation von geheimdienstlichen Berichten bestätigt hatte. Gilligan wiederholte seine Behauptungen noch einmal offiziell am 19. Juni 2003 vor dem Ausschuss des Unterhauses. Bald darauf erklärte das britische Verteidigungsministerium, die geheimnisvolle Quelle des Journalisten enttarnt zu haben. Es ist der ehemalige Waffeninspekteur Dr. David Kelly. Am 15. Juli

*Der führende britische Waffeninspek-
teur Dr. David Kelly sagte am 15. Juli
2003 vor einem offiziellen Ausschuss
zum Thema Massenvernichtungswaffen
im Irak aus. Drei Tage später wurde er
im Wald von Harrowdown Hill tot
aufgefunden. Und vieles an diesem
Todesfall ist mehr als ungewöhnlich.*

2003 muss Kelly dann seinerseits vor den
Auswärtigen Ausschuss treten. Drei Tage
später ist er tot – Selbstmord, so heißt es.

Nur: Tod ist nicht Tod, und Selbstmord auch nicht immer Selbstmord, wie
sich immer wieder deutlich zeigt. Manche Berufszweige scheinen geradezu prädestiniert dafür zu sein, tödliche Gefahren zu bergen. Dr. Kelly
war genau wie Olson und Ivins ein führender Mikrobiologe und
arbeitete in dieser Funktion für die Regierung – seit 1984 wirkte er als
Chefmikrobiologe der schon mehrfach erwähnten Geheimanlage von
Porton Down, dem britischen Pendant von *Fort Detrick*! Mikrobiologen,
vor allem solche, die für geheime Militärprojekte tätig sind, leben
wahrhaft gefährlich. Und das sogar gleich in zweifacher Ausfertigung:
Gefährlich sind die Organismen, mit denen sie täglich umgehen, und
noch gefährlicher die Geheimnisse, mit denen sie dabei mittelbar oder
unmittelbar zu tun haben. Wer hier instabil wird, wer unter Umständen fürchterliche Geheimnisse erfährt und moralische Skrupel zeigt,
wer nicht im Sinne der Regierung handelt oder aussagt, wer es mit der
Wahrheit allzu genau nimmt und dabei seine Loyalität vergisst, kann
den Weg alles Vergänglichen schneller gehen, als ihm lieb ist. Jeder ist
ersetzbar, austauschbar – ist ein »Expendable«. Das gilt selbst für die
besten Leute. Was nützen sie, wenn sie irgendwann zu viel wissen,
wenn der auf ihnen lastende moralische Druck immer größer wird und
sich auf die eine oder andere Weise zu entladen droht? Solche Spezialis-
ten haben sich »erschöpft«, sie müssen »entsorgt« werden, bevor sie
Schaden anrichten. Fähige Köpfe rücken in genügender Zahl hinter-
her, hier besteht keinerlei Mangel.

Am 17. Juli 2003 badete Tony Blair im Applaus, der ihm vom

US-Kongress gezollt wurde. Großbritannien stellte sich in der Frage des Irak-Krieges hinter die Vereinigten Staaten. Wahrhaft Bombenstimmung!

Der Tote von Harrowdown Hill

In jenen triumphalen Stunden Blairs spielte sich in den Wäldern von Harrowdown Hill im englischen Oxfordshire wahrhaft Grausames ab. Die so unterschiedlichen Szenarien erwiesen sich als schicksalshaft miteinander verwoben, doch was damals wirklich geschah, sollte erst allmählich ans Licht geraten. Alles begann mit einem harmlosen Spaziergang.

Dr. David Kelly hatte den ganzen Vormittag über in seinem Haus in Southmoor/Abingdon bei Oxford gearbeitet. Nach seiner Anhörung vor dem Ausschuss des *House of Commons* waren bei ihm überdurchschnittlich viele E-Mails eingegangen, unterstützende Worte von Freunden, aber vor allem auch Anfragen von Journalisten. Unter ihnen auch von Judith Miller aus New York, die Kelly später in einem Buch über Bioterrorismus als Quelle heranzog. Nachdem der Wissenschaftler bereits einige Korrespondenz erledigt hatte, machte er sich wie gewohnt zu einem Spaziergang in der ländlichen Umgebung auf. Es muss so gegen drei, halb vier Uhr nachmittags gewesen sein, als er aufbrach. Kurz zuvor verabschiedete er sich noch von seiner Frau Janice. Es war ein Abschied für immer, die beiden sollten sich nie wieder sehen.

Als der Abend näher rückte, wurde Janice Kelly unruhig. Ihr Mann blieb normalerweise nicht zu lange weg. Die Nacht verging, doch kein Anruf, nichts. Stunde um Stunde verstrich, jede schien länger als die vorherige zu dauern. Am nächsten Morgen machten sich einige Freiwillige auf, um die Gegend abzusuchen. Und 18 Stunden, nachdem Dr. Kelly das Haus verlassen hatte, wurde er dann gefunden. Keine zwei Kilometer von seinem Anwesen entfernt, im Waldgebiet von Harrowdown Hill, stießen zwei Helfer auf seinen Leichnam. Er lehnte mit dem Oberkörper an einem Baum, der blutverschmierte linke Arm des Toten auf unnatürliche Weise nach hinten gebogen. Hier lag der brillanteste Mikrobiologe des Landes mit aufgeschnittener Pulsader.

Sein Leben hatte ein jähes Ende gefunden. Selbstmord? Eine Verzweiflungstat? Ganz danach sah es aus.

Dr. Kelly schien sein Haus an jenem Donnerstag tatsächlich verlassen zu haben, um den Freitod zu wählen. Neben dem Toten lagen ein Sandvig-Messer, eine Halbliterflasche Wasser und drei Medikamentenpackungen, die jeweils zehn Tabletten des Schmerzmittels Co-Proxamol enthalten hatten. Nur eine einzige Tablette war noch übrig geblieben. Dr. Kelly war also auf Nummer sicher gegangen und hatte sich zusätzlich auch noch vergiftet. Und als die *Thames Valley Police* (TVP) am Fundort der Leiche eintraf, bezeichnete sie den Vorfall ohne jede Umschweife sofort als Suizid, noch bevor überhaupt eine genaue medizinische Untersuchung erfolgt war.

Doch ganz so einfach gestaltete sich die Sachlage keineswegs. Und schon in den ersten Minuten nach dem schrecklichen Fund ereigneten sich einige Merkwürdigkeiten, die offenbar dazu angetan waren, ein Kapitalverbrechen zu verschleiern: den Mord an einem Biowaffenexperten, der zu viel wusste! Wir kennen diese desaströse Konstellation bereits.

Drei seltsame Beamte

Als die beiden freiwilligen Helfer mitsamt Suchhund auf Harrowdown Hill eintrafen und den toten Dr. Kelly auffanden, lehnte er wie schon erwähnt mit dem Oberkörper an einem Baum. Das sagten beide Zeugen übereinstimmend aus. Sie riefen umgehend in der zuständigen Polizeidienststelle an und melden ihren grausigen Fund. Die Finder hielten sich nicht länger am Tatort auf, sondern gingen unmittelbar zu ihrem Wagen zurück. Auf dem Weg trafen sie mit drei Personen zusammen, bei denen es sich offenbar um Polizeibeamte handelte, die wohl rein zufällig gerade in der Gegend waren. Denn so blitzartig konnten die eben erst verständigten Beamten der *Thames Valley Police* eigentlich nicht zum Fundort gelangt sein. Oder wie war ihr schnelles Eintreffen zu erklären? In einer späteren Anhörung kam dieser seltsame Umstand öffentlich zur Sprache. Allzu eiligst hatte man eine eigene Untersuchungskommission ins Leben gerufen, unter Leitung des 72-jährigen Lord Brian Hutton, der nie zuvor eine solche Aufgabe übernommen hatte. Natürlich kam diese offizielle Untersuchung zum Ergebnis, dass Kelly sich das Leben genommen hatte, ohne dass dabei irgendwer nachhalf. Als einer jener drei zunächst am Fundort eingetroffenen, so ausnehmend flinken Beamter wurde Graham Peter Coe befragt. Hier einige wesentliche Passagen aus seinem Gespräch mit Hutton-Anwalt Peter Knox:

Knox: Mr Coe, können Sie der Ermittlung Ihren vollen Namen nennen?

Coe: Er lautet Graham Peter Coe.

Knox: Ihr Beruf?

Coe: Ich bin Polizeibeamter.

Knox: Wo sind Sie stationiert?

Coe: Ich bin in Wantage, Thames Valley, stationiert.

Knox: Hatten Sie am frühen Morgen des Dienstags, 18. Juli, Dienst? [offensichtlich liegt hier ein Irrtum von Knox vor, der 18. Juli war ein Freitag, Anm. d. Verf.]

Coe: Ich wurde um sechs Uhr morgens gerufen.

Knox: Wohin sollten Sie gehen?

Coe: Ich ging hinüber nach Longworth.

Knox: *Longworth Police Station*?

Coe: *Abingdon Police Station*. Ich fuhr dann hinaus in die Longworth-Region.

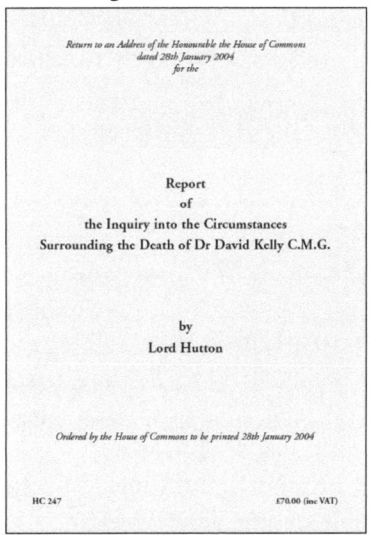

Knox: Als Sie zur Polizeistelle kamen, was sollten Sie dann tun?

Coe: Losgehen und in der Gegend, in der Dr. Kelly wohnte, von Haus zu Haus Befragungen durchführen.

Knox: Wohin gingen Sie dann?

Titelblatt des eiligst organisierten offiziellen Hutton-Berichts, der unter Leitung von Lord Brian Hutton natürlich zum Schluss gelangt, dass Dr. David Kelly sich das Leben nahm.

Coe: Wir sprachen mit einer Zeugin, die mehr oder weniger gegenüber wohnte und Dr. Kelly am Nachmittag gesehen hatte, dem Donnerstagnachmittag, und ich und ein Kollege begaben uns in die Gegend, wo sie ihn zuletzt gesehen hatte. Dort führten wir dann in Richtung Fluss eine Art Suche durch.

Die Formulierung klingt etwas seltsam – »eine Art Suche«. Aber weiter im Text, denn bald wird alles noch viel seltsamer.

Knox: Können Sie präziser werden hinsichtlich der Lage dieses Flusses?

Coe: Es ist die Themse. Wir entschlossen uns aufgrund dessen, was uns erzählt wurde – Dr. Kelly war seit dem vorherigen Nachmittag verschwunden –, wir entschlossen uns also zu versuchen, den kürzesten Weg zur Themse zu finden.

Lord Hutton: Erinnern Sie sich an den Namen der Person, die Dr. Kelly gesehen hatte?

Coe: Mrs. Ruth Absalom, glaube ich, Mylord.

Knox: Haben Sie also die Themse in dieser Region abgesucht?

Coe: Wir kamen nicht so nahe an den Fluss.

Knox: Was geschah, bevor Sie ihn erreichten?

Coe: Auf dem Weg zu Harrowdown Hill traf ich auf zwei Leute des freiwilligen Suchtrupps, eine Frau und Mr. Chapman.

Knox: Und was haben die Ihnen gesagt?

Coe: Mr. Chapman erzählte mir, sie hätten eine Leiche im Wald gefunden.

Knox: Mit wem waren Sie zu diesem Zeitpunkt unterwegs?

Coe: Detective Constable Shields.

Knox: Nur Sie beide?

Coe: Ja.

Knox: Was machten Sie dann, nachdem Sie Mr. Chapman getroffen hatten?

Coe: Ich ging mit Mr. Chapman nach Harrowdown Hill, in die Wälder, wo er mir ungefähr 25 Meter innerhalb des Baumbestands einen Leichnam zeigte.

Knox: Und in welcher Position befand sich der Leichnam?

Coe: Er lag auf seinem Rücken – der Körper lag auf seinem Rücken nahe einem großen Baum, der Kopf in Richtung des Baumes.

Knox: Bemerkten Sie am Leichnam etwas?

Coe: Ja.

Knox: Was bemerkten Sie?

Coe: Ich bemerkte, dass um sein linkes Handgelenk herum Blut war. Ich sah ein Messer, ähnlich einem Gartenmesser, und eine Uhr.

Knox: Und der Körper lag auf seiner Vorderseite oder auf dem Rücken?

Coe: Auf seinem Rücken.

Knox: Wo war die Uhr?

Coe: Wenn ich mich recht erinnere, direkt auf dem Messer.

Knox: Und wo war das Messer?

Coe: Nahe dem linken Handgelenk, linke Körperseite.

Knox: Sahen Sie eine Flasche?

Coe: Ja, eine Wasser – eine kleine Wasserflasche …

Knox: War Wasser in der Flasche?

Coe: Das kann ich Ihnen nicht sagen.

Obwohl sich Coe sofort und genau an diverse Namen erinnern kann, unter anderem der Zeugin, die Dr. Kelly zuletzt sah, und obwohl er sich nach eigener Aussage etwa 25 bis 30 Minuten am Fundort des Toten aufhielt, konnte er sich seltsamerweise an zahlreiche Details nicht erinnern. Als geschulter Beamter hätte er die Fundsituation weitaus besser in Erinnerung behalten müssen. Doch abgesehen davon fallen im zitierten Dialog einige weitere Merkwürdigkeiten auf. Peter Knox fragt nach der Position des Leichnams. Und Coe erwidert, der Tote habe *auf dem Rücken gelegen*! Diese Auskunft steht in völligem Widerspruch zu dem, was die beiden freiwilligen Helfer gesehen hatten, nämlich: Der Tote habe *mit dem Oberkörper am Baum gelehnt*! Dieser deutliche Widerspruch birgt einen wesentlichen Hinweis. Und um die Aussage zu zementieren, fragt Knox anschließend gleich noch einmal nach der Fundposition des Toten. Wieder antwortet Coe, der Leichnam habe auf dem Rücken gelegen. Knox fragt auch gezielt nach der Wasserflasche, nicht etwa, ob Coe noch andere Gegenstände bemerkt habe. Fast scheint es, als habe er seinen Zeugen an ein wichtiges Indiz erinnern wollen, das unbedingt ins Protokoll aufgenommen werden musste. Weitaus bemerkenswerter aber ist die Aussage, dass Coe sich lediglich in Begleitung einer weiteren Person befunden habe, jenes Detective Constable Shields. Die beiden Helfer, Paul Chapman und Louise Holmes, deren Anwesenheit auch Coe bestätigt, sprechen dagegen von *drei* Polizisten, die beinahe zeitgleich mit dem Anruf bei der *Thames Valley Police* am Fundort eintrafen. Wie sich nun zumindest aufklärte, waren Coe und sein(e) Begleiter ganz gezielt aufgebrochen, um Dr. Kelly zu suchen. So zumindest die Aussage des Polizisten. Doch warum hatten sich nicht die Einsatzkräfte der Dienststelle von Abingdon um eine solche erste Suchaktion gekümmert? Coe kam von der etwa 15 Kilometer entfernten *Wantage Station*. Warum so umständlich?

Manipulation

Die ersten tatsächlich für die Suche abgestellten Polizisten – die beiden Constables Sawyer und Franklin aus Abingdon – trafen nach jenen auch von Coe genannten 25 bis 30 Minuten ein und übernahmen die Sicherung des Fundorts. Bis zu diesem Zeitpunkt hatten sich Coe und seine Leute völlig ungestört dort aufhalten können. Sawyer und Franklin berichteten völlig übereinstimmend mit Coe, den Toten auf dem Rücken liegend vorgefunden zu haben. Doch trafen sie erst viel später ein. Zwischenzeitlich konnte der erste Trupp um Coe den Leichnam durchaus in die neue Position gebracht haben. Doch wieso das Ganze? Und warum konnten sich die beiden ursprünglichen Freiwilligen, Mr. Chapman und Mrs. Holmes, nicht einfach geirrt haben? Nun, immerhin waren das ja auch zwei Zeugen, deren Aussagen völlig übereinstimmten. Irgendjemand sagte also aus irgendeinem Grund absichtlich nicht die Wahrheit! Ganz unerheblich war dieser Grund bestimmt nicht.

Chapman und Holmes hatten wohl kaum einen Grund, irreführende Angaben zu machen. Wenn sie nicht logen, konnte das Problem nur bei der Polizei liegen. Genauer gesagt, bei jenen dubiosen Polizisten, die so auffallend schnell am Fundort aufkreuzten und rund eine halbe Stunde lang Zeit hatten, einiges dort neu zu arrangieren. Ganz offensichtlich war das sogar die Manipulation einer bereits erfolgten Manipulation! Denn das Selbstmord-Szenario war zur Gänze gestellt worden. Und dabei war dem oder den Mördern ein unverzeihlicher

Fehler unterlaufen. Nein, nicht nur einer. Aber alles schön der Reihe nach.

Dr. David Kelly war am Nachmittag des 17. Juli 2003 wie üblich zu seinem Spaziergang aufgebrochen. Er lief in Richtung der Harrowdown Hills und muss die Wohngebiete wohl noch unbehelligt verlassen haben. Niemand berichtete von fremden Personen, mit denen er sprach, oder von einem Fahrzeug, in das er zugestiegen war. Irgendwo auf dem weiter abgelegenen und uneinsehbaren Abschnitt seines Wanderwegs muss er dann seinen Mördern begegnet sein. Er starb jedoch nicht an seiner Fundstelle. Und er starb tatsächlich in Rückenlage oder wurde unmittelbar nach den Tod zunächst in dieser Position niedergelegt.

Zumindest einige medizinische Details zum Leichnam Kellys drangen nach außen. Darunter auch die Erkenntnis, dass die Lage von *livor mortis*, der Totenflecke, genau dieser Position entsprachen. Wenn das Herz seine Tätigkeit einstellt, sinken die schweren roten Blutkörperchen in die bodennahen Bereiche des Körpers, können aber dessen Auflagepunkte nicht erreichen, da hier das Gewebe logischerweise zusammengepresst ist und die Kapillaren nicht mehr genügend Durchlass bieten. Dort aber, wo sie hingelangen, verfärben sie die Haut. Aus der Verteilung der Flecke lässt sich also ableiten, wie der Körper gelegen hat, welche Körperteile den Boden berührten und welche nicht. Dr. Kelly starb nicht an einem Baum lehnend. Entweder sollte diese aufrechte Position dem Finder noch stärker suggerieren, dass hier ein Selbstmord stattgefunden hatte, oder aber die Täter waren gerade erst mit der Vorbereitung der Gesamtszene beschäftigt, dem Platzieren des Toten, des Messers und der anderen Utensilien, als plötzlich die beiden Freiwilligen mit ihrem Hund auftauchten. In diesem Augenblick blieb den Mördern nichts, als schleunigst aus dem Blickfeld der herannahenden Zeugen zu verschwinden! Für diese These spricht auch, dass Mrs. Holmes und Mr. Chapman nichts von Gegenständen um den Toten berichten. Sie sahen keine Flasche, kein Messer und auch nicht die Kappe, die später beim Toten gefunden wurde.

Möglicherweise war dann jemand sogar extra zum Tatort zurückgekehrt, um den bei der Platzierung der Leiche begangenen Fehler noch zu korrigieren, bevor er von anderen bemerkt würde. Doch eben in diesen Augenblicken erschienen Chapman und Holmes auf der Bildfläche. Jetzt war es zu spät. Zwei Zeugen sahen den toten Dr. Kelly am Baum lehnen. Sie hielten sich aber wie erwähnt nur kurze Zeit am Fundort der Leiche auf. Als sie gegangen waren, konnte die Aktion fortgesetzt und der Tote wieder in die unverdächtige Rückenlage gebracht werden. Was auch immer geschah, Coe und seine Begleitung müssen es gesehen haben, sie müssen zwangsläufig Mitwisser des Verbrechens sein. Wenn sie nicht sogar selbst die Ausführenden waren und ausgerechnet dann zurückkehrten, als ihnen dummerweise die beiden Zeugen aus dem Ort über den Weg liefen! Als schließlich die Constables Sawyer und Franklin antrabten, »passte« alles wieder, und die beiden Polizisten bestätigten die Aussagen ihrer Kollegen. Bis auf ein Detail: Auch sie sprachen davon, dass Coe von *zwei* Männern begleitet worden war. In der Befragung durch Peter Knox erwähnte Coe bekanntlich nur einen Constable Shields. Zwar hakte der Anwalt noch einmal nach: »Nur Sie beide?«, was Coe bejahte. Doch dabei blieb es dann auch. Und wieder erscheint die Fragestellung von Knox suggestiv. Er fragt nicht nach einer dritten Person, er will lediglich wissen, ob nur Coe und Shields anwesend waren. Weder Lord Hutton noch später irgendjemand anderes bohrte noch einmal nach. Nur unabhängige Rechercheure stellen die Fragen, die längst von offizieller Seite aus gestellt hätten werden müssen. Was Coe wirklich zu jener Zeit in jener Gegend machte, blieb ohnehin rätselhaft, trotz seiner recht plausibel wirkenden Darstellung. Denn Constable Franklin erklärte auf die Frage, ob Coe mit zum Suchtrupp zählte: »Nein. Er war am Schauplatz des Verbrechens. Ich habe keine Ahnung, was er dort tat oder warum er dort war. Er war einfach schon da, als PC Sawyer und ich eintrafen.«

Franklin war immerhin derjenige Beamte, der für die Koordinierung der Suche zuständig und verantwortlich war. Er beauftragte Sawyer mit der Zusammenstellung des Suchtrupps. Außer den privaten Helfern bildeten die Polizisten um Franklin, die gegen neun Uhr früh aufbrachen, die erste Fahndungsgruppe. Und bevor sie mit ihrer Arbeit begannen, erfuhren sie vom Fund der Leiche, um dann Coe und seinen beiden Begleitern zu begegnen. Auch zwei Sanitäter, die am Fundort eintrafen, bestätigten später, dass Coe nicht nur *eine* Person bei sich hatte. Sie wunderten sich auch über die geringe Blutmenge am vermeintlichen Ort des Geschehens.

Nie wurde weiter nachgeforscht, wer der mysteriöse dritte Mann war. Auch Graham Peter Coe geriet nicht unter größeren Druck. Er hatte seine Aussage gemacht, der Hutton-Untersuchungsauschuss zeigte sich zufrieden, und die Selbstmord-Theorie war rundum bestätigt. Später gingen Gerüchte um, Coe sei in Wirklichkeit für den britischen Geheimdienst tätig und spiele im Mordfall Kelly eine weitaus bedeutendere Rolle als damals allgemein angenommen. Bislang konnte dies zwar nicht bestätigt werden, doch die gesamte Situation legt die Möglichkeit durchaus nahe.

Hier passt nichts zusammen!

Dr. Kelly war mit Sicherheit nicht an der Fundstelle gestorben. Allein der medizinische Befund spricht für sich und demonstriert, dass der Wissenschaftler ermordet und dann dorthin geschleppt wurde. Doch gibt es da noch viele andere Fakten, die deutlich gegen die offizielle Geschichte vom Selbstmord jenes Forschers sprechen.

Auch die Verletzungen, die sich Dr. Kelly selbst zugefügt haben soll und vom Pathologen Dr. Nicholas Hunt beschrieben werden, wollen nicht recht zur Selbstmord-Theorie passen.

Hunt führte die Autopsie aus, zu der ebenfalls erstaunlich wenig nach außen drang. Am linken Handgelenk von David Kelly fanden sich jedenfalls mehrere oberflächliche »Kratzer« oder kleine Einschnitte sowie eine tiefe Wunde, welche die Ulnararterie (Ellenarterie) verletzte, nicht aber die Radialarterie (Speichenarterie). Sich in dieser Weise selbst einen Schnitt beizubringen scheint schwierig. Weit eher konnten die an Dr. Kelly vorgefundenen Verletzungen durch eine andere Person beigefügt worden sein. Fanden genauere Überprüfungen statt? Gab es Untersuchungen zur Schnittrichtung? Auch hier: Fehlanzeige. Und außerdem Widersprüche.

Während den beiden Sanitätern die geringe Blutmenge am Fundort auffiel, sprach Dr. Hunt von viel Blut. Widersprüchlich war alles auch ganz grundsätzlich hinsichtlich der Wahrscheinlichkeit, an der festgestellten Verletzung wirklich zu verbluten. Laut Aussagen von Fachleuten ist dies kaum möglich, wenn allein eine Arterie betroffen ist.

Im Dezember 2003 schrieb der Chirurg Dr. David Halpin: »Ich

kann nicht leicht hinnehmen, dass selbst der tiefste Schnitt in nur eines der beiden Handgelenke eine derartige Ausblutung verursacht haben kann, dass sie den Tod bewirkte. Die beiden Arterien dort sind von Streichholzdicke und würden sich schnell wieder verschlossen und verklumpt haben.« Bei einem quer verlaufenden Schnitt würde sich das Gefäß noch schneller wieder schließen. Zudem wird der Zugang zur tiefer liegenden Ellenarterie durch Nerven und Sehnen erschwert. Sie mussten durchtrennt werden. Unvorstellbar, dass Dr. Kelly sich dieser extrem schmerzhaften Prozedur selbst unterzog, einer Selbsttötungs-Methode, die außerdem nicht einmal sicher war.

Im Januar 2004 wandten sich zwei Ärzte an die *Kelly Investigation Group* (KIG), eine locker organisierte Gruppe aus Medizinern und privaten Interessenten zur unabhängigen Untersuchung des Todes von Dr. David Kelly, um ihre Ansicht zum Fall vorzutragen. Sie erklären: »Der Pathologe, der die Autopsie an Dr. Kelly durchführte, berichtete, dass ›die Merkmale … von Dr. Kellys Wunden … ziemlich typisch für selbst zugefügte Krankheit waren‹. Leider hat er nicht berichtet, dass man beinahe nie davon hört, dass solche Wunden tödliche Folgen haben. Suizid, der mit aufgeschlitzten Handgelenken in Verbindung steht, ist extrem selten – so selten, dass das Nationale Büro für Statistik das Aufschlitzen von Handgelenken nicht als spezifische Todesursache listet …« Die beiden Mediziner legen eine genaue Statistik vor, die nachweist, wie selten diese Variante versuchten Selbstmordes in Großbritannien bei älteren Männern ist. Und meinen ergänzend: »Wir müssen auch daran erinnern, dass Dr. Kelly ein erstrangiger Wissenschaftler war. Als solcher hätte er vor einem derartigen Versuch ganz gewiss zunächst einmal eine Internet- oder Literaturrecherche nach verschiedenen Suizid-Methoden durchgeführt. Er hätte festgestellt, dass das Aufschlitzen von Handgelenken – da es ausnahmslos versagt – keine empfehlenswerte Suizid-Methode ist. Warum also sollte Dr. Kelly sich zunächst ins Handgelenk geschnitten haben und trotz der verschwindend geringen Wahrscheinlichkeit tatsächlich daran gestorben sein?« Andere Fachleute bestätigen die extrem geringe Wahrscheinlichkeit eines auf diesem Wege herbeigeführten Todes. Weder war das also eine sinnvolle Methode noch deutete die Fundsituation auf einen hohen Blutverlust hin. Und auch *livor mortis* hätte sich überhaupt nicht bilden können, wäre der Körper wirklich so stark ausgeblutet gewesen. Nun gab es da aber noch jenen zweiten Aspekt am vorgeblichen Selbstmord. Denn Dr. Kelly hatte sich eben nicht allein darauf verlassen, sich mit dem Schnitt durch die Pulsader wirklich ins Jenseits zu befördern. Die neben dem Toten gefundenen, fast völlig leeren Tablettenpackungen erzählen noch eine andere Geschichte.

Passte hier denn nicht alles zusammen? David Kelly hatte sich mit einer Überdosis von Co-Proxamol vergiftet. Nur um ganz sicher zu sein, schnitt er sich zusätzlich auch noch die Arterie auf. Die eigentliche Todesursache aber waren die Tabletten.

Nein, eben nicht! Genauso wenig wie die Schnittwunde zum Tod führen konnte, genauso wenig war das auch mit dem Medikament möglich. Genau deshalb wurden die Pillen als »zweite Todesursache« eingestuft. Dabei gab es aber ein nicht zu unterschätzendes Problem: Dr. Kelly nämlich war überhaupt nicht in der Lage, Tabletten einzunehmen! Er litt an einer extremen Aversion, konnte die runden Dinger einfach nicht schlucken. Schon eine einzige Kopfschmerztablette brachte David Kelly zur Verzweiflung und bereitete ihm somit noch mehr Kopfschmerzen. Das bestätigte auch Mai Pederson, eine enge Freundin von Dr. Kelly, die nach dessen Tod freiweg erklärte: »Das war kein Selbstmord. Darüber wird mehr herauskommen.«

Schon eigenartig: Ein Mann, der nicht in der Lage ist, auch nur eine Pille zu schlucken, bringt sich mit Tabletten um. Er schnappt sich drei Blisterpackungen mit insgesamt 30 Schmerztabletten, die sonst immer nur seine Frau einnimmt, und spült die länglichen weißen Quälgeister nacheinander zügig mit etwas Wasser runter. Die kleine Wasserflasche, die neben ihm gefunden wurde, war nicht einmal ganz leer getrunken. Und eine einzige Tablette war noch übrig, 29 Stück der mehr als einen Zentimeter langen Ungetüme musste Dr. Kelly also inkorporiert haben. Für jemanden, der Pillen nicht nur hasste, sondern schlichtweg nicht in der Lage war, sie zu schlucken, faktisch ein Unding. Selbstmord? Höchstens »selbstgemordet« – Dr. Kelly zählte genau wie Dr. Olson und Dr. Ivins zur Gruppe jener unglücklichen Personen, die wegen ihres Wissens »gestorben wurden«.

Vor der Hutton-Kommission berichtete der forensische Toxikologe Alexander Allan, der Gehalt an Co-Proxamol im Blut von Dr. Kelly habe zwar über dem therapeutischen Normalwert gelegen, aber unterhalb eines Drittels dessen, was normalerweise als »folgenschwere Über-

dosis« gelte. Das war recht vorsichtig und verschwommen ausge-
drückt. Denn folgenschwer musste noch nicht unbedingt tödlich be-
deuten. Doch gleich wie – zum einen konnte das Medikament nicht
für den Tod des Wissenschaftlers verantwortlich gemacht werden.
Zum anderen stellte sich trotzdem die Frage, wie überhaupt das
Co-Proxamol ins Blut gelangt war, wenn doch David Kelly nicht in der
Lage war, Pillen zu schlucken. Und woher stammten die drei Packungen? Offenbar doch von seiner Frau Janice. Die aber vermisste nichts.
Ihre Tabletten waren alle noch vorhanden. Kaum vorstellbar, dass
Dr. Kelly die Packungen nach und nach für sein Vorhaben abzweigte,
sicher wäre auch dies aufgefallen. Wer ein Medikament ziemlich regelmäßig einnimmt, kennt meist auch den noch vorhandenen Bestand
gut, vor allem natürlich, wenn niemand sonst in der Familie zu den
gleichen Tabletten greift. Und Dr. Kelly hätte sich wie gesagt auf diese
Weise ohnehin nicht behelfen können. Das Ganze war insgesamt doch
eine sehr verwunderliche Konstellation. Jemand wusste offenbar, welche Tabletten im Haushalt vorhanden waren, schien aber entweder
Dr. Kellys individuelles Problem nicht zu kennen oder es aber einfach
zu ignorieren. Und auf irgendeine Weise mussten Dr. Kelly zumindest
wohl einige »Alibi-Pillen« eingeflößt worden sein oder deren beiden
Inhaltsstoffe, damit man später dann wenigstens bestätigen konnte,
eine überdurchschnittliche Konzentration davon im Leichnam nachgewiesen zu haben.

29 Pillen waren es in keinem Fall, denn im Magen von Dr. Kelly
fand sich gerade einmal das Äquivalent von einem Fünftel einer Tablette. Herzlich wenig also, um von der Weltbühne abzutreten. Manches
der ursprünglichen Menge mochte zwar bereits abgebaut gewesen sein,
doch zum einen setzte das offizielle Szenario wohl voraus, dass Dr. Kelly
die Tabletten unmittelbar vor seinem auch durch das Aufschneiden der
Pulsadern bewirkten Tod einnahm und dem Stoffwechsel damit kaum
mehr viel Zeit verblieb. Zum anderen hielt sich auch die Blutkonzen-
tration in deutlichen Grenzen. Wie erwähnt, lag sie unterhalb eines
Drittels der gefährlichen Menge.

Zug nach Exeter

Der liberale Abgeordnete Norman Baker ist vom Mord an Dr. Kelly
überzeugt, er schied aus dem britischen Parlament aus und begann
eigene Nachforschungen. Baker befasste sich auch mit den Unstimmigkeiten hinsichtlich der toxikologischen Untersuchung und den
Blutwerten von Dr. Kelly. Er notiert hierzu: »Des Weiteren wird
allgemein anerkannt, dass die Konzentration einer Droge im Blut sich
nach dem Eintritt des Todes bis auf das Zehnfache steigern kann, was
die Möglichkeit offen lässt, dass er [Dr. Kelly] nur ein Dreißigstel der
Dosis konsumierte, die nötig gewesen wäre, um ihn zu töten.«

Wie die Mörder es bewerkstelligt hatten, Dr. Kelly die nicht-
tödliche Menge an Co-Proxamol einzuflößen, wird sich kaum enthüllen lassen. Sie hätten die Tabletten zerstoßen und ihm dann verabrei-
chen können, vielleicht aufgelöst in der aufgefundenen Flasche. Über
eine Untersuchung des Wasserrestes in der Flasche wurde jedoch nichts
verlautbart. Spuren von Erbrochenem am Mund von Dr. Kelly scheinen aber einen Hinweis darauf zu geben, dass man zumindest anfangs
mit Gewalt versuchte, ihm die Tabletten einzutrichten. David Kelly
lag in diesen Momenten augenscheinlich mit dem Rücken auf dem
Boden, denn jene Spuren ließen sich bis zu beiden Ohren verfolgen.
Und kurz darauf war es wohl zu Ende. Aber weder durch Tabletten-
vergiftung noch durch Verbluten. Auch nicht durch äußere Gewaltan-
wendung. Zumindest stellt der Pathologe Nicholas Hunt keinerlei
Zeichen hierfür fest. Lediglich von kleinen Kratzern spricht er, Verletzungen, die sich Dr. Kelly wohl zuzog, als er im Unterholz strauchelte.
Hunt findet auch keinerlei Spuren, die auf einen Kampf hindeuten.
Doch Optionen, den Wissenschaftler »sanft« zu töten, gab es genü-
gend. Und mit einer Waffe im Genick dürfte Dr. Kelly nur wenig
Chance auf erfolgreiche Gegenwehr gehabt haben. Rowena Thursby
von der schon erwähnten, privaten *Kelly Investigation Group* (KIG), die
unter anderem einen regen Internetaustausch mit Medizinern und
Interessenten weltweit aufrechthält, um verschiedene Impulse und
Informationen zu sammeln, nimmt an, dass der sogar schon für den
Friedensnobelpreis vorgeschlagene Wissenschaftler an jenem Juli-Nach-
mittag mit Chloroform betäubt wurde, bevor man ihm die Arterie
durchschnitt. Ende November 2003 erhielt Mrs. Thursby eine Mail

von Dr. Searle Sennett, einem pensionierten Anästhesisten aus Johannesburg, Südafrika. Der Arzt hatte ihre Berichte gelesen und schrieb: »Auch ich betrachtete die ganz ›Suizid-Geschichte‹ als extrem verlogen, selbst wenn ich – anders als Sie – nicht all die Details des Kelly-Zwischenfalles kenne. Ich bin ziemlich überzeugt, dass das Durchschneiden der Ulnararterie in der beschriebenen Art nicht von fataler Wirkung gewesen sein kann. Er wurde ganz klar auf irgendeine andere Weise getötet, und meiner Meinung nach gibt es da mannigfaltige Wege, auf denen es bewerkstelligt worden sein kann. Sie erwähnten die Anwendung einer chloroformartigen Substanz, von denen es viele gibt, und ich kann Ihnen versichern, dass die modernen, flüchtigen anästhetischen Stoffe extrem wirksam sind. Sie würden nicht unbedingt töten, könnten aber gewiss innerhalb von weniger als einer Minute Bewusstlosigkeit herbeiführen, besonders bei Anwendung in hoher Konzentration. Das Opfer könnte dann mittels einer Plastiktüte über dem Kopf erstickt werden, die den Wirkstoff sogar ebenfalls enthalten könnte … Injizierbare Muskelentspannungsmittel lähmen alle Muskeln innerhalb von Sekunden und stoppen die Atmung der Zielperson, die sie erhält. Obwohl sie normalerweise intravenös verabreicht werden, könnten die Injektionen tatsächlich in jeden beliebigen Muskel oder sogar unter das Haupthaar oder an anderer Stelle gespritzt werden, um eine darauffolgende Entdeckung zu vermeiden. Muskelentspanner sind Teil des tödlichen Injektions-Cocktails, der in vielen US-Gefängnissen benutzt wird, um die Todesstrafe zu vollstrecken.«

Und Lord Hutton? Seine Anwälte? Dachten die Repräsentanten der so eilig ins Leben gerufenen Untersuchungsgruppe ebenfalls über solche Fragen nach?

Immerhin wurde Dr. Hunt gefragt, ob der Wissenschaftler möglicherweise betäubt worden war. Doch der Pathologe blieb so kalt wie seine »Patienten«. Er verwies nur auf den Bericht des Toxikologen, von dem allerdings auch nicht viel an die Öffentlichkeit gelangte. Damit war auch diese Angelegenheit erledigt. Niemand musste sich vorwerfen lassen, nicht auch unbequeme Fragen gestellt zu haben. Die diversen Anhörungen fanden in einem neutralen, rein faktenbezogenen Klima statt, verheimlicht werden musste überhaupt nichts …

Wenn es doch nur so gewesen wäre, dann hätte man ja erfahren, *wie* Dr. Kelly *ermordet* wurde – und von *wem*!

So aber blieb nur ein unplausibles, weil widersprüchliches und verfälschtes offizielles Szenario, das mit der Wahrheit demnach auch kaum etwas zu tun hatte.

Dessen ist sich auch der britische Abgeordnete Norman Baker sicher und kommentiert zu David Kelly: »Angesichts der Tatsache, dass sein Tod kein Unfall war, bleibt nur eine Alternative – dass er ermordet wurde.« Er sei nicht leichtfertig zu dieser Schlussfolgerung gelangt, so Baker. Vielmehr habe er begonnen, die Fakten zu prüfen, die Beweislage zu untersuchen und dann zu sehen, wohin ihn die Recherche führen würde, ohne dabei von einer vorgefassten Meinung auszugehen. Und letztlich gelangte er dabei zu der Überzeugung, dass seine Erkenntnisse, wenn auch vielleicht nicht immer richtig, so doch weit glaubhafter sind als der Urteilsspruch von Lord Hutton.

Baker bezeichnet seine Ermittlungen als Reise ins Unbekannte, die zahlreiche ungewöhnliche Wendungen genommen habe. Vor allem im Jahr 2006: »Nachdem ich einen Zeitungsbericht geschrieben hatte, in dem ich meine schon früh aufgekommenen Bedenken schilderte, fand ich mich plötzlich in einem Zug Richtung Exeter wieder, um einen Mann zu treffen, der nur unter der Bedingung der Anonymität und ziemlich umständlicher Arrangements mit einem Treffen einverstanden war«, so erinnert sich Baker. »Das umfasste den sehr komplizierten Gebrauch von öffentlichen Fernsprechern, um das Risiko zu minimieren, dass sein Kontakt zu mir verfolgt werden konnte. Schließlich saßen wir bei einem Glas Wein in einem eher unscheinbaren Club.« Der Mann erzählte Baker, kürzlich pensioniert worden zu sein, aber über Verbindungen zur Polizei und in die Sicherheitsdienste zu verfügen. Baker prüfte diese Behauptungen gründlich, wie er sagt, und sah sie tatsächlich bestätigt. Jener anonyme Informant erklärte seinem Gegenüber nun, ebenfalls zahlreiche Zweifel an der Kelly-Geschichte zu hegen und seine eigenen heimlichen Nachforschungen in der Gegend von Southmoor anzustellen. Dabei hätten sich einige merkwürdige Zwischenfälle ereignet. Denn natürlich bleiben verdeckte Nachforschungen nicht lange verdeckt, da letztlich irgendwann eine direkte Kontaktaufnahme zu möglicherweise hilfreichen, aber auch gefährlichen Quellen erforderlich ist. Hierbei können auch Gespräche mit an sich harmlosen Personen zur Gefahr werden, wenn dadurch weniger harmlose Personen aufmerksam werden. Oder man begibt sich unter

Vorspiegelung falscher Tatsachen direkt in die Höhle des Löwen und riskiert, dabei aufzufliegen. Der anonyme Gesprächspartner Bakers ging letzteres Risiko ein. Er gab sich als freier Journalist aus und versuchte, mit dem leitenden Ermittler im Fall Kelly in Verbindung zu treten. Das klappte zwar nicht, aber eine Reaktion folgte trotzdem beinahe auf dem Fuße. Denn nur eine Stunde nach seinem erfolglosen Versuch klingelte das Telefon. Meldete sich der gewünschte Ermittler doch noch?

Der Anrufer aber hatte anderes im Sinn, als dem »freien Journalisten« seine freundliche Unterstützung anzubieten. Ohne lange Umschweife wollte er nur wissen, wie willkommen denn eine komplette Steuerprüfung der Firma wäre, der Sozialversicherung – und so weiter. Und er machte darauf aufmerksam, dass das Leben sehr schwer gemacht werden könne. Wie er sich denn vorstellte, kein Geld zu haben?

Schon ging es also los. Da schnüffelte jemand in einer immer noch ziemlich frischen, ziemlich heißen Angelegenheit herum und glaubte, man würde ihn gewähren lassen oder gar mit offenen Armen empfangen. Wenn schon, dann würde man ihn auch nicht mehr aus der innigen Umklammerung lassen!

Bemerkenswert, wie schnell die »Gegenseite« reagierte. Allerdings, warum überhaupt? Weshalb ließ man den angeblichen Journalisten nicht ein wenig im Trüben fischen? Wenn die federführenden Kräfte ihm nicht weiterhalfen, dann konnte doch eigentlich nicht viel dabei herauskommen! So aber schüchterte man ihn zwar sicherlich ein, stellte ihn auch zeitweilig ruhig, bestätigte ihm aber durch die telefonische Drohung nur, auf der richtigen Spur zu sein. Eigentlich ein ziemlich dummes Verhalten. Hatte da jemand ohne höhere Order völlig auf eigene Faust gehandelt? Jemand, der selbst unter Druck stand, der selbst aus Angst handelte? Zumindest war ihm wichtiger, den anonymen Rechercheur schleunigst von der ganzen Sache abzubringen, als deren Bedeutung zu vernebeln, indem er einfach schwieg. Nein, kaum denkbar! Diese Geschichte musste wirklich sehr heiß sein, wenn die Leute, die wussten, was damals tatsächlich geschah, sogleich ihre Deckung verließen und lieber indirekt eingestanden, dass hier etwas oberfaul war, als den Journalisten ein wenig in Southmoor herumstochern zu lassen! Der morastige Boden dort musste wahrhaft fruchtbar sein! Wie nahe der Informant selbst einem vorzeitigen Ableben war, bleibt dabei eine andere Frage. Die Warnung jedenfalls schien deutlich.

Sie schien auf jemanden hinzudeuten, der vielleicht nicht einmal im Mittelfeld spielte. Auf jemanden, der über die Jahre erkannt hatte, dass er auf die eine oder andere Weise zum Sündenbock gemacht würde, sollte die Sache ans Licht kommen. Ja, all diese Möglichkeiten bestanden ernsthaft. Natürlich löste der Anruf eine ganze Flut von Spekulationen bei dem »Journalisten« aus. Doch auch Angst. Er wusste jetzt, dass er die bislang schlafenden Hunde geweckt hatte. Jetzt hatten sie Witterung aufgenommen. Der Anruf verfehlte also seine Wirkung nicht. Zumindest zeitweilig.

Der MI6-Mann

Bakers Informant ließ seine Nachforschungen erst einmal auf sich beruhen. Doch ob auch die Hunde wieder einschlummern wollten? Jedenfalls verstrich einige Zeit, ohne dass irgendetwas geschah. Wie aber der Zufall es wollte, traf der Privatforscher nach Jahren wieder auf einen alten Freund, der ihm unter Umständen weiterhelfen konnte. Die Neugierde begann also erneut Oberwasser zu gewinnen. Immerhin wirkte der Drohanruf noch nach. Und so erzählte Bakers Informant seinem Freund, für welches spezielle Thema er sich interessierte und wie er daraufhin sehr bald telefonisch attackiert wurde. Baker erfuhr nicht viel über jenen alten Freund, aber schließlich ließ der anonyme Informant dessen MI6-Verbindung durchblicken. War es wirklich blanker Zufall, dass jetzt plötzlich auch noch ein Agent des britischen Auslandsgeheimdienstes auftauchte? Oder versuchte man es nun auf eine persönlichere und nettere Weise? Jedenfalls warnte ihn der MI6-Mann, er solle bloß die Finger von der Sache lassen und sehr vorsichtig sein, vor allem, wenn er das Telefon oder den Computer nutzte. Und wie gesagt, Finger weg!

Nun, Dr. Kelly schien nach dem Tod ungleich gefährlicher, als er es zu Lebzeiten wohl je war. Trotzdem wollte sich Bakers Informant nicht geschlagen geben. Nur zwei Wochen nach seiner ersten Begegnung traf er den MI6-Mann wieder. Und diesmal ließ er nicht locker. Was wusste der Geheimdienstler über Dr. Kelly und dessen Tod?

Nachdem die erste Warnung keine dauerhafte Wirkung gezeitigt hatte, bestand die bessere Möglichkeit wohl doch darin, wenigstens ein paar Worte zu wechseln. Also bat ihn der Freund nach draußen, wo sie einigermaßen ungestört reden konnten. Dabei habe er Dr. Kellys Mord ausdrücklich bestätigt. Er sprach von einer »feuchten Operation«, einer »feuchten Beseitigung« (»wet disposal«). Eine seltsame Formulierung. Vor allem in England wird sie wohl kaum gebraucht, doch Baker erfuhr von seinem Kontaktmann, dass damit eine eilige Ermordung gemeint sei. Nun, genau diesen Eindruck machte das Szenario in den Wäldern von Harrowdown Hill auf jeden Fall.

Für den hartnäckigen Rechercheur war dies erst einmal Bestätigung genug. Jetzt wusste er das Wichtigste. Das Gespräch war von recht kurzer Dauer gewesen, und der MI6-Mann warnte ihn anschließend erneut sehr eindringlich, die Sache nicht weiter zu verfolgen. Wirklich viel konnte man da ohnehin nicht ausrichten. Der Fall war längst zu den Akten gelegt, und ohne höchste Gefahr für Leib und Leben hätte niemand es geschafft, ihn wieder aufzurollen. Bakers Informant entschloss sich daher auch, nunmehr wirklich alles auf sich beruhen zu lassen. Vielleicht war er damit noch einmal haarscharf davongekommen. So geschah zunächst einmal überhaupt nichts mehr. Auf keiner Seite rührte sich etwas, doch wirklich untätig war niemand. Die privaten Rechercheure grübelten still vor sich hin und durchdachten sämtliche Szenarien. Ganz aufgeben, ganz loslassen wollten sie nicht. Und auch auf der Gegenseite blieb man alarmiert – und scheint auch gehandelt zu haben.

Norman Baker rief seinen Kontaktmann erst Monate später wieder an, um noch einige Fragen an ihn zu richten. Da waren die einen oder anderen Aspekte, die ihn beschäftigten. Der neugierige Pensionär wusste aber noch anderes zu berichten. Wie er erklärte, wurde drei Wochen nach seinem Treffen mit dem MI6-Mann bei ihm eingebrochen. Die unerkannten Eindringlinge nahmen sein Notebook mit, auf dem er all seine Informationen zu Dr. Kelly abgespeichert hatte. Für andere Wertgegenstände im Haus interessierten sich die Diebe allerdings nicht. Sie nahmen einzig und allein den Laptop mit.

Das Ganze wurde immer unheimlicher. Sollte der Informant die komplette Geschichte vom Einbruch nur erfunden haben, um sich wichtig und interessant zu machen? Aber warum? Baker zeigte sich interessiert genug, und der ältere Herr konnte seine Verbindungen in die Dienste glaubhaft belegen. Das ergab also keinen besonderen Sinn.

So waren die Kräfte im Hintergrunde also durchaus daran interessiert, dass keine Zweifel am Selbstmord des Dr. Kelly aufkamen, selbst wenn sie einzelnen Rechercheuren gerade dadurch deutlich bewiesen, dass es eben doch keiner war!

Ein tödliches Spannungsfeld

Zwar stand Dr. David Kelly ganz allgemein betrachtet sicherlich unter einem gewissen Druck, immerhin war der eher scheue Wissenschaftler vor seinem Tod sehr plötzlich dem grellen Licht der Öffentlichkeit ausgesetzt, und auch die Befragungen vor dem Ausschuss des *House of Commons* waren belastend für ihn gewesen. Kelly sah sich plötzlich im Kreuzfeuer von Politik und Medien, ja, geradezu mitten in einer Fehde zwischen Parlament und BBC, die durch seine Stellungnahmen zur Existenz von Bio- und Chemiewaffen im Irak ausgelöst worden war.

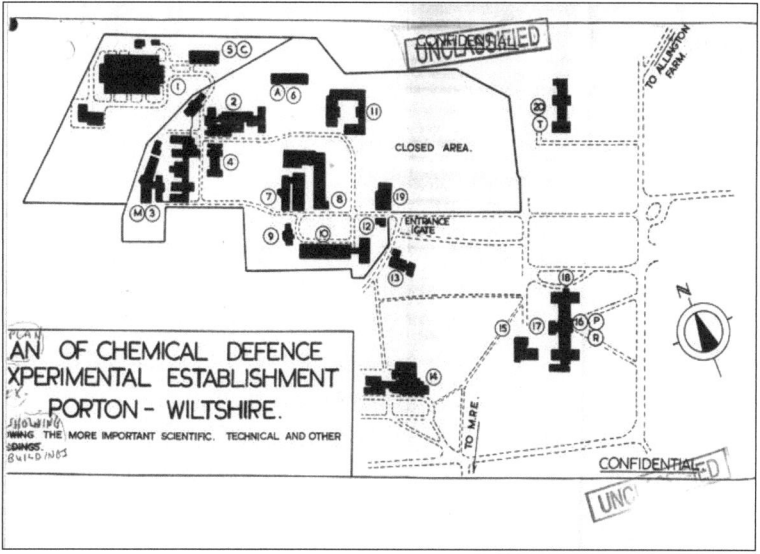

Karte der Biowaffenlaboratorien auf dem britischen Forschungsgelände von **Porton Down.**

Damit verband sich die Kernargumentation für den gesamten Irak-Krieg, für die Rechtfertigung der US-Regierung, aber auch Großbritanniens, den Irak anzugreifen.

Dr. Kelly, Chef des Biowaffenlabors von *Porton Down*, jahrelang Waffeninspekteur mit ungezählten Irak-Aufenthalten, war die zentrale Person in diesem gefährlichen Spiel – und ließ dabei sein Leben. Sicherlich, Kelly stand zwar unter äußerem Druck, doch stand er auch immer noch über den Dingen. Niemand bemerkte bei ihm irgendwelche Anzeichen für echte Suizidgefahr. Er verhielt sich nicht anders als sonst, die bevorstehende Katastrophe mag er zwar geahnt, aber nicht selbst ausgelöst haben.

Da gab es noch die Aussage des britischen Diplomaten David Broucher. Auch er trat vor der Hutton-Kommission auf. Einige Monate vor Dr. Kellys Tod hatte er den Forscher gefragt, was wohl geschähe, sollte wirklich eine Irak-Invasion stattfinden. David Kelly gab darauf eine verblüffende Anwort. Wahrscheinlich, so meinte er, würde er selbst dann tot in den Wäldern gefunden werden. Bemerkenswert, wie schnell die offizielle Kommission diese Äußerung als Beleg für suizidale Gedanken interpretierte. Konnte Hutton diese Schlussfolgerung wirklich einzig und unmittelbar aus jenem kurzen Dialog zwischen Broucher und Kelly ziehen?

Dr. Kelly war völlig klar, in welchem Spannungsfeld er sich bewegte. Und ihm war ebenso klar, dass eine Invasion des Irak gleichbedeutend damit war, alle Erkenntnisse über die tatsächliche Waffensituation dort zu ignorieren. Wenn aber die große Politik sich wider besseres Wissen über die Fakten hinwegsetzte, dann durften diese auch nicht öffentlich bekannt werden. Wer zu viel wusste, wer die Wahrheit kannte, nämlich dass die Ergebnisse der Waffeninspektionen im Irak künstlich aufgebauscht worden waren, um über einen nachhaltigen Kriegsgrund zu verfügen, musste eben zum Schweigen gebracht werden. Dr. Kelly konnte nur ganz oben auf der Abschussliste stehen. Seine Äußerung gegenüber Broucher belegt nichts anderes, als dass er die persönliche Situation völlig richtig einschätzte – und mit einem Mordanschlag rechnete.

Selbstmord? – Bestimmt nicht!

Und sogar trotz dieses über ihm schwebenden Damoklesschwertes zeigte sich Dr. Kelly weiterhin guter Dinge. Das bestätigte auch sein Kollege Wing Commander John Clark vom britischen Verteidigungsministerium. Am 17. Juli 2003, jenem letzten Tag, an dem David Kelly noch lebend gesehen wurde, telefonierte Clark mit ihm und fand ihn in einer sehr positiven Stimmung vor. Der angesehene Forscher freute sich schon darauf, am 25. Juli wieder in den Irak aufbrechen zu können, um seine Arbeit fortzuführen. Offenbar hatte er seine Befürchtungen wirksam verdrängt. Seine berufliche Tätigkeit war auch seine Erfüllung. Nicht zu vergessen: Dr. Kelly hatte den Irak zwischen 1994 und 1997 insgesamt 37 Mal aufgesucht. Einmal meinte er, »Saddam Hussein« würde bereits seinen kompletten Lebensinhalt ausmachen. Nun also wollte er die wichtigen Projekte fortsetzen. Den Flug hatte er schon gebucht, Freunden, Kollegen und Bekannten noch am Vormittag ziemlich enthusiastische E-Mails geschickt. Die Befragungen vor dem Unterhaus waren selbstverständlich eine anstrengende Prozedur für ihn gewesen, doch Dr. Kellys Gedanken kreisten bereits wieder um die künftigen Vorhaben. Einem Kollegen antwortete er kurz: »Vielen Dank für Ihre Anregungen. Es war schwierig. Hoffentlich wird alles bis zum Ende der Woche vorübergehen und ich kann nach Bagdad reisen und mit der wirklichen Arbeit weitermachen.« So spricht niemand, der sich umbringen will! Das passte auch gar nicht zur starken Persönlichkeit des Forschers – der in diesen Momenten gewiss kaum daran dachte, dass sich seine Hoffnung, alles werde vorübergehen, auf eine ganz andere Weise erfüllen würde. Reinster Zynismus des Schicksals! Janice Kelly stellte ebenfalls nur eine gewisse Müdigkeit bei ihrem Mann fest, eine vorübergehend gedämpfte Stimmung, nicht aber Depression.

Alles in allem also kaum typische Anzeichen für einen drohenden Selbstmord. Nachbarn erklärten, Kelly habe sich noch unmittelbar vor seinem Tod völlig unverändert gegeben und in bester Stimmung mit ihnen gesprochen. Dafür gab es auch einige private Gründe. So freute er sich darauf, am nächsten Abend ein Fohlen mit einer seiner Töchter zu besichtigen. Doch bekanntlich kam es nicht mehr dazu. Denn es war der Tag, an dem Kelly sterben sollte.

Auch der bereits geplanten Hochzeit der älteren Tochter fieberte er erwartungsvoll entgegen. Insgesamt standen also durchweg erfreuliche Ereignisse ins Haus. Dr. Kelly wählte somit offenbar den denkbar dümmsten Augenblick, um sich aus der Welt zu schaffen. Das hätten eigentlich auch die »Selbstmörder« Kellys wissen und berücksichtigen müssen. Allein, die Zeit drängte! Der Mann wusste schlichtweg zu viel, konnte durch seine nur sehr schwer anfechtbare Expertise die störendsten Fakten nach außen tragen. Da auch noch einen günstigeren Moment für die »Entsorgung« abzuwarten – das war wirklich ein wenig zu viel verlangt. Immerhin bestand dringendster Handlungsbedarf!

Mit dem perfekten Mord ist das eben so eine Sache. Natürlich gab es so manch vermeidbare Schlamperei bei Dr. Kellys Entsorgung. Zumindest wieder aufrichten und an den Baum lehnen hätte man die Leiche einfach nicht dürfen. Auch die Patzereien mit der unsinnigen Schnittführung, dem fehlenden Blut am Fundort und den bestimmt nicht von Kelly verschluckten Tabletten zeugten kaum von guter Vorbereitung. Das darf einem echten Profi einfach nicht passieren!

Aber andererseits, halb so schlimm, denn am Ende reichte es ja doch aus, um den Fall als Selbstmord abzuschließen. Dafür hatte ja auch Lord Hutton gesorgt. Seine so blitzartig geschaffene Befragungskommission brachte alles wieder ins Lot. Und außerdem eilte noch die Geheimhaltung zu Hilfe. Unangenehme Fakten kamen meist gar nicht erst zur Sprache. Das Übliche eben.

Hingegen gab es einige ungeklärte, vielleicht sogar dunkle Punkte in Dr. Kellys Leben, die angeblich eben doch für einen Suizid sprachen. Bestand unter Umständen eine gewisse erbliche Vorbelastung bei ihm?

»Ich würde das nie tun!«

Nur einen Tag vor David Kellys 20. Geburtstag kam es zu einer familiären Tragödie. Seine Mutter Margaret Kelly nahm sich nach einem Schlaganfall angeblich das Leben. Zumindest hatte Kelly seiner Frau sowie einer Freundin und, wie es heißt, auch Regierungsbeamten erzählt, dass seine bereits jahrelang unter Depressionen leidende Mutter schließlich durch eigene Hand starb. Sie soll sich nach dem Schlaganfall mit Barbituraten vergiftet haben. Das war im Mai 1964, als David Kelly an der Universität Leeds studierte. Tatsächlich aber wusste auch Kelly selbst nicht mit Sicherheit, was wirklich vorgefallen war. Der Todesfall wurde damals nicht eigens als Selbstmord vermerkt, allerdings sprach der Gerichtsmediziner ebenfalls von den bereits seit Langem bestehenden Depressionen von Margaret Kelly. Ihr Sohn begann nach ihrem Tod an Schlafstörungen zu leiden, doch kam er nach Aussage eines Freundes letztlich gut über alles hinweg. Er sei eine »sehr ausgeglichene Person« gewesen.

Alles in allem ließ die Hutton-Kommission nichts aus, was den Selbstmord des Wissenschaftlers auch nur einen Deut wahrscheinlicher werden ließ. Und da passte natürlich der offenbare Selbstmord der Mutter hervorragend ins Bild. Dazu auch noch die gewählte Methode – eine Überdosis Tabletten! Vielleicht war man ja überhaupt erst durch diese Vorgeschichte auf die Idee gekommen, Tabletten ins tödliche Spiel zu bringen. Dr. Kelly mochte ja in einer nostalgischen Anwandlung zum Pillenschränkchen gegriffen und seine abgrundtiefe Aversion überwunden haben, um genau wie seine Mutter aus dem Leben zu scheiden.

Nur, bei Kellys Problem halfen wirklich keine Pillen – und Nostalgie schon gar nicht. »Frei-pillig« schied der Wissenschaftler jedenfalls bestimmt nicht aus dem Leben, das hatte ja auch seine gute Freundin Mai Pederson sehr nachdrücklich betont. Und dass ein Suizid in der Familie seine Nachahmer findet, gilt auch unter Fachleuten als fragwürdig. Der britische Suizid-Experte Professor Keith Hawton von der Universität Oxford wurde ebenfalls von Lord Huttons Kommission hinsichtlich eines Zusammenhangs zwischen Kellys Selbstmord und dem seiner Mutter befragt. Er erklärte aber, dass die sehr deutlichen seelischen Belastungen, denen die Angehörigen nach dem Freitod eines Familienmitglieds ausgesetzt sind, viel zu nachhaltig wirken und daher einer Nachahmung kaum förderlich sind, sondern sie eher sogar blockieren können. Offenbar genau das war bei Dr. Kelly der Fall. Denn Mai Pederson erinnert sich, mit ihm über den Suizid der Mutter gesprochen zu haben. Mrs. Pederson war eben jene eine Freundin, der gegenüber er den Vorfall erwähnte, wenn auch nur ein einziges Mal.

Mrs. Pederson fragte ihn direkt, ob er selbst je in Erwägung zöge, sich das Leben zu nehmen. Dr. Kelly habe darauf unmissverständlich erwidert: »Gütiger Gott, nein, ich könnte mir nicht einmal vorstellen, so etwas zu tun … Ich würde das nie tun!«

Die bauchtanzende Spionin

Mai Pederson spielte eine ganz eigene, sehr bemerkenswerte und auch durchaus mysteriöse Rolle in Dr. Kellys Leben. Sie mochte wohl einige Hintergründe besser kennen und über Geheimnisse informiert sein, von denen sonst niemand etwas wusste. Unmittelbar nach seinem Tod rief sie einige ihrer Freunde an und warnte: »Glaubt nicht, was ihr in den Zeitungen lest.« Kurz darauf verschwand die US-Amerikanerin geradewegs in der Versenkung; sie halte sich wohl irgendwo im Süden der Vereinigten Staaten auf, so wird gemunkelt, doch wo genau, weiß offenbar niemand. Mrs. Pederson und Dr. Kelly begegneten sich auf zwei Waffeninspektionen im Irak. Sie arbeitete dabei als seine Übersetzerin. Die damals 43-jährige, arabisch-amerikanische Mai Pederson ist hochintelligent, praktiziert Bauchtanz, spricht vier Sprachen und übte einen enormen Einfluss auf den Wissenschaftler aus. Sie beeinflusste auch seine religiöse Haltung und brachte ihn dazu, zum monotheistischen Baha'i-Glauben zu konvertieren, der dem Individualismus vergleichsweise viel Raum lässt und hohe moralische Werte kennt. Die Wurzeln des Bahaismus liegen im Persien des 19. Jahrhunderts. Weltweit gehören einige Millionen Menschen diesem Glauben an, der interessanterweise eines streng verbietet: *Selbstmord*!

David Kelly und Mai Pederson lernten sich wohl nicht ganz zufällig kennen. Möglicherweise wurde diese Übersetzerin sehr gezielt auf ihn angesetzt. Denn sie schien so etwas wie eine »Honigfalle« zu sein. Master Sergeant Mai Pederson war eine trainierte Spionin. Sie arbeitete für den amerikanischen Geheimdienst und war darauf spezialisiert, männliche »Ziele« zu verführen. Ihr eigener Mann, Jim Pederson, ein Sergeant der US-Luftwaffe, beschrieb sie sogar als wahrhaft durchtriebene Spionin, fast eine Art Mata Hari der Gegenwart – trotz gewaltiger biographischer Unterschiede, einschließlich einer weit effektiveren Karriere als Geheimdienstlerin. Jim Pederson schreibt: »Sie war immer ein Spion der einen oder anderen Art. Sie ist in diesem Job unbezahlbar, weil sie nicht aussieht, als ob sie dem Militärgeheimdienst angehört. Sie beginnt jemanden auszufragen; sie ist klein und hübsch, und sie flirtet mit ihnen, und dann setzt sie sich einfach hin und plaudert. Bevor sie es überhaupt merken, haben sie ihr alles Mögliche erzählt … Sie war mit der Waffe und im elementaren, unbewaffneten Kampf geübt und arbeitete lange Zeit verdeckt … in Ägypten und, so glaube ich, im Iran. Sie war ein sehr komplexer Charakter.« Ihre Profession schloss auch Funktionen eines verdeckten Killerkommandos ein, bei dem es vor allem um die Fähigkeit ging, Mord wie Selbstmord aussehen zu lassen! Dr. Kelly schien sich bei der bauchtanzenden Spionin in wirklich guten Händen zu befinden. Und hatte sie diese guten Hände vielleicht tatsächlich auch bei seinem Ableben mit im Spiel? Zumindest wirkte ihr urplötzliches Verschwinden nach dem Bekanntwerden von Dr. Kellys »Selbstmord« recht verdächtig. Doch warum sie andererseits der Selbstmord-Geschichte ganz massiv widersprach, warum sie auch das Tablettenproblem bestätigte und ihre Freunde in kryptischer Manier mahnte, nur ja nicht zu glauben, was die Zeitungen berichten würden, das bliebe dann wahrlich ein echtes Rätsel. Wie die ganze Person.

Manche denken, dass Mai Pederson und Dr. Kelly mehr als nur Freunde waren, dass es da wohl eine echte Affäre gegeben hatte. Ihr enormer Einfluss auf David Kelly steht fest, doch welche Rolle sie wirklich spielte, kann niemand sagen. Und Janice Kelly? Auch sie ist sich keineswegs sicher. Ja, Mrs. Pederson übte auch ihrer Ansicht nach ziemlichen Einfluss aus. Aber mehr konnte sie nicht sagen. Nicht einmal, wann ihr Mann seinen Glauben änderte.

Mai Pederson schien einiges Licht ins Dunkel bringen zu können, wenn sie nur wollte. Doch es gab keine Spur von ihr. Ihr in Texas lebender Bruder erklärte nur: »Sie ist nicht daran interessiert, mit der Presse zu sprechen.« – Ihr Vater zeigte sich auch zu keinerlei Kommentar bereit, und auf ihrem Heimatstützpunkt, der *Maxwell Air Force Base* in Alabama, gab man sich kaum kooperativer: »Das ist eine sehr private Angelegenheit. Sie arbeitet mit den Behörden in Großbritannien zusammen. Sie wird aber nicht mit der Presse sprechen; und wir werden sie das auch nicht tun lassen.« Warum nur? Der *Times* gegenüber mirakelte ihr Mann Jim E. Pederson wiederum: »Sie werden nicht in der Lage sein, sie zu finden« und leitete alle Anfragen ans Pentagon weiter.

Doch im Sommer 2008, ziemlich genau fünf Jahre nach Dr. Kellys Tod, tauchte Mai Pederson scheinbar aus dem Nichts auf und nannte einige bis dahin unbekannte Details – weitere Belege dafür, dass der Forscher sich nicht selbst umgebracht haben kann.

Im Frühjahr 2003 saßen David Kelly und Mai Pederson in einem Washingtoner Restaurant zusammen beim Abendessen. Dr. Kelly mühte sich mit dem Messer ab und konnte das Fleisch kaum schneiden, nicht weil es hart oder aber das Messer stumpf war, sondern wegen einer sehr schmerzhaften Verletzung am rechten Ellbogen. Mai Pederson bezeugt mehrere Gelegenheiten, bei denen sie sah, wie Dr. Kelly sämtliche Tätigkeiten, die einen nur leicht erhöhten Kraftaufwand erforderten, mehr und mehr auf die linke Hand verlagerte. Und schon beim ersten Treffen im Jahr 1998 stellte sie fest, dass er seine linke Hand bevorzugt nutzte, wenn er beispielsweise eine Aktentasche trug oder die Tür öffnete. Mrs. Pederson erinnert sich: »Wenn er Freunde zu Beginn und Ende von Baha'i-Treffen umarmte, dann war es sein linker Arm, der einen drückte, und man erkannte, dass ihn der rechte Arm schmerzte, da er seinen Ellbogen oft rieb.« Was Dr. Kelly widerfahren war, wusste Mrs. Pederson anfangs nicht, und sie wollte ihn nicht direkt danach fragen. Doch später erzählte er ihr von selbst, er habe sich seinen Ellbogen schon vor längerer Zeit gebrochen, und dieser Bruch sei nicht richtig korrigiert worden. Deshalb bereite ihm der Arm ernsthafte Probleme. »Ich sehe einfach nicht«, so äußerte sich die Geheimdienstlerin im Sommer 2008, »wie er in der Lage gewesen sein soll, seine rechte Hand zu gebrauchen, um die Nerven und Sehnen seiner linken Hand zu durchschneiden – besonders auch, da das Messer, das er vermutlich benutzte, eine stumpfe Klinge besaß.« Mai Pederson erinnert sich, dass Dr. Kelly immer ein Messer bei sich trug, von dem er ihr einmal sagte, er könne es wegen seiner geschwächten rechten Hand nicht schärfen. Und ganz unabhängig davon muss es ihm schier unmöglich gewesen sein, bis an die Ulnararterie heranzukommen, abgesehen einmal von den enormen Schmerzen, die ein solcher Versuch mit sich bringen würde. Auch Mai Pederson sieht hier große Mängel in der offiziellen Erklärung. Sie hält die Ergebnisse von Huttons Kommission für unlogisch und fragt sich, warum die britische Regierung die vorliegenden Fakten nicht berücksichtigt und nicht gründlich untersucht.

Die sich auftürmenden Beweise für einen Mord an Kelly haben Mai Pederson auch dazu bewogen, wieder ein wenig aus der Deckung zu kommen, so sagt sie. Zwar immer noch unter der Bedingung, ihren gegenwärtigen Aufenthaltsort nicht preiszugeben, aber doch unter ihrem Namen und mit neuen wesentlichen Informationen zum Fall. Die auflagenstarke britische Zeitung *The Mail on Sunday* veröffentlichte eine weitere Information, die sämtliche Verdachtsmomente noch zusätzlich untermauert. Der *Mail* zufolge flog ein Helikopter mit einer Wärmekamera sofort nach dem Verschwinden Dr. Kellys exakt über dessen späteren Fundplatz. Doch fand sie nicht den geringsten Hinweis auf einen menschlichen Körper dort. Auch diese Information, sollte sie wirklich zutreffen, würde natürlich das bereits sehr gut belegte Szenario bestätigen, demzufolge der Wissenschaftler andernorts getötet worden sein *muss*. Genau den ersten Eindrücken folgend, fügen sich auch alle späteren Erkenntnisse nahtlos ein: Der Selbstmord war keiner. Das gesamte makabre Arrangement war gestellt. Gestellter Selbstmord – bestellter Selbstmord! Die Mörder hatten aber in der offenbar gebotenen Eile und Hektik tatsächlich zahlreiche Fehler begangen. So vergaßen sie auch, die Fingerabdrücke von Dr. Kelly auf das bei ihm gefundene »Tatmesser« und an die Wasserflasche zu bringen.

Die Wahrheit hört dort auf, wo auch Dr. Kellys einsamer Spaziergang endete. Der Wissenschaftler ging gerne spazieren. Mai Pederson erklärt, sie sei während ihrer Irak-Aufenthalte mit ihm oft noch abends spazieren gegangen. Doch von einer Affäre will sie nichts wissen, das seien lediglich Gerüchte. Schon ihre Religion und auch die Zugehörigkeit zum Militär habe Ehebruch von vornherein verboten. Wobei sich dabei natürlich manch einer fragt, wie Mai Pederson dann überhaupt ihren Beruf ausüben konnte – und ob denn vielleicht nicht umgekehrt die brave Fassade von Baha'i einfach absichtlich gewählt wurde, um die weniger braven Seiten von Mai Pederson zu verhüllen. Jedenfalls sagt sie selbst über ihr Verhältnis zu Dr. Kelly: »Er war für mich wie mein großer Bruder.« Und nur draußen, außerhalb des Hotels, sei es den beiden überhaupt möglich gewesen, unbelauscht über einige wichtige berufliche Angelegenheiten und persönliche Ansichten zu sprechen. Denn ansonsten standen sie unter ständiger Beobachtung der Iraker, so Pederson. »Der einzige Platz, an dem wir die Unterwäsche wechseln konnten, ohne dabei von ihren Überwachungskameras gefilmt zu werden, war hinter dem Duschvorhang.« Sie erinnert sich auch an recht unheimliche Augenblicke, als sie und Dr. Kelly eines Nachts mit einigen anderen Leuten aus ihrer Gruppe unterwegs waren:

»... Plötzlich leuchtete ein roter Laser auf. Er lief von Davids Herz bis zu seinem Kopf hinauf und verharrte dann ziemlich genau mitten auf seiner Stirn. Die Inspektoren sagten, so etwas ereigne sich die ganze Zeit. Der Gedanke dahinter war schlichtweg, David einzuschüchtern; zu zeigen, dass sie ihn selbst in der Dunkelheit als Ziel auswählen konnten.«

Als Dr. Kelly im Oktober 2002 wieder in Washington war, habe er Mrs. Pederson wieder getroffen und ihr erzählt, die Iraker hätten eine Hitliste aufgestellt, eine Liste derer, die getötet werden sollten. Kelly sei auf dieser Liste die Nummer drei, und auch Mai Pederson sei darauf zu finden. Doch irgendetwas kann hier nicht ganz stimmen, denn laut dem schon mehrfach erwähnten Mikrobiologen Richard »Dick« Spertzel stand nicht Kelly an dritter Stelle, sondern er selbst. Kelly sei erst etwas weiter unten aufgetaucht. Einer also muss sich getäuscht haben.

Dr. Kelly sollte seine Position ebenso gut gekannt haben wie Dr. Spertzel, Mai Pederson verfügt über ein ausgezeichnetes Gedächtnis und sollte in einer so wichtigen Frage auch nichts durcheinandergebracht haben. Patt also. Heute lässt sich nicht sagen, warum hier etwas nicht passen will.

Doch sehr viel machten sich Kelly und Pederson wohl ohnehin nicht aus ihrem Wissen um die spezielle Liste. Bedroht waren sie dadurch alle, ganz ungeachtet ihrer genauen Position. Sie akzeptierten, dass ihre besondere Tätigkeit auch eine besondere Gefahr mit einschloss. Diese Gefahr bestand im Irak genauso wie in heimischeren Gefilden. Die vielseitig begabte Übersetzerin, die fünf Jahre nach dem schrecklichen Vorfall in Harrowdown Hill wieder an die Öffentlichkeit trat, erinnert sich noch, wie der Top-Biologe ihr eines Tages sagte, man würde ihn tot in den Wäldern finden, »wenn wir in den Irak einmarschieren«. Die Iraker wollten ihn tot sehen, so habe er zu Mai Pederson gesagt. Und er wusste um die Gefahr, seine Spaziergänge alleine zu machen. Er wusste, dadurch viel leichter fassbar zu werden. Nur verzichten wollte er auf sie nicht. Wie gefährlich aber war er für die Iraker wirklich? Selbst diese Frage lässt sich nicht so einfach beantworten, denn die Situation scheint klarer, als sie ist. Mai Pederson sagt, Dr. Kelly sei überzeugt davon gewesen, dass die Iraker etwas zu verbergen gehabt hätten. Warum sollten sie sonst Einschüchterungsversuche unternommen, warum ständig Aufpasser zur Seite gestellt haben? Sie ließen einfach nicht durchblicken, welches Potenzial zur Herstellung wirklich gefährlicher Waffen dort verborgen war. Und so soll David Kellys Haltung zur Invasion gewesen sein: bedauerlich, aber notwendig. Die US-Sanktionen hätten versagt, also musste man einmarschieren. Dr. Kelly sei falsch zitiert worden, er habe das selbst gesagt. Seine Aussagen seien verzerrt und aus dem Zusammenhang gerissen worden. Daher sei er auch nicht depressiv, sondern einfach verärgert und aufgebracht gewesen.

Viele glauben, dass die Iraker ein ernstes Interesse daran besessen haben müssen, Dr. Kelly aus dem Weg zu räumen, allein schon aus Rache. Sein Wissen und vielleicht nicht minder seine Vermutungen wie auch seine Beharrlichkeit dürften durchaus genügend Motive geboten haben, um ihn im Wald ein für alle Mal zum Schweigen zu bringen. Erinnern wir uns nur: Nicht allein Mai Pederson, sondern auch der Diplomat David Broucher sprach davon, sogar direkt vor dem Hutton-Komitee, der britische Waffeninspekteur habe die Befürchtung geäußert, bei einer Irak-Invasion tot in den Wäldern gefunden zu werden! Und auch sein guter amerikanischer Kollege Richard

Ahmed Chalabi

Spertzel sah die drohende Gefahr aus dem Irak, schließlich stand er selbst, wie er sagt, auf einer entsprechenden Abschussliste des Saddam-Regimes. Der obskure Ahmed Chalabi, der offenbar die stattliche Summe von 158 Millionen US-Dollar von einer Bank in Jordanien verschwinden ließ, die er selbst gegründet hatte, wünschte sich nichts sehnlicher als den Irak-Krieg, aus dem er als von der CIA geförderter Staatsmann hervorzugehen hoffte. Also streute er auch entsprechende Gerüchte, um noch Öl ins Feuer zu gießen. So kamen 20 Geheimfabriken ins Gespräch, in denen Massenvernichtungswaffen gefunden werden könnten – doch nichts. Wenn Dr. Kelly diese Behauptungen relativierte, faktenbezogener argumentierte und die allgemeine Hetzjagd eher einbremste, konnte das Chalabi nicht sonderlich zusagen. Im Gegenteil. Auch Iyad Allawi, eine weiterer irakischer Oppositioneller, war selbstredend scharf auf Saddams Thron. In dieser Rolle konnte er auch schnell Freunde bei CIA und MI6 gewinnen. Und so war es auch. Allawi war für seine Gewaltbereitschaft allgemein bekannt. Mit Gegnern fackelte er nicht lange. Schon in jungen Jahren soll er an grausamen Folterungen beteiligt gewesen sein. In den USA galt er als abgeschwächte Version von Saddam, salopp war da von »Saddam lite« die Rede. Auch Allawi konnte ganz zwangsläufig kein Freund von Dr. Kelly sein. Aus dem Kreis um Allawi scheint letztlich das Gerücht zu stammen, die Iraker verfügten über WMDs, die innerhalb von nur 45 Minuten einsatzbereit wären. Genau diese »45-Minuten-Behauptung« aus dem strittigen Geheimbericht wurde dann zum Stein des Anstoßes. Dr. Kelly habe sie vor dem britischen Unterhaus deutlich angezweifelt, er habe davon gesprochen, man habe den Bericht absichtlich »sexed-up«, aufgebauscht, um mit dieser überzeichneten Version eine ausreichende Rechtfertigung für die Invasion vorzulegen.

Wenn Dr. Kelly schon länger befürchtete, bald nach einer solchen Militäraktion tot in den Wäldern gefunden zu werden, konnte er zumindest kein Interesse daran haben, Saddams Arsenale künstlich aufzublähen. Eher im Gegenteil. Doch laut Mai Pederson glaubte er vielmehr daran, geheime Verstecke zu finden und dass Saddams Regierung log, wenn sie behauptete, kein Waffenprogramm mehr zu haben.

Das Dilemma

Dr. Kelly befand sich wohl durchaus in einer ziemlichen Zwickmühle. Denn seine Arbeit bestand ja nun einmal in den Aufgaben eines Waffeninspekteurs. Er liebte diesen Beruf und hatte sich kurz vor seinem Tod sogar darauf gefreut, bald wieder in den Irak abreisen zu können, um die »wirkliche Arbeit« weiterzuführen. Somit empfand er seine Pflicht, vor dem Unterhaus zu sprechen, als eine unangenehme, lästige und zeitraubende Aufgabe, die an sich nichts bringen würde.

Seine Arbeit war aber nur dann gerechtfertigt, wenn er nicht hundertprozentig sicher sein konnte, dass es im Irak keinerlei WMDs gab! Und wann konnte er das? Wenn er aber mit Nachdruck erklärte, sehr deutliche Verdachtsmomente zu besitzen, wenn er Saddams Regierung der Lügen bezichtigte und eigentlich das sagte, was beinahe jedes führende britische und amerikanische Regierungsmitglied auch hören wollte, dann begab er sich auch zunehmend in Lebensgefahr. Mrs. Pederson sagt, Dr. Kelly habe sich damals aufgeregt, weil seine Aussagen aus dem Zusammenhang gerissen oder verzerrt worden seien. Nur, geschah das durch den Ausschuss oder durch die Presse? Und an jenen 45 Minuten schien sich viel zu scheiden. Bestätigte er diese Aussage des Berichts, mussten Saddams Schergen rot sehen, erklärte er sie für nichtig, konnte sich der Feind in den eigenen Reihen sehr mächtig und bedrohlich gegen ihn erheben. Und wenn er eine neutrale Position einnahm? Auch als Experte hätte er dies tun können, aber offenbar wollte er dies nicht – oder er wusste es eben besser. Wir können es nun drehen und wenden, wie wir wollen. Die unsichere Faktenlage lässt im Grunde nur einen festen Schluss zu: Spätestens im Mai 2003 stellte sich die Situation so dar, dass Dr. Kellys Aussage den Irak öffentlich entlastete. Der Bericht sei aufgepeppt worden, so zitierte der BBC-Journalist Andrew Gilligan seine anfangs noch ungenannte Quelle, die später als Dr. Kelly identifiziert wurde – was er selbst aus wiederum naheliegenden Gründen abstritt. Und wenn wirklich noch jemand im Spiel war, von dem niemand etwas weiß, wird die Angelegenheit schon wieder komplizierter. Aber ungeachtet dessen, was hinter verschlossenen Türen damals wirklich gesagt wurde: Wenn die Iraker nicht aus irgendeiner unabhängigen, ihnen zuarbeitenden Quelle anders lautende Informationen erhalten hatten, bestand für sie offenbar kein zwingender Grund mehr, Rache an Dr. Kelly zu üben und ihn zu beseitigen. Er stand überall als derjenige im Rampenlicht, der von einem stark überzogenen Bericht gesprochen hatte.

Lizenz zum Töten

Wir sehen an alledem nur, wie sich die gesamte Geschichte immer stärker verzweigt. An dieser Stelle geht es also nicht mehr ohne große

Unsicherheit weiter. Denn vielleicht sagte ja Dr. Kelly belastend aus, nur dass Andrew Gilligan ihn anders zitierte. Kein Wunder, wenn sich der Wissenschaftler also aufregte. Aber genug der Spekulation, genug der Verwirrung! Denn einen nicht zu unterschätzenden und sehr interessanten Anhaltspunkt haben wir im ganzen Chaos noch nicht angesprochen. Und dieser Aspekt kann durchaus zum Leitstern zur Wahrheit werden. Wir sehen einerseits, dass etliche Experten der Meinung sind, dass Dr. Kelly von Irakern ermordet worden ist. Das glauben Mai Pederson, Dick Spertzel und andere. Schließlich gab es da immerhin jene Todesliste sowie die Aussagen von Kelly selbst und noch einige gute Gründe – wobei Mrs. Pederson einräumt: »Ich sage nicht, dass die Iraker ihn ermordet haben.« Andererseits gab es aber nicht minder gute Gründe aufseiten der weitaus mächtigeren Kräfte, jener Kräfte, die unbedingt einen Krieg wollten.

Wir sollten uns jetzt aber auch einmal fragen, wie wohl die Untersuchung des Falles Kelly abgelaufen wäre, sofern die Iraker wirklich an seinem Tod schuld waren! Wäre dann nicht sofort alles auf den Tisch gelegt worden? Hätte es dann nicht eine riesige Medienaktion und massive Propaganda gegeben? Der Fall wäre dann zweifellos zum Kernthema geworden, er wäre bis aufs Mark ausgeschlachtet worden, und man hätte unmittelbar auch die Bedenken Kellys vorgelegt. Irgendjemand scheint hier also wieder deutlich die Unwahrheit zu sagen. Und man kann sich des Eindrucks nicht erwehren, dass unter Umständen auch Mai Pederson die alte Position der USA und Großbritanniens hinsichtlich des Irak-Krieges indirekt verteidigen möchte, indem sie eine Form von Vernebelungstaktik betreibt. Es geht nicht um Unterstellungen, sondern um Möglichkeiten. Und um die Frage, warum Mai Pederson nicht weit früher aus der Versenkung aufgetaucht ist, um ihr Wissen kundzutun. Nun tritt sie kurz an die Öffentlichkeit, legt im Grunde durch all ihre Aussagen eben doch nahe, dass Saddams Regime den Mord geplant und ausgeführt hat – genauso konnten es natürlich auch die Oppositionellen gewesen sein –, und erklärt, ihr guter Freund Dr. Kelly beging jedenfalls mit Sicherheit keinen Selbstmord. Mit dieser unbestreitbaren Wahrheit werden auch sofort alle Unstimmigkeiten aus dem Weg geräumt, die im Laufe der Zeit von hartnäckigen Rechercheuren ausgegraben wurden. Doch gleichzeitig stellt sie die Wahrheit auf andere Füße, indem sie die Aufmerksamkeit noch einmal deutlich auf den Irak richtet. Ganz linientreu mit der US-Regierungsphilosophie. Nur hier können demzufolge die Mörder von Dr. Kelly vermutet werden.

Wie gesagt, anstatt aber damals den nachweislichen Mord auch als solchen groß in die Schlagzeilen zu bringen und mit dem Irak zu verknüpfen, hüllt sich die westliche Welt in Schweigen. In den Massenblättern ist beinahe nur vom »Selbstmord« des Waffeninspekteurs die Rede. Als drei unabhängige Mediziner eine Stellungnahme vorlegen, in der sie ihre fachlichen Zweifel an der Selbstmord-These begründen, lehnt die *Times* eine Veröffentlichung ab! Offenbar will und soll niemand etwas von solchen Ideen hören – man könnte sie am Ende noch glauben, weil sie weit plausibler als das offizielle Gebilde sind. Und das so schnell umgesetzte Hutton-Theater arbeitete ohnehin bereits mit der vorgefassten Meinung vom Selbstmord. Eine Meinung, die wohl eigentlich keine war, sondern vielmehr eine pragmatische Entscheidung. Das Facharteil der drei Ärzte wurde dann von der Organisation *Global Research* veröffentlicht. Und die BBC brachte eine Dokumentation, in der sie den Selbstmord Kellys deutlich in Frage stellte. Allmählich wandelte sich das Bild. Denn die Fakten sprachen für sich.

Der kanadische Wirtschaftswissenschaftler Michel Evgenij Chossudovsky stellte in einem Bericht für *Global Research* die Kernfrage: Wer ordnete die Hinrichtung des Wissenschaftlers an?

Er stellt fest: »Während die BBC und die britischen Medien zugestanden, dass Dr. Kelly umgebracht worden sein könnte, versäumten sie, zwei wesentliche Fragen zu stellen:

1. Wenn es kein Selbstmord war, wer befahl dann die Ermordung von David Kelly?
2. Wer ordnete die Vertuschung einer kriminellen Handlung an?

Indem die BBC ihrer eigenen Bewertung der Beweislage widerspricht, legt sie nahe, dass die Regierung von Tony Blair nicht involviert gewesen ist.« Chossudovsky zitiert hierzu den ehemaligen britischen Geheimdienstler John Morrison, der in einer BBC-Sendung mit dem Titel *Verschwörungs-Akten* sehr nachhaltig betonte, dass es kein Komplott des britischen *Secret Service* gegeben habe, Dr. Kelly zu töten. Und dass es britische Agenten mit der Lizenz zum Töten gebe, erklärt er als komplette Fantasie. Man könnte fragen: komplette Fantasie oder eher ein fantastisches Komplott? Denn über die Lizenz zu töten verfügt bekanntlich nicht nur James Bond. Morrison geht dem Problem elegant aus dem Weg, schiebt es einfach auf die anderen: »Es gibt auf der ganzen Welt Geheimdienste, die sich an Ermordungen beteiligen, daran besteht kein Zweifel. Einige von ihnen sind überhaupt keine netten Leute ... Aber wir hatten meines Wissens in der gesamten Geschichte der Geheimdienste des *United Kingdom* niemals eine Politik der Ermordung und ganz gewiss nicht in den vergangenen Jahrzehnten.«

Nun, wer gibt schon gerne zu, ab und an auch vor Mord nicht zurückzuschrecken? Doch wäre es schlecht um den britischen Geheimdienst bestellt, würde er hier aus moralischen Gründen gegenüber anderen zurückstehen. Und völlig unabhängig davon war zumindest einigen Medienvertretern hinsichtlich David Kelly doch klar: »Es ist immer offensichtlich gewesen, dass sein Tod für den Geheimdienst des *United Kingdom* hochgradig nützlich war, doch einer von Kellys ehemaligen Kollegen, Richard Spertzel, ein amerikanischer Biowaffen-Inspekteur, sagt, dass der irakische Geheimdienst möglicherweise eine Vendetta gegen ihn verfolgte«, so schrieb der *Irish Independent* am 26. Februar 2007. Chossudovsky macht auf den Widerspruch aufmerksam – zwar sei der Tod des Wissenschaftlers »hochgradig nützlich« für den britischen Geheimdienst gewesen, umgebracht aber wurde Dr. Kelly wohl von den Irakern. Wenigstens bestand offenbar kein Zweifel daran, dass Kelly ermordet wurde. Dann aber war wie erwähnt das gesamte Cover-up völlig überflüssig. Es hätte eine wirklich erschöpfende Untersuchung gegeben, und alle wirklich wichtigen Fragen wären gestellt worden, nach Methoden, Motiven, Absichten. Eigentlich hatte das Tony Blair auch fest versprochen. Als ihn die Nachricht vom mysteriösen Tod des Spitzenwissenschaftlers erreichte, befand sich der britische Premier gerade auf einem Flug von den USA nach Japan. Blair sprach damals von einer »schrecklichen Tragödie« und kündigte eine genaue Untersuchung des Falles an. Nur, wie genau ist eine Untersuchung, die beendet wird, bevor sehr maßgebliche und zahlreiche Widersprüche aufgeklärt sind? Interessant: Als Blair von einem Reporter ziemlich unverblümt, aber doch mit einiger Berechtigung gefragt wurde, ob er selbst Blut an den Händen habe, schwieg er darauf nur.

In jener Zeit, als Dr. Kelly in die Öffentlichkeit gerückt war, ereigneten sich offenbar noch so manche Merkwürdigkeiten. Die *Sunday Times* berichtete davon, Kelly habe erwähnt, von seinem Arbeitgeber unter unerträglichen Druck gesetzt worden zu sein. Dieser Arbeitgeber, das war natürlich das Verteidigungsministerium. Selbstverständlich ahnte David Kelly, dass er sich im Auge eines gefährlichen Wirbelsturms befand und er jeden Moment vom Strudel der Ereignisse um sich herum auf Nimmerwiedersehen fortgerissen werden könnte. Noch am Tag seines Todes soll er einem Journalisten eine E-Mail mit einigen Andeutungen zu bedrohlichen Vorkommnissen geschickt haben. So optimistisch er auch in die Zukunft zu blicken schien, so unwohl muss er sich damals in seiner Haut gefühlt haben. Doch einem möglicherweise kurz bevorstehenden Attentat durch Selbstmord aus dem Weg zu gehen wäre wohl kaum der Weg, den ein auch nur einigermaßen vernünftiger Mensch wählen würde. Zudem kann heute niemand mehr ernstlich behaupten, Lord Huttons Ergebnis sei zutreffend und Dr. Kelly habe den Freitod gewählt. Nun, jenem Journalisten gegenüber soll Dr. Kelly von »dunklen Gestalten, vielen dunklen Figuren, die ihre Spiele spielen« gesprochen haben. Diese Leute hätten etwas ausgeheckt. Und das hatten sie tatsächlich. Am nächsten Tag schon hatte David Kelly »Selbstmord« begangen!

Mikrobiologen leben gefährlich

Kettenreaktion

Der Fall des Dr. David Kelly dürfte insgesamt noch das größte öffentliche Aufsehen erregt haben, wenn es um mysteriöse Tode von Regierungswissenschaftlern geht. Nur gab es derer eine ganze Menge mehr. Jeden dieser Fälle einigermaßen ausführlich zu schildern wäre im Rahmen eines einzigen Buches überhaupt nicht möglich. Und wahrscheinlich ist das auch gar nicht nötig. Tatsache ist: Sobald man sich den offiziell sehr schnell als Suizid oder Unfall abgehakten Vorfällen etwas ausführlicher widmet, tauchen in aller Regel plötzlich Widersprüche über Widersprüche auf, Fragen über Fragen. Und ein Toter zieht schon wieder den nächsten nach sich. Viele der Opfer arbeiteten an sehr ähnlichen Projekten, selbst wenn sie geographisch über den gesamten Erdball verteilt sind. Techniker, die für das Militär an der *Star Wars Initiative* SDI arbeiteten, wurden in den 1980er-Jahren ebenso von einem tödlichen Selbstmord-Unfall-Virus dahingerafft wie über viele Jahre hinweg auch die für diverse Regierungen tätigen Mikrobiologen. Es sind wahrhaftige Todesserien, die bestimmte Berufsgruppen heimsuchen.

Wissenschaftler des »Star-Wars-Programms« starben in den 1980er-Jahren wie die Fliegen, ebenso wie 20 Jahre später die Mikrobiologen. Viele Todesfälle ereigneten sich auf ungewöhnlichste Art und Weise.

Mit von der tödlichen Partie sind nicht selten auch Journalisten, die eine allzu heiße Spur verfolgen und einfach nicht locker lassen, um dann schließlich in die ultimative Falle gelockt zu wer-

172

den; es sind Anwälte, die mächtigen Manipulationen auf die Schliche kommen, verbrecherischen Transaktionen, mörderischen Komplotten, die auf höchster Ebene geschmiedet werden. Was nach düsterer Verschwörungstheorie klingt, zählt zur täglichen Praxis der ganz großen Politik und deren Handlanger in Gestalt diverser Geheimdienste. Interessant, wie Jahr um Jahr neue Verbrechen solcher Art ans Tageslicht gelangen und schließlich kaum mehr zu leugnen sind; wie es den Verursachern aber gleichzeitig dennoch immer wieder glückt, die Hände rein zu waschen, was meist mithilfe der großen, der abhängigen Medienmaschinerie gelingt. Am Ende ist dann wieder ganz abgeklärt von Verschwörungstheorien die Rede, als ob es um wahnhafte Fantasien ginge. Nur: Als die wahnhafteste Fantasie von allen hat sich leider die Realität erwiesen. Wer dies angesichts der Fakten nicht anerkennen will, der verschließt sich vor der Wahrheit – entweder, weil er sie nicht erträgt und daher auch nicht hören will, oder weil er selbst von den herrschenden Kräften zu abhängig geworden ist, aus welchen Gründen auch immer. Wenn jedenfalls Fakten gegen Fakten gestellt werden, jene Fakten, die uns offiziell vorgelegt werden, gegen jene Fakten, die von unabhängigen Rechercheuren und Organisationen gesammelt wurden, dann stellt sich in den meisten Fällen recht schnell heraus, wie fragwürdig die amtlich abgesegnete Version oft ist. Dabei ist immer wieder nur aufs Neue frappierend, wie leicht es dennoch gelingt, selbst die augenfälligsten Verschwörungen zu vertuschen. Und wie schon angedeutet, es ist schlicht unmöglich, sämtliche Fälle hier im Detail zu beschreiben oder auch nur anzusprechen. Schon die drei mörderischen »Suizide«, von denen bislang hauptsächlich die Rede war, dürften anschaulich belegen, wie es um Sein und Schein bestellt ist. Dr. Olson, Dr. Ivins und Dr. Kelly – sie alle begingen ganz offenbar Selbstmord. Doch ganz offensichtlich war es in allen drei Fällen kaltblütiger Mord. Und jeder davon steht nur beispielhaft für ungezählte weitere.

Der amerikanische Ex-Polizist Michael C. Ruppert geht in seinem Buch *Crossing the Rubicon*, das sich mit dem 11. September 2001 sowie seinen Hintergründen auseinandersetzt, auch auf etliche mysteriöse Todesfälle ein. Ruppert widmet sich dem »Niedergang des amerikanischen Imperiums am Ende des Ölzeitalters«, so der Untertitel des Buches, und befasst sich im zweiten Abschnitt des Kapitels über biologische Kriegsführung mit einigen vermeintlichen Selbstmorden und Unfällen. Hier stellt er fest, dass bereits bis gegen Ende Februar 2002 eine statistisch auffallende Zahl an Mikrobiologen von absolutem Weltrang rund um den Erdball auf unnatürliche Weise verstarb. »Dies löste eine intensive Ermittlungswelle aus, die, anstatt Antworten auf Fragen zu finden, nur noch unschönere Fragen aufwarf.« Ruppert spricht hier jedoch insbesondere die Ermittlungen privater Gruppierungen an, vor allem auch seiner eigenen Organisation *From The Wilderness* (FTW), die versucht aufzudecken, was die Massenmedien nicht berichten und die Mächtigen auch nie gedruckt sehen wollen. Und man merkt Ruppert deutlich die Verbitterung an, wenn er einen unzulänglichen Bericht der *New York Times* kritisiert, der zufälligerweise erschien, nachdem etliche Ergebnisse von FTW einer breiteren Öffentlichkeit bekannt geworden waren: »Die Essenz des 18-seitigen *Times*-Berichts ist, dass jede ermittlerische Neugierde hinsichtlich der mysteriösen Tode so vieler Weltklasse-Mikrobiologen nach 9/11 einen psychologischen Mangel unter naiven Leuten widerspiegelt, die in unruhigen Zeiten nach einem Sinn suchten. Sofern nicht Beamte, Experten und Autoritäten seine oder ihre Verdachtsmomente im Voraus bestätigen, wird der gewöhnliche Bürger sicher von einer gewissen Kombination aus emotionalem Verlangen und Unzurechnungsfähigkeit angetrieben. Vernunft ist eine institutionelle Berechtigung und somit offiziellen Akten und den zentralisierten Nachrichten-Fabriken vorbehalten, auf die es ankommt. Der Rest von uns, das sind wunderliche, harmlose Stümper.«

Nun, an dieser Einschätzung dürfte sich gewiss auch in absehbarer Zukunft nichts ändern. Doch die Fakten bleiben davon unberührt. Zu den »Stümpern« zählen immerhin viele renommierte Naturwissenschaftler, Politologen, Ökonomen, Journalisten, Juristen, polizeiliche Ermittler, Techniker, Ingenieure – und so fort. Mit anderen Worten: In ganz schlechter Gesellschaft befindet man sich hier eigentlich nicht.

Werfen wir also doch noch einmal einen mehr oder minder »emotional gefärbten« Blick auf einige Beispiele aus der langen Liste ungewöhnlicher Todesfälle, ohne uns dabei in allzu vielen Einzelheiten zu verlieren. In der Chemie würde man von einer Kettenreaktion sprechen, denn eine tiefer liegende Verbindung eint auch mit hoher Wahrscheinlichkeit die einzelnen Personen und ihre teils kurz aufeinanderfolgenden Schicksale. Dabei macht's nicht nur die Menge, oft sind auch die Umstände des Todes wiederum mehr als ungewöhnlich.

Feuchtes Grab

Am 6. November 2001 wird der 41-jährige Mikrobiologe und Jurist Jeffrey Paris Wall tot in einem Parkhaus nahe seinem Büro aufgefunden. Todesursache ungeklärt. Nur zehn Tage später ist bereits der nächste Mikrobiologe »an der Reihe«: Donald C. Wiley. Mit ihm stirbt ein weiterer der weltbesten Mikrobiologen unter äußerst ungewöhnlichen Umständen. Am 15. November 2001 verlässt Dr. Wiley nach einem beruflichen Abendessen das *Peabody Hotel* in Memphis, Tennessee – zu fortgeschrittener Stunde, aber nach Zeugenaussagen völlig nüchtern und in ausgewogener Verfassung. Gegen Mitternacht wird er das letzte Mal gesehen.

Der Mikrobiologe Don C. Wiley verließ am 15. November 2001 nach einem beruflichen Abendessen das Peabody Hotel *in Memphis. Wenige Stunden später starb er unter mysteriösen Umständen.*

Vier Stunden später: Auf der *Hernando-De-Soto*-Brücke, über welche die Staatsstraße 55 die Stadtteile Memphis, Tennessee und West Memphis, Arkansas, verbindet, wird ein verlassenes Fahrzeug gefunden, ein leicht beschädigter *Mitsubishi Galant*. Es handelt sich um einen Leihwagen, angemietet vom *Harvard*-Biophysiker und Anthrax-Experten Dr. Don C. Wiley. Der Wissenschaftler selbst ist spurlos verschwunden, offenbar von der Brücke in den reißenden Mississippi gestürzt.

Die offizielle Version der Geschichte geht davon aus, dass Dr. Wiley angetrunken gefahren war und seinen Mietwagen beim Überqueren der Brücke leicht beschädigt hatte. Wegen Baumaßnahmen blieb damals ein Fahrstreifen gesperrt. Dieser Abschnitt war deutlich verengt, so kam es wohl zu dem leichten Blechschaden. Wiley muss dann aus dem Fahrzeug gestiegen und, warum auch immer, zum Brückengeländer gelaufen sein, wo ihn möglicherweise ein kräftiger Windstoß erfasste. Der beschwipste Mikrobiologe verlor das Gleichgewicht und stürzte in die Tiefe.

Also wieder ein Opfer der alkoholischen Gärung? Während die zuständige Polizeidienststelle einen Mord nicht ausschloss, schaltete sich das örtliche FBI-Büro ein und erklärte den Fall zum Unfall. Zumindest in der einen oder anderen Form, denn »falsches Spiel« sei angeblich auszuschließen. Doch auch der mit 1,87 Metern recht hoch gewachsene Dr. Wiley konnte nicht ganz so leicht über das relativ hohe Brückengeländer stürzen. Einige Polizeibeamte vermuteten daher, dass hier irgendwer nachgeholfen haben musste. Überhaupt stellten sich wieder so manch wirklich seltsame Situationen rund um den Tod von Dr. Wiley ein. Die örtliche Polizei nämlich erhielt bald Besuch von »höherer Stelle« – da gaben sich plötzlich FBI-Beamte und Geheimdienstler die Klinke in die Hand, um den Polizisten klarzumachen, diesen Fall nicht genauer zu untersuchen. Und völlig unbegründete Gerüchte begannen die Runde zu machen, der Doktor sei ein schwerer Trinker und zuletzt sehr niedergeschlagen gewesen. Nun, vielleicht eher niedergeschlagen *worden*!

Aber kommt uns die Konstellation nicht äußerst bekannt vor? Der investigative Autor Wayne Madsen erinnert daran: »Es ist eine klassische Masche der Geheimdienste, nach ihren Morden einige Desinformation zu ihren ›Suizid‹-Opfern zu verbreiten. Die bevorzugten Gerüchte umfassen Behauptungen von Alkoholismus, Depressionen, Homosexualität, auto-erotische Erstickung, Drogenabhängigkeit sowie eine Obsession mit Pornographie, insbesondere Kinderpornographie« – also im Prinzip das gesamte Spektrum von gesellschaftlich sehr belastenden, diskreditierenden oder gar verbrecherischen Merkmalen. Eine einfache und immer wieder wirksame Methode. Irgendetwas lässt sich dem Opfer immer unterjubeln. So auch bei Dr. Wiley. Doch einige Beamte in Tennesse und Arkansas wollten bald weder an Selbstmord noch an einen Unfall glauben, sondern eher an einen gut vorbereiteten Mord. Denn vieles passte sonst einfach nicht richtig

176

zusammen. Fundort und Position des Wagens deuteten klar darauf hin, dass der Biologe ein langes Stück auf dem falschen Fahrstreifen gefahren sein muss, vor allem wegen der Baustelle. Eigentlich sollte ein Geisterfahrer auf der frequentierten Brücke aber auch um vier Uhr früh aufgefallen sein. Und irgendwie muss Dr. Wiley zum Brückengeländer gezwungen und überwältigt worden sein. Ein paar Polizeibeamte konnten sich des Eindrucks nicht erwehren, dass jemand ihm eine Betäubungsspritze verpasst und anschließend über die Brüstung in den sicheren Tod gestürzt haben muss. Doch ein Einstich ließ sich nicht mehr feststellen, als Dr. Wiley dann schließlich gefunden wurde. Kein Wunder, war mittlerweile doch mehr als ein Monat vergangen.

Der unglückliche Doktor oder besser gesagt, das, was noch von ihm übrig geblieben war, tauchte ganz im Wortsinne am 20. Dezember 2001 wieder auf. Sein Leichnam war unentdeckt über beinahe 500 Kilometer den Mississippi südwärts geschlingert, bis er bei Vidalia, Louisiana, schließlich an einem ins Wasser ragenden Baum hängen blieb. Ein ganz unverfänglicher Tod war das ohnehin nicht.

Von der anschließenden Autopsie hörte man nicht viel, doch knapp drei Monate später kam es zu einem weiteren, sehr ungewöhnlichen Vorfall. Am 14. März 2002 stießen Mitarbeiter des *Shelby County Regional Forensic Center*, wo auch Dr. Wileys Autopsie stattfand, auf eine Bombe und zwei kleinere Sprengstoff-Bündel. Ganz offensichtlich plante jemand einen Anschlag auf die Gerichtsmedizin! Sollten hier die wirklich allerletzten Beweise vernichtet werden? Niemand kennt eine Antwort auf diese Frage. Doch auf die Frage, warum Dr. Wiley überhaupt umgebracht wurde, gab es eine ganze Reihe von Antworten – auch hier verhält es sich kaum anders als bei den meisten Wissenschaftlern, die an hochsensitiven Projekten arbeiteten.

Wiley war Forscher am *Howard Hughes Medical Institute* der *Harvard*-Universität gewesen. Für seine Arbeit an antiviralen Impfstoffen wurde er 1995 mit dem angesehenen *Albert Lasker Basic Medical Award* ausgezeichnet. Er war ein ausgewiesener Experte für Anthrax, Ebola, HIV, Herpes und andere Erreger. Einer jener so typischen Zufälle wollte es, dass das *Hughes Medical Institute* am 1. Oktober 2001 die Identifikation eines spezifischen Mäusegens meldete, Kif1C, das auf dem elften Chromosom einer jeden Maus zu Hause ist. Die gemeinsame *Harvard-Hughes*-Forschergruppe fand heraus: Dieses Gen enthält alle nötigen Informationen, um Mäuse gegen Anthrax immun zu machen. Diese Entdeckung wurde nur drei Tage vor dem ersten Anthrax-Ausbruch in den Staaten bekannt! Wileys Arbeit hatte bei der Entschlüsselung des Gens einen wesentlichen Anteil. Und Wiley besaß tiefe Einblicke ins US-Biowaffenprogramm. Einige glauben, sein Tod resultierte unmittelbar aus seiner Entdeckung, dass die US-Regierung illegale Experimente mit Biowaffen durchführte. Möglicherweise spielte auch eine Verbindung nach Südafrika mit in die Hintergründe um Dr. Wileys unfreiwilligen Tod. Das Zentrum geheimer Forschungen auf dem Sektor biochemischer Waffen lag auf dem Schwarzen Kontinent damals nördlich von Pretoria, innerhalb der *Roodeplat Research Laboratories*, und firmierte dort unter dem Namen *Project Coast*. Die CIA unterhielt gute Kontakte zu den dortigen Geheimlabors und transferierte die verschiedensten Erreger in die US-amerikanischen Schwesterlabors. *Roodeplat* unterhielt auch ganz direkte Verbindungen zu *Fort Detrick* und *Porton Down*. Zu den Geheimprojekten von *Roodeplat* zählte nicht zuletzt auch die mehrfach geäußerte teuflische Idee, Anthrax-Sporen mit der Post zu verschicken. Dabei fällt einem auch gleich wieder ein, dass der zunächst als Anthrax-Killer verdächtigte und dann mit 5,82 Millionen US-Dollar entschädigte Mikrobiologe Dr. Hatfill sich lange in Südafrika aufhielt und 1999 während seiner Tätigkeit bei SAIC eine Studie in Auftrag gab, die gleichfalls klären sollte, welche Folgen eine Attacke mittels Anthrax in der Post zeitigen könnte. Alles wahrhaft seltsame »Zufälle«! Chef des südafrikanischen Biowaffenprojekts war ein gewisser Dr. Wouter Basson, der ein Job-Angebot der CIA ausschlug und daraufhin mit dem Tode bedroht wurde. Man hatte wirklich viel zu tun.

Und so ging das Morden munter weiter.

Schlaflose Nächte

Gerade einmal eine Woche war seit Dr. Wileys Tod vergangen, als der nächste Mikrobiologe ins Jenseits befördert wurde. Diesmal erwischte es den Top-Wissenschaftler Vladimir Pasechnik. Dieser Biowaffenkenner lief im Jahr 1989 nach Großbritannien über. Er hatte in der ehemaligen Sowjetunion an der Spitze der Forschungen zur DNA-

Vladimir Pasechnik

Sequenzierung gestanden. Nicht zuletzt durch ihn wurden die westlichen Geheimdienste auf Moskaus Anstrengungen aufmerksam, diverse Keime für militärische Zwecke zu nutzen. Pasechnik wurde als einer der hellsten Sterne am Himmel des Leningrader Polytechnischen Institutes bezeichnet. 1974 lud die sowjetische Regierung Pasechnik ein, sein eigenes Institut zu gründen. Man stellte ihm unbegrenzte Mittel in Aussicht, Spezialausrüstung auch aus dem Westen sowie einen hervorragenden Mitarbeiterstab. Das neue Institut wurde Teil eines landesweiten Netzwerks von Geheimlabors, das als *Biopreparat* bekannt war. Pasechnik und seine 400 Mitarbeiter forschten an der Modifikation von *Cruise Missiles*, um mit deren Hilfe gefährliche Keime auszustreuen. Pasechnik war trotz seiner glänzenden Erfolge mit der gesamten Situation keineswegs zufrieden, was ihn dann schließlich auch dazu bewog überzulaufen. Denn zunehmend war er unter den massiven Druck der Militärs geraten. Ihm ging es wie vielen anderen Fachkollegen, die ihre Aufgaben ebenfalls nicht mehr mit ihrer ursprünglichen Berufsethik und mit persönlichen Moralvorstellungen in Einklang bringen konnten. So erklärte Pasechnik später: »Wenn ich daran dachte, was wir taten, konnte ich nachts einfach nicht mehr schlafen.«

Anstatt hoch gefährliche biologische Waffen zu entwickeln, wollte er weitaus lieber an Segen bringenden Wirkstoffen arbeiten, an neuen Antibiotika und Methoden, bislang unheilbare Krankheiten zu besiegen. Pasechnik zählte wohl sicher nicht zu jenen Menschen, die ihren genialen Verstand für verbrecherische, menschenverachtende Forschungen missbrauchen. Auf einer beruflichen Reise nach Paris nutzte er die Gunst der Stunde und lief in den Westen über. Allerdings nur, um dort wohl geradewegs vom Regen in die Traufe zu geraten. Zumindest ließ ihn die Schattenwelt der Geheimdienste und Geheimprojekte nicht aus ihren Fängen. Dazu war seine Arbeit schlichtweg zu kostbar.

In England arbeitete Pasechnik über zehn Jahre lang am *Center for Applied Microbiology and Research*, um mit seinem Partner Caisey Harlingten im Februar 2000 die Firma *Regma Biotechnologies Ltd.* zu gründen, die sich auf Alternativen für Antibiotika spezialisierte. Der Kanadier Harlingten seinerseits war schon seit Jahren als Forscher und Manager auf diesem Sektor aktiv und hatte 1995 das Unternehmen *Nanovation Technologies* in Delaware gegründet, 1998 dann *Phage Therapeutics* in Bothell, Washington. Zwei Jahre zuvor treffen wir Harlingten im georgischen Tiflis an, wo das renommierte *Eliava-Institut* unter widrigsten Bedingungen an Makrophagen zur alternativen Staphylokokken-Bekämpfung arbeitete. Der Kanadier bot dem Institut in Tiflis damals die geradezu lächerliche Summe von 75 000 US-Dollar für die exklusiven Nutzungsrechte und sicherte immerhin zu, außerdem ein modernes Forschungslabor in Tiflis einzurichten.

Die Wissenschaftler, die 70 Jahre lang geforscht hatten, sahen sich in einer Zwangslage, denn einerseits schien das Angebot weder sonderlich verlockend noch angemessen, andererseits konnte es nicht weitergehen wie bisher. Überall fehlte es am Nötigsten. Jahre später kam es dann tatsächlich zu einer Kooperation, und Harlingtens Firma, mittlerweile unter dem Namen *Phage International* im kalifornischen Los Altos ansässig, vermeldete im Mai 2005 stolz den ersten therapeutischen Phageneinsatz im neuen *Phage Therapy Center* in Tihuana, Mexiko.

Regma Biotechnologies unter Leitung von Dr. Pasechnik arbeitete zwar ebenfalls intensiv auf dem Feld wirkungsvoller Alternativen für Antibiotika, doch im Auftrag der US-Marine auch an verfeinerten Diagnose- und Behandlungsmethoden im Falle von Anthrax-Attacken. Niemand anderer als Dr. David Kelly hatte Pasechnik bei der Firmengründung unterstützt und dafür gesorgt, dass *Regma* ein eigenes großes Forschungslabor im englischen Porton Down einrichten konnte. Pasechnik wiederum bot der britischen Regierung angesichts der Anthrax-Panik vom Herbst 2001 jede nur denkbare Assistenz an.

Am 21. November 2001 wurde Pasechnik, ganz ähnlich wie im Fall des Dr. Kelly, unweit seines Hauses in Wiltshire tot aufgefunden. Angeblich starb er an einem Schlaganfall. Diese Aussage stammte von Dr. Christopher Davis, einem Angehörigen des britischen Geheimdienstes, der Pasechnik unmittelbar nach seiner Flucht aus der Sowjetunion genauestens verhört hatte. Über Davis gelangte die Information zum Tod des Forschers auch an die amerikanischen Medien.

Da fragt sich, warum ausgerechnet ein Geheimdienstler die Nachricht an die Öffentlichkeit weitergab! Davis erklärt, er habe den britischen Geheimdienst bereits 1996 verlassen, ohne aber Näheres über sein Aufgabenfeld zu enthüllen. Zu Paschniks Ableben erklärt er lediglich, dass er in einer Unterhaltung mit einem ihm schon lange bekannten Journalisten auf die Angelegenheit zu sprechen gekommen sei. Seltsam bleibt die Angelegenheit dennoch. Überhaupt umgab den Tod des russisch-britischen Wissenschaftlers eine mysteriöse Aura des Schweigens. Zumindest in Großbritannien war in den Medien rund vier Wochen lang nichts darüber zu erfahren, bis dann der Londoner *Telegraph* einen Nachruf veröffentlichte – allerdings wohlweislich ohne ein Todesdatum zu nennen.

Vladimir Paschnik war während seiner Zeit im Geheimprogramm der Sowjets auch Chef von Kanatjan Alibekov, der 1992 ebenfalls das Land verließ und in die USA ging. Dort wurde der zweite Mann des UdSSR-Biokriegprogramms gerne willkommen geheißen. Alibekov setzte seine Karriere im »Land der unbegrenzten Möglichkeiten« weiter fort. Bald amerikanisierte er seinen Namen und nannte sich nun Ken Alibek. Mit Alibek geraten wir geradewegs in einen verwirrenden Dschungel geheimnisvoller internationaler Konzerne, deren wechselhafte Geschichte ungewöhnlichste Zusammenhänge offenbart. Und am Ende schließt sich wieder einmal ein großer Kreis auf erstaunliche Weise. Es lohnt sich, die Verflechtungen zumindest kurz zu skizzieren.

Wahlverwandtschaften

Ken Alibek ist Präsident des pharmazeutischen Konzerns *AFG Biosolutions*, der zuvor unter dem Namen *Advanced Biosystems* firmierte – ein Subunternehmen von *Analex*, das seinerseits mit *QinetiQ North America* identisch ist. Denn die vielfach geheimnisvolle und immer mächtiger werdende *QinetiQ Group* erwarb Analex im Frühjahr 2007. Sie rechnet zu den zehn größten britischen Arbeitgebern auf diesem Sektor und zu den größten privaten Gesellschaften im Bereich Verteidigungsforschung. Bei *Porton Down* betreibt *QinetiQ* auch die Flugzeug-Teststätte von *Boscombe Down*. Diese Anlage untersteht dem britischen Verteidigungsministerium (*Ministry of Defence*, MoD), wird aber von *QinetiQ* verwaltet. Der Konzern traf nämlich mit dem MoD

eine Vereinbarung, die ihm diese Aufgabe für britische Militärein-
richtungen sichert, und das für ein Vierteljahrhundert! Aber Kunststück – über die Hälfte von *QinetiQ* gehört ohnehin dem MoD! Und
mit einem Anteil von über 30 Prozent kaufte sich auch die seit 1987
bestehende, aber mittlerweile schon legendäre *Carlyle Group* in dieses
Unternehmen ein. Die Liste der Investoren und Führungskräfte von
Carlyle liest sich wie ein *Who's who* der US-Politik; die ungewöhnlichen personellen Verstrickungen enthüllen erstaunliche Zusammenhänge. Unter den einstigen Chefs finden wir die US-Präsidenten
George Herbert Walker Bush und seinen Sohn George Walker Bush
wieder, ebenso wie die beiden ehemaligen US-Verteidigungsminister
James Baker III und Frank C. Carlucci. Doch die Verbindungen
reichen weit über die USA hinaus. Der britische Ex-Premier John
Major tritt hier zeitweilig genauso in Erscheinung wie der ehemalige
philippinische Präsident Fidel V. Ramos. Nicht zu vergessen ein Inves-
tor namens Shafig bin Laden. Der ältere Bruder von Osama bin Laden
war zufälligerweise Ehrengast auf der Jahreskonferenz der *Carlyle*-
Gruppe. Und zufälligerweise fand diese Konferenz exakt am 11. September 2001 im Washingtoner Hotel *Ritz-Carlton* statt. *Carlyle* verbindet wie schon früher erwähnt die beiden Familien Bush und bin
Laden geschäftlich, wenn auch die Kontakte angeblich längst Geschichte sein sollen.

Als Freunde und Partner der bin Ladens gründeten wiederum im
Jahr 1998 die beiden libanesischen Geschäftsleute Ibrahim und Fuad
El-Hibri das *Carlyle*-Subunternehmen *BioPort*, von dem ebenfalls schon
die Rede war. *BioPort* ist, um noch einmal kurz daran zu erinnern, der
einzige in den USA zugelassene Anthrax-Impfstoff-Hersteller! Mit
diesem Monopol und dem entsprechenden Impfstoff *BioThrax* wirbt
Bioport auch heute noch, allerdings unter einem neuen Firmenna-
men – *Emergent BioSolutions*. Es ist ein typisches Merkmal von sehr
regierungsnahen Konzernen und ihren Subunternehmen, ihre Namen
sehr häufig zu wechseln und damit eine regelrechte Vernebelungstaktik
zu betreiben. Die eigentlich bestimmenden Kräfte der USA, die eine
mächtige Schattenregierung bilden, operieren von diversen Unternehmen aus, wobei ständige Wechsel die Regel sind. Wie ein Phantom
schleicht sich jenes vielgliedrige, krakenhafte Wesen über die Landkar-
te und bleibt dabei selbst kaum erkennbar, kaum fassbar.

Der *Carlyle*-Ableger *BioPort/Emergent BioSolutions* (EBS) hat seinen heutigen Firmensitz in Rockville, Maryland – unweit der CIA-Zentrale, nahe *Fort Detrick*, nahe dem Zentrum der Macht. Das Unternehmen ist ein Partner der gewaltigen *Battelle*-Denkfabrik. Diesem enormen Gespinst haben wir uns ja bereits aus einer anderen Perspektive genähert, noch im Kontext mit dem Tod von Dr. Bruce Ivins. Als höchster Chef von EBS fungiert weiterhin Fuad El-Hibri, während direkt unter ihm Jerome Hauer anzutreffen ist. Wir erinnern uns: Hauer zählt zu den engsten Kollegen des dubiosen Anthrax-Forschers Stephen Hatfill. Und Hauer hatte sich seinerzeit darum gekümmert, dass der führende FBI-Ermittler in Sachen Osama bin Laden schließlich abgezogen wurde und einen Posten als Sicherheitschef im *World Trade Center* übernahm. So schließen sich die Kreise. »Kurz-Schluss«. Das *World Trade Center* kollabierte und riss auch John O'Neill, den neuen Sicherheitschef, in den Tod. Für jeden, dem O'Neills Ermittlungen nicht besonders zusagten, war das natürlich nichts als eine recht positive Nebenwirkung. Und Nebenwirkungen, die sind eben selten auszuschließen!

Werfen wir nur noch einen kurzen, abschließenden Blick auf die mächtigen Zirkel, auf die diversen so bizarr verwobenen Konzerne und ihre Hintermänner, die ganz wie Archimedes darauf bedacht sind, dass ihre Kreise nur ja nicht gestört werden, wenn auch aus gänzlich anderen Gründen als der gute alte Philosoph. Dennoch bleibt es nötig, diese Kreise zumindest mit leichter Feder nachzuzeichnen und damit auch den gewaltigen Bogen zwischen scheinbar unabhängigen Strukturen und Ereignissen zu spannen. Dabei zeigt sich, dass die zentrale Rolle, die bislang unter anderem die *Carlyle*-Gruppe in der US-Schattenregierung spielte, nunmehr zumindest partiell auf *QinetiQ* überzu gehen scheint. Übrigens finden wir auch Olivier Sarkozy, einen Halbbruder des väterlicherseits aus Ungarn stammenden französischen Staatspräsidenten Nicolas Sarkozy, als Verwaltungschef der *Carlyle Global Financial Services Group*. Die Ernennung fand am 3. März 2008 statt. Für *QinetiQ* hingegen wurde zeitweilig wiederum der Ex-CIA-Chef George Tenet tätig. *QuinetiQ North America* birgt noch einen anderen spannenden Hintergrund. Denn dieses Unternehmen, das heute auch als *Analex* firmiert, hieß zuvor *Hadron*. Und diese Firma wiederum war in den 1980er-Jahren von einem Mediziner namens

Dr. Earl Brian gegründet worden, einem engen Vertrauten von Ronald Reagan und dem damaligen US-Justizminister Edwin Meese. Damals erlebte das von verbrecherischen Skandalen nur so wimmelnde Ministerium eine seiner schwärzesten Phasen, die genau mit jenen Namen engstens verbunden sind: mit *Hadron*, Brian, Meese.

In jenen Tagen entwickelte eine kleine amerikanische Firma die Software PROMIS, ein ausgeklügeltes Informationssystem für Strafverfolger, um schnellstmöglich Zugriff auf sämtliche hilfreiche Datenbanken im Land zu erhalten. Die kleine, in Washington ansässige Firma *Institute for Law and Social Research*, kurz INSLAW, arbeitete im Auftrag des Justizministeriums (*Department of Justice*, DoJ). Später erklärten die Inhaber Nancy und Bill Hamilton, das Ministerium habe dann eine erweiterte Version angefordert, diese Software allerdings nach Erhalt nicht bezahlt. Sämtliche Prozesse verliefen im Sande. Kein Wunder, wenn man dem Justizministerium einen Betrug vorwirft! Auch Entschädigungen erhielten die Hamiltons nie. PROMIS allerdings existiert – und wurde über die Jahre hinweg stetig erweitert, bis hin zu einer Einbindung in künstliche Intelligenz.

Auch die Geheimdienste interessierten sich schon lange für dieses außergewöhnliche Programm. Sie modifizierten PROMIS auf eine Weise, die es erlaubte, über eine virtuelle Hintertüre absolut heimlich an Berge von Daten zu gelangen, darunter an völlig privates Material und andere unter Verschluss gehaltene Informationen. Mit Sicherheit auch an diverse aktuelle Forschungsunterlagen der auf mysteriöse Weise umgekommenen Mikrobiologen. Der Rechercheur Michael C. Ruppert hegt genau deshalb einen unheimlichen Verdacht: »Wenn wir diese einzigartige Eigenschaft und Hadrons frühere Verbindungen zu PROMIS berücksichtigen, besteht die Möglichkeit, dass die Software, indem sie die von jedem der Opfer benutzten Datenbasen ausspionierte, sämtliche Forschungspfade ausfindig machte, die eine größere, bislang noch unidentifizierte, bösartige Geheimoperation zu kompromittieren drohten.«

Wenn dem wirklich so war oder ist, welche Rolle spielt dann Ken Alibek in diesem finsteren Spiel, sofern er darin überhaupt eine spielt? Der Chef von *Hadron/AFG Biosolutions* und frühere Mitarbeiter Vladimir Pasechniks arbeitete in den vergangenen Jahren mit William C. Patrick III zusammen, jenem USAMRIID-Forscher, der im Auftrag

USAMRIID-Legende William C. Patrick III. Er verfügt über ein halbes Jahrhundert Erfahrung auf dem Gebiet der biologischen Kriegsführung und war wissenschaftlicher Ziehvater von Stephen Hatfill.

des *Battelle*-Institutes eine Studie über pulverisiertes Anthrax durchführte. Er ist der eigentliche Vater des waffentauglichen Anthrax und konnte fünf geheime Patente über den Herstellungsprozess anmelden. Eigentlich stand die CIA hinter jener Studie, die sich mit den Folgen einer Anthrax-Post-Attacke befasst. Interessanterweise wurde die Untersuchung von Stephen Hatfill in Auftrag gegeben. Zwar sind mittlerweile Kopien im Umlauf, dennoch streiten sowohl die CIA als auch Patrick die Existenz dieses sensiblen Materials ab.

William C. Patrick verfügt über ein halbes Jahrhundert Erfahrung auf dem Gebiet biologischer Waffentechnologie und Kriegsführung. Acht Jahre lang war er Leiter der Entwicklungsabteilung auf *Fort Detrick*, ebenso arbeitete er in den Geheimlabors des abgelegenen *Dugway Proving Ground* in Utah. Seit 1986 befindet er sich im Ruhestand, doch sein unvergleichliches Wissen ist immer noch sehr gefragt. Und so fungiert Dr. Patrick weiterhin als gesuchter Fachberater. Hinsichtlich der Anthrax-Attacken zeigte sich der altgediente Forscher selbst überrascht, erst relativ spät Besuch vom FBI erhalten zu haben. Nach einem Lügendetektortest baten die Beamten um Mithilfe. William Patrick sollte in den engen Kreis der Berater aufgenommen werden, um dem FBI bei den Anthrax-Ermittlungen mit reichlich Fachkompetenz zu assistieren. Doch lag es in der Natur der Sache, dass jeder Experte dieses exotischen Spezialgebiets auch schnell zum erstrangigen Tatverdächtigen avancierte. Im Grunde musste man genau hier ansetzen, wenn man später einen glaubwürdigen Schuldigen vorführen wollte. Nur lag es ebenso in der Natur der Sache, eher einen personellen Störfaktor zu eliminieren, als einen loyalen Komplizen ins Nirvana zu schicken.

Im Jahr 2002 durchsuchte das FBI allerdings auch Patricks Haus mit Bluthunden, ohne jeglichen Hinweis auf seine Täterschaft zu entdecken. Doch was mochte er dennoch alles wissen? Patrick war Stephen Hatfills früherer Vorgesetzter. Beide verbindet ein sehr enges kollegiales Band, wobei Hatfill sich der schützenden Hand seines väterlichen Freundes stets versichert sein darf. Auch aus diesem Blickwinkel betrachtet, befindet sich also Stephen Hatfill in einer beruhigenden Position. Wie auch immer die Rollen von Ken Alibek und William Patrick beschaffen sein mögen, im Umfeld der Anthrax-Attacken von 2001 fallen immer wieder und immer noch die Namen Stephen Hatfill und Jerome M. Hauer auf. Und mehr noch, sie scheinen in schicksalhafter Verbindung zu einigen mysteriösen Todesfällen zu stehen – dem Tod von John O'Neill, bald darauf demjenigen Vladimir Pasechniks und zuletzt, wenn auch Jahre später, dem von Bruce E. Ivins. Wandern wir noch eine Weile über die immer länger werdende Auflistung jener Mikrobiologen, deren Namen mit nachtschwarzer Tinte geschrieben wurden. Wir können gar nicht alle aufzählen, die Zahl geheimnisvoller Todesfälle übersteigt buchstäblich das Beschreibliche.

Analyse nicht nötig

Am 24. November 2001, also lediglich drei Tage nach Vladimir Pasechniks Tod, stürzt *Crossair*-Flug CRX 3597 auf dem Weg von Berlin nach Zürich während des Landeanflugs ab. Die Maschine kracht kurz vor der Rollbahn in ein dichtes Waldgebiet. Sie hatte die Mindestflughöhe aus ungeklärten Gründen unterschritten.

In einer Pressemitteilung von *Swiss International Airlines* heißt es dazu genau: »Der Kommandant hat die Mindestflughöhe unterschritten. Warum das Sicherheitsnetz innerhalb und außerhalb des Flugzeuges nicht funktioniert hat, bleibt im Untersuchungsbericht unbeantwortet. Der sehr erfahrene Kapitän hatte alle nötigen Qualifikationen, um diesen Flug durchzuführen. Er war zudem Experte und Ausbilder für Instrumentenflug des Bundesamts für Zivilluftfahrt.«

24 Menschen finden beim Absturz der Maschine den Tod, neun überleben. Unter den Toten: drei Mikrobiologen. Es sind Yaakov

Matzner, Amiramp Eldor und Avishai Berkman, alle aus Tel Aviv und die einzigen israelischen Passagiere an Bord. Ein tragisches Unglück, wie es immer wieder geschieht?

Im Februar 2004 veröffentlichte das Schweizer Büro für Flugunfalluntersuchungen (BFU) seinen Untersuchungsbericht zu diesem Flug. Trotz der nicht aufgeklärten Ursache erachtet man weitere Analysen für unnötig. In dem Bericht heißt es zwei Jahre nach dem Unfall, die endgültigen Erkenntnisse über den exakten Verlauf und die Ursachen des Absturzes verlangten keine weiteren Maßnahmen. Ziemlich unbefriedigend. Aber vielleicht gab es keine Ansatzpunkte für eine Aufklärung, keine Hintergründe, die eine genauere Untersuchung erforderlich machten. Oder existieren sie gerade in diesem Falle? Auf den ersten Blick scheint es etwas zu weit hergeholt, einen fatalen Flugzeugabsturz mit einer absichtlichen, geheimen Tötungsaktion in Verbindung zu bringen. Das würde bedeuten, dass bei solch einem Sabotageakt der Tod vieler weiterer Menschen in Kauf genommen wurde, »nur« um sich letztlich dreier führender Mikrobiologen auf einen Schlag zu entledigen. Doch unwahrscheinlich ist ein solches Szenario ganz und gar nicht. Abstürze von kleinen Privatmaschinen, aber auch von Linienjets zählen durchaus zum geheimdienstlichen Repertoire, wenn es darum geht, missliebige Personen loszuwerden, die beispielsweise an sensitiven Projekten arbeiten und zu viel wissen. Betrachtet man die Passagierlisten mancher Unglücksflüge nur etwas genauer, lesen sie sich manchmal wie ein *Who's who* der Wissenschaftler, Ingenieure oder Geheimdienstler. Wir werden bald noch ein besonders perfides Beispiel aus jüngerer Zeit kennenlernen, doch hat auch diese Variante, überflüssig oder wankelmütig gewordene Experten ins Jenseits zu befördern, eine durchaus längere Tradition.

»Tiny«

Am 21. Dezember 1988 explodierte *PanAm*-Flug 103 über der schottischen Ortschaft Lockerbie. Ein Terroranschlag zerfetzte die *Boeing 747-121* und riss insgesamt 270 Menschen in den Tod. Auch dieser anscheinend unvermeidliche Terroranschlag war von sehr sonderbaren Umständen begleitet.

Ergebnis einer Verschwörung: der Flugzeugabsturz von Lockerbie. 270 Menschen mussten sterben, weil sich fünf abtrünnige CIA-Leute an Bord befanden. Ihr Wissen ließ sie zur Gefahr werden. Überreste des im Dezember 1988 über der schottischen Ortschaft Lockerbie explodierten Jumbo-Jets.

Wie sich später herausstellte, befand sich unter den Passagieren eine Gruppe von CIA-Operateuren, die hochbrisantes Material über die umfangreichen Verbindungen des US-Auslandsgeheimdienstes zum internationalen Drogen- und Waffenhandelskartell mit sich führten und der Öffentlichkeit preisgeben wollten. Sie hatten somit einige der dicksten »Kronjuwelen« im Gepäck, wie sie auf immer in den Panzerschränken der CIA verborgen bleiben sollten. Die Unterlagen hätten das gesamte »Unternehmen« gesprengt. Und das konnte die »Firma« nicht zulassen. An Bord waren mindestens vier US-Geheimdienstler: Matthew Gannon, Major Chuck McKee, Daniel O'Connor und Ronald Lariviere. Noch ein fünfter, namentlich nicht bekannter CIA-Mann war mit hoher Wahrscheinlichkeit ebenfalls dabei.

Die übrigen 254 Passagiere an Bord konnten nicht ahnen, welche Gefahr durch die schiere Anwesenheit jener fünf US-Amerikaner drohte und welches Wissen zum tiefsten Morast verbrecherischer CIA-Aktivitäten sie mit sich führten, in ihren Köpfen und im Gepäck.

Beulah McKee, die Mutter eines der CIA-Leute an Bord von *PanAm 103*, erklärte im Jahr 1992: »Seit drei Jahren habe ich das Gefühl, dass das Flugzeug nicht bombardiert worden wäre, wenn nur Chuck nicht an Bord gewesen wäre. Ich weiß, das ist nicht gerade das, was unser Präsident mich sagen hören möchte … Ich bin nie von dem zufrieden gestellt worden, was all die Leute in Washington mir gesagt haben.« Ihr Sohn Chuck konnte bereits auf eine glänzende Karriere bei der Armee zurückblicken, hatte sämtliche Abschlüsse mit Bravour gemeistert und bei den *Green Berets* gedient. Ein Gigant von Statur, hochintelligent und engagiert, wurde er mit den schwierigsten Aufgaben betraut. Seine Freunde beim Armee-Geheimdienst verliehen dem Riesen bald den Beinamen »Tiny« – »Winzig«, und Tiny hatte sich bei ihnen allen Respekt verdient. Er schien geradezu ein typisch amerikanisches Leitbild, das noch durch eine andere Eigenheit Tinys markant unterstrichen wurde: Er galt geradezu als wandelndes Waffenarsenal, führte stets Schusswaffen und Messer mit sich. Sein Job brachte das eben mit sich.

Der Job! Was war das nun genau? Schon das Armee-Dossier über ihn vermittelt kaum mehr sinnvoll Einblicke, so viele Wörter wurden hier geschwärzt. Doch geht daraus zumindest seine enorme Belastbarkeit hervor, selbst unter den extremsten Einsatzbedingungen blieb er beinhart und vollends entscheidungsfähig. Hier heißt es auch: »Führt weiterhin eine der gefährlichsten und fordernden Tätigkeiten innerhalb der Armee aus.«

Geselliges Beisammensein zählte nicht zu seinen Stärken, und genau diese soziale Abstinenz war eine weitere Stärke seiner Profession. Denn so musste er keine Fragen beantworten. Stattdessen brütete er regelmäßig bis drei Uhr früh über geheimen Berichten. Am 21. Dezember 1988 wurde sein von Geheimnissen und Gefahren bestimmtes Leben allerdings jäh beendet.

Code-Name COREA

Die Hintergründe der Lockerbie-Katastrophe sind kompliziert, und hier soll es nicht um die Einzelheiten gehen. Sie führen in ein verwirrendes Netzwerk aus verdeckten CIA-Operationen und Drogengeschäften, betrügerischen Banken, internationaler Geldwäsche und Waffenhandel. Verwickelt in den Anschlag auf Flug 103 war auch der syrische Drogenboss Monzar al-Kassar, der mit der US-amerikanischen Drogenbehörde bei der Durchführung einer verdeckten Rauschgift-Operation kooperierte. Eine Hand wäscht eben die andere. Al-Kassar zählte zum verdeckten Netzwerk des berüchtigten Colonel Oliver North und hatte anderthalb Millionen US-Dollar für Waffeneinkäufe erhalten. Nach Angaben des ehemaligen US-Sicherheitsberaters John Pointdexter vermittelte Kassar 1986 bei der Freilassung zweier französischer Geiseln aus dem Libanon, was nur dadurch gelang, dass eine Waffenlieferung in den Iran organisiert wurde. Laut Juval Aviv, einem Agenten des israelischen Geheimdienstes *Mossad*, wurde eine in Deutschland stationierte CIA-Spezialeinheit auf die Aktivitäten aufmerksam. Die von Wiesbaden aus unter dem Code-Namen COREA agierende Sondertruppe handelte selbst mit Waffen und Drogen; angeblich nur ein Deckmantel, um auf diese Weise terroristische Gruppen zu infiltrieren. Es kommt eben immer auf die Argumente und Absichten an!

Ihren geheimniskrämerischen Namen leitete die Spezialeinheit sinnigerweise von »kourah« ab, was im Libanon nichts anderes als das allseits so gefragte Heroin bezeichnet. COREA operierte im Ausland unter den verschiedensten Firmenfassaden wie *Stevens Mantra Corp.*, *AMA Industries* oder *Condor Television Ltd.* Über Condor tat sich bereits wieder ein anderer Strang in die trügerische Schattenwelt auf, denn Rechnungen bezahlte »man« von einem Konto der *First American Bank*, Nummer 2843900. Diese famose Erste Amerikanische Bank entpuppte sich später als Ableger der noch famoseren *Bank of Credit and Commerce International* (BCCI), in der geradezu alle Fäden internationalen Großverbrechertums zusammenliefen.

Die COREA-Agenten ließen ihrerseits al-Kassar mit all seinen obskuren Geschäften weiterhin gewähren, ließen ihn seine verborgenen Schmugglerrouten mitten hinein in amerikanische Städte unbehelligt nutzen, um im Gegenzug seine Hilfe bei der Freilassung amerikanischer Geiseln im Libanon in Anspruch nehmen zu können. Wie gesagt, eine Hand wäscht die andere. Doch ganz glatt ging die Sache nicht ab, vielmehr flog der Kuhhandel auf, und al-Kassar geriet von palästinensischer Seite unter Druck. Die Angelegenheit verkomplizierte sich. Schließlich sah sich der Drogenboss trotz seiner einträglichen COREA-Beziehung offenbar mehr oder minder gezwungen, bei einem Komplott zu assistieren.

Ab diesem Zeitpunkt arbeiteten mehrere ursprünglich unabhängige Handlungsstränge auf ein gemeinsames Ziel hin, wobei ein schicksalhaftes, diabolisches Genie die kaum zu überbietende Synthese schuf. Al-Kassar sollte dabei behilflich sein, den durch die USA erfolgten Abschuss eines iranischen *Airbus* zu rächen. Der syrische Strippenzieher erfuhr im Dezember 1988 davon, dass seine Schmuggelaktionen in ernster Gefahr waren, nicht zuletzt, weil Charles McKees Antiterror-Gruppe in Beirut während Vorbereitungen zu einer Geiselbefreiungsaktion mitbekommen hatte, dass COREA in Wiesbaden mit al-Kassar gemeinsame Sache machte. McKee und seinen CIA-Leuten ging das schlichtweg zu weit, sie informierten die CIA-Zentrale in Langley über die Vorgänge und hofften auf Unterstützung. Allerdings ernteten sie nichts als Schweigen. Und mit dem Schweigen sollte alles seinen tödlichen Lauf nehmen.

Aufgebracht entschlossen sich McKee und drei, vielleicht sogar vier weitere CIA-Männer, ohne Vorankündigung zurück nach Virgina zu fliegen und dort die heimlichen Machenschaften von COREA aufzudecken. Mit geheimen Unterlagen und 500 000 Dollar im Gepäck, die für die Geiselbefreiung gedacht gewesen waren, buchten sie ihre Plätze im Schicksalsflug *PanAm 103*.

Jetzt war alles klar. Einige geeignete Schachzüge würden so manche Probleme von selbst bereinigen, man musste sich nicht einmal die

Die CIA-Zentrale in Langley, Maryland.

Hände schmutzig machen. Laut einem Bericht der arabischen Zeitung *Al-Dustur*, erschienen am 22. Mai 1989, plante eine Gruppe von Terroristen die Ermordung der fünf CIA-Männer, da diese eine Befreiung amerikanischer Geiseln vorbereiteten. Die Iraner verfolgten daher jede Bewegung der heimlichen US-Operateure. Dann waren da allerdings noch die Rache am *Airbus*-Abschuss und nicht zu vergessen al-Kassar, der seine gewaltigen Schmuggelaktionen akut gefährdet sah, die er bislang mit CIA-Hilfe völlig sicher ausführen konnte. Ja, und natürlich die CIA selbst, die diese Kooperation auch unter strengstem Verschluss sehen wollte.

Langley hatte nicht geantwortet! Und nun wusste die CIA-Zentrale, dass nicht mehr viel nötig war, um das Problem elegant aus der Welt zu schaffen – mit der vollkommen tolerierten Nebenwirkung Massenmord! Was fehlte, war ein amerikanischer Agent, der die Informationen über die aktuellen Reisepläne des längst unter genauer Beobachtung stehenden McKee-Teams an die richtigen Leute weiterleitete. Der Autor des arabischen Zeitungsberichtes, Ali Nuri Zadeh, erwähnte einen US-Agenten namens »David Love-Boy«, der die betreffenden Informationen angeblich an die iranische Botschaft in Beirut weitergeleitet hatte. Der erwähnte Name beruhte auf einem sprachlichen Irrtum, gemeint war in Wirklichkeit ein gewisser David Lovejoy, der für das US-Außenministerium tätig war und möglicherweise auch als Doppelagent »wirkte«.

Lovejoy also war demnach der letzte Schlüssel zur Katastrophe von Lockerbie, die voll und ganz als gezielter Anschlag auf die CIA-Agenten zu werten ist – mit dem Wissen und Segen des US-Auslandsgeheimdienstes. Vier oder fünf Passagiere mit geheimen Informationen über die CIA-Drogen-Kollaboration führten im Endergebnis zu einer durch genügend Vorauswissen vermeidbaren Terrorattacke, die aber nicht vermieden werden sollte. Dieses Szenario könnte einem fast bekannt vorkommen!

Ein interessanter Zusammenhang

Als die britischen Rettungs- und Bergungskräfte zur Absturzstelle kamen und das Wrack durchsuchten, fanden sie übrigens die 500 000

Dollar. Und unmittelbar nach dem Unglück waren auch schon CIA-Agenten zur Stelle; sie waren mit dem Hubschrauber eingeflogen worden und begannen sofort mit der Suche nach McKees Aktenkoffer. Sie scherten sich nicht um die Ermittlungen der schottischen Beamten, sondern agierten ohne Rücksicht auf andere Verluste, wenn sie nur möglichst schnell in den Besitz dieses Koffers gelangen konnten. Und niemand hätte gewagt, sie an ihren speziellen Ermittlungen im Fall Lockerbie zu hindern.

Der schottische Journalist David Johnston, der ein Buch über *Lockerbie – Die Tragödie von Flug 103* veröffentlicht hat, erklärt, dass die CIA-Leute bei ihrer Suche tatsächlich Erfolg hatten und den Koffer bergen konnten. Sie nahmen ihn sofort an sich, stiegen in den Helikopter und flogen an einen unbestimmten Ort. Fast wirkt es wie ein zynischer Scherz, dass sie den Aktenkoffer einige Tage später zurückbrachten und ihn genau an die Stelle legten, wo sie ihn gefunden hatten. Der Koffer war jetzt, wie sich denken lässt, natürlich leer. Seine glücklichen »Finder« unterzeichneten eine Erklärung, niemand fragte weiter nach.

Einige Geheimdienstler wie M. Gene Wheaton und der legendäre Victor Marchetti bestätigen, dass der eigentliche Hintergrund von Lockerbie die Ermordung jener fünf US-Agenten war. Die US-Regierung wusste Bescheid, welche Katastrophe sich hier anbahnte. Sie verfügte über ein klares Vorauswissen zu einem bevorstehenden terroristischen Anschlag. Die Fluggesellschaft *PanAm* sah das exakt genauso und strengte daher eine Klage gegen die Vereinigten Staaten von Amerika an. Doch wie es die Umstände verlangten, wurden sämtliche Berichte, alle Untersuchungsergebnisse und Beweise zu Lockerbie unter Verschluss gestellt – sie wurden aus verschiedenen Gründen als geheim eingestuft. So einfach geht das. Aus jüngerer Zeit kennen wir diese Situation vor allem bestens aus den FBI-Ermittlungen zum 11. September 2001.

Und jetzt kommt es: Zwischen *Pan Am 103* und 9/11, wie die Amerikaner die großen Terrorattacken von 2001 bekanntlich nennen, besteht ein hochinteressanter Zusammenhang.

Mit den Lockerbie-Ermittlungen für das US-Justizministerium war damals Robert Swan Mueller III beauftragt worden, der 1989 in die respektable und dennoch oft selbst in düsterste Machenschaften ver-

strickte Behörde eintrat. Dieser Robert S. Mueller ist kein anderer als der spätere Chef des *Federal Bureau of Investigation*. Während er früher für George H. W. Bush (Senior) tätig war, so agierte er nun für dessen Sohn George W. Bush, der ihn genau *eine Woche* vor den Terrorattacken auf New York und Washington zum sechsten Direktor des FBI ernannt hatte! Robert Mueller übernahm also auch die Ermittlungen zu 9/11, und sie tragen ganz deutlich seine Handschrift. Das FBI übernahm die Rolle eines neuen US-Geheimdiensts, fand sich ungeheuer schnell überall dort ein, wo echte Informationen und Beweise abgegraben werden konnten, und schaffte sie schleunigst

Zwischen dem Attentat von Lockerbie und den Angriffsflügen vom 11. September bestehen bemerkenswerte Zusammenhänge. Abgesehen davon, dass in beiden Fällen verdeckte Operationen für sie verantwortlich sind, war mit der Leitung der Ermittlungen jeweils Robert S. Mueller beauftragt worden.

fort. Alles wesentliche Material unterliegt seitdem vor allem aus Gründen der nationalen Sicherheit strengster Geheimhaltung. Vertuschung heute wie damals, und im Hintergrund: der gleiche Chef-Ermittler! Doch, verschwörerische Aktivitäten stehen eben wirklich an der Tagesordnung! Und zuweilen werden sogar voll besetzte Linienmaschinen in die Luft gejagt, selbst wenn nur ein paar Passagiere – zugegebenermaßen ganz besondere – das eigentliche Ziel der mörderischen Attacke sind, weil sie zu viel wussten.

Siberian Airlines 1812

Die makabre Liste mysteriöser Unfälle und Selbstmorde scheint endlos, eine teuflische Chronik, niedergeschrieben in der Farbe des Todes. Vergessen wir dabei auch nicht, wie kurz die Zeit zwischen den einzelnen Fällen war, die auch untereinander immer wieder gewisse Verbindungen aufweisen, allein schon hinsichtlich des beruflichen Umfelds der Opfer. Gewiss sollten wir uns auch dessen entsinnen, dass bereits wenige Wochen vor dem Absturz jener *Crossair*-Maschine, die am 24. November 2001 beim Landeanflug auf Zürich in einem Waldstück zerschellte und dabei drei Mikrobiologen mit in den Tod riss, noch ein anderes ungeklärtes Flugzeugunglück geschah, bei dem verschiedenen Presseberichten zufolge sogar gleich fünf Mikrobiologen ums Leben kamen.

Die brennende **Crossair**-*Maschine, die am 24. November 2001 im Landeanflug nahe Zürich zerschellte. An Bord: mindestens drei Mikrobiologen.*

Siberian Airlines Flug 1812 stürzte am 4. Oktober 2001 über dem Schwarzen Meer ab, 78 Menschen starben, niemand überlebte die Katastrophe. Der Vorfall dürfte vielen in Erinnerung geblieben sein, vor allem, weil er so bald auf 9/11 folgte und mitten in die Anthrax-Wellen fiel. So löste er beinahe panikartige Reaktionen aus. Handelte es sich um einen weiteren Terrorangriff?

Die *Tupolev*-154M war in Tel Aviv gestartet und befand sich auf dem Flug nach Novosibirsk. Sowohl der russische als auch der israelische Geheimdienst vermuteten augenblicklich einen neuerlichen Terroranschlag. Der amerikanische Geheimdienst hingegen schloss einen solchen Hintergrund aus und suchte die Ursache in einem tragischen Unglück: Eine S-200-Rakete soll während einer Übung der ukrainischen Streitkräfte auf der Krim abgeschossen worden und als Irrläufer in die Passagiermaschine gerast sein. Der Autor Nicholas Esterházy glaubt nicht an diese These, da sich die Maschine bereits außerhalb der Reichweite der betreffenden Abschussbasis befand. Die tatsächliche Absturzursache gilt bis heute als ungeklärt. Rechercheure

*Eine solche **Tupolev-Maschine stürzte am 4. Oktober 2001 über dem Schwarzen Meer ab. An Bord befanden sich etliche Wissenschaftler, die verschiedenen Recherchen zufolge absichtlich beseitigt wurden.***

wie Barry Chamish, Jim Rarey und Michael C. Ruppert sehen eher einen Zusammenhang zu der Wissenschaftlergruppe an Bord des Jets. Sie weisen darauf hin, dass in Tel Aviv wie auch in Novosibirsk jeweils Spitzenforschung in der Mikrobiologie betrieben wird. Novosibirsk beherbergt mehr als 50 Forschungsinstitute sowie 13 Universitäten!

Flug 1812 endete nach Ansicht der drei unabhängig voneinander arbeitenden Journalisten nur deshalb tödlich, weil sich an Bord der Maschine einige Wissenschaftler befanden, die missliebig geworden waren, da sie zu viel wussten. Also wieder die mittlerweile schon altbekannte Situation! Das sind sie, jene Geschichten, die wir nur aus Thrillern kennen und auch nur dort vermuten. In der Realität, so scheint es uns, haben solche Vorkommnisse keinen Platz. Doch irgendwann geht uns der Trugschluss auf – wir müssen im Grunde nur genau hinsehen und dort suchen, wo niemand nachschaut, dort doppelt hinsehen, wo zuvor nur einmal hingesehen wurde, und außerdem aufmerksam beobachten, was in den Medien nicht an die große Glocke gehängt wird. Wir müssen verstehen, warum geschwiegen oder aber lächerlich gemacht wird, uns dagegen wehren, ständig für dumm verkauft zu werden, und akzeptieren, für Verschwörungsfanatiker gehalten zu werden, nur weil wir die Augen aufgemacht haben und damit der Wahrheit ein Stück näher gerückt sind. Die Wahrheit selbst werden wir kaum je in ihrer Gesamtheit erfassen können, doch der Blick durchs Schlüsselloch kann uns ebenfalls bereits einigen Aufschluss vermitteln. Wir werden akzeptieren müssen, dass viele Informationen vernichtet, vernebelt und vertuscht werden – aber ebenso, wie die komplette Wahrheit sich der Einsicht entzieht, so wird die komplette Lüge nicht ewig bestehen können.

Natürlich verfolgen wir einen Agententhriller mit ganz anderen Erwartungen als das faktische Zeitgeschehen. Realität und Fiktion verschwimmen im Roman oder auf der Kinoleinwand, doch genau diese Mischung macht den Reiz und die Unterhaltung aus. Die Realität erweist sich in diesen Dingen naturgemäß als weitaus weniger unterhaltsam, dafür aber auch als ungleich aufrüttelnder. Von *Spannung* kann angesichts der schrecklichen Vorfälle kaum die Rede sein. Doch die brutale Logik der vermeintlichen Verschwörungstheorie besticht auf eine geradezu tragische Weise. Wir finden Szenarien bestätigt, die wir doch eben nur dem Unterhaltungsgenre zugebilligt hätten, und dennoch in einer Weise, die oft jeglicher Beschreibung spottet — genau deshalb, weil uns jene Szenarien als bittere Realität einholen.

Das blutige »X«

Da werden Linienmaschinen gesprengt, um eine Handvoll Agenten an Bord zu eliminieren, ganz gleich, wie viele unschuldige Passagiere sonst noch gänzlich ahnungslos in derselben Maschine sitzen.

Eine Minute, 30 Sekunden, zehn Sekunden. Die letzten fünf Sekunden in einem mörderischen Countdown, der das Leben von über 200 Menschen auf null herabzählt. Und keiner weiß es, keiner ahnt es auch nur. Sie unterhalten sich angeregt, dösen mit aufgesetztem Kopfhörer vor sich hin, lachen, blicken versonnen aus dem Kabinenfenster ins Wolkenmeer unter sich, kümmern sich um ihre Kinder, trinken müde einen Becher heißen Kaffees, blättern eher gelangweilt durch die Zeitung, vertreten sich im Gang ein wenig die Füße oder sind in ihrem Kissen eingenickt. »Coffee or tea?« fragt die Stewardess ein letztes Mal. Plötzlich verwandelt sich alles in einen tobenden Feuerball.

Aus.

Der Augenblick in die Ewigkeit. Und einigen anonymen Gestalten, die das Trümmerfeld am Boden durchwühlen, geht es jetzt vielleicht nur noch darum, zwischen verdrillten Blechflittern, herausgerissenen Armaturen und verkohlten Leichenteilen einen verräterischen Koffer sicherzustellen. Agentenwerk.

Alles wie im Film. Und doch nicht.

Erinnern wir uns nur an die Bilder der in Panik fliehenden Menschenmassen von New York, direkt hinter ihnen eine gigantische Walze aus tödlichem Staub, die von »Ground Zero« aus durch die Straßenfluchten flutete und Manhattan an jenem unseligen 11. September 2001 in ein gespenstisches, weißes Leichentuch hüllte! Wie war das gleich mit der Science Fiction? Und wie mit der Realität?

Alles wie im Film. Und doch nicht.

Ein brillanter Forscher erscheint eines Morgens nicht im Labor. Der sonst sehr zuverlässige Mann hat sich jedoch nicht abgemeldet. Den ganzen Tag lässt er nichts von sich vernehmen. Einige Kollegen beginnen sich Sorgen zu machen. Später wird er in seinem Farmhaus tot aufgefunden, offenbar mit einem Schwert hingerichtet. Er liegt auf dem Boden, der Mörder hat seinem Opfer ein »X« in den Nacken geschnitten.

Alles wie im Film. Und eben doch nicht.

Robert M. Schwartz, ein ausgezeichneter Mikrobiologe und Spezialist auf Gebieten wie Biometrik und DNA-Sequenzierung, erscheint am 10. Dezember 2001 tatsächlich nicht in seinem Labor. Der Mitbegründer der *Virginia Biotechnology Association* und Forschungsdirektor an einem Institut für innovative Technologien in Herndon, Virginia, wird später tatsächlich in seinem Farmhaus bei Hamilton tot aufgefunden – mit einem in den Nacken geschnittenen Kreuz!

War Schwartz vielleicht Angehöriger eines geheimen Bundes, war das Kreuz eine Botschaft an den Entdecker des Leichnams? Oder sollte es die Ermittler vielmehr auf eine falsche Fährte locken?

Wegen Mordes verhaftet und verurteilt wurden jedenfalls Clara Jane Schwartz, die Tochter des Wissenschaftlers, zusammen mit ihren drei Freunden Kyle Hulbert, Michael Pohl und Katherine Inglis, die am Abend des 8. Dezember von Nachbarn beim Anwesen des Forschers gesehen wurden. Vier Tage später verhörte die Polizei Clara Schwartz fünf Stunden lang, und sie erklärte, Hulbert habe ihren Vater tatsächlich umgebracht.

Der an Rollenspielen und Okkultem interessierte Kyle Hulbert litt verschiedenen anderen Aussagen zufolge bereits lange an mentalen Störungen, wurde aber interessanterweise später von Richter Thomas Horne als absolut schuldfähig eingestuft und zu lebenslanger Strafe wegen Mordes ersten Grades verurteilt. Hulbert selbst erklärte genau wie Clara Schwartz, der Mikrobiologe habe seine Tochter sexuell missbraucht und vielfach versucht, sie zu vergiften. Daher sei der Mord nötig gewesen, nämlich um Clara zu schützen.

Im Laufe der gerichtlichen Untersuchungen stellte sich jedoch heraus, dass Clara J. Schwartz die Tat ganz offenbar kaltblütig plante und auf der Suche nach einem Mörder für ihren Vater war. So habe sie jemanden gesucht, der einen brüderlichen Beschützerinstinkt für sie entwickeln und den »Job« daher ausführen würde. »Dämonen« hätten Hulbert geheißen, die Tat auszuführen. Am Abend des 8. Dezember habe er Dr. Schwartz aufgesucht und mit den Anschuldigungen konfrontiert. In einem eskalierenden Handgemenge hieb Kyle Hulbert mit einem 70 Zentimeter langen Schwert auf den Forscher ein, der blutend zu Boden ging, sich aber immer noch wehrte. Vor dem Ende soll er noch gefragt haben: »Was habe ich dir je getan?«

Der Fall scheint zumindest in den Grundzügen klar: Einige rebellierende Jugendliche flüchten sich schmollend in düstere Fantasiewelten, laufen in langen, schwarzen Mänteln umher und umgeben sich mit vermeintlichem Hexenwerk. Sie fühlen sich unverstanden, verraten und verkauft. Als sich schließlich herausstellt, dass eine Angehörige jener verschworenen kleinen Gruppe vom eigenen Vater missbraucht wird, der sie sogar umbringen will, greifen die Jugendlichen zur Gegenwehr.

Wo hier die Fakten enden und die Vermutungen beginnen, kristallisiert sich jedoch kaum wirklich heraus. Im Detail wird die Angelegenheit immer verworrener, wobei die vorliegenden Berichte den Eindruck erwecken, als ob sowohl um die Person Hulberts herum als auch um Clara Schwartz einige Assoziationen konstruiert wurden, um ein geeignetes Bild in die Öffentlichkeit zu projizieren. Viele Details gründen wiederum auf vagen Beobachtungen und Interpretation – also genau darauf, was den Kritikern der offiziellen Versionen oftmals vorgeworfen wird. Hier wird dann schnell von unzulässiger Selektion gesprochen, man picke zusammenhangslose Fakten heraus, interpretiere Zufallsereignisse als Verdachtsmomente und konstruiere auf diese Weise mysteriöse Szenarien.

In einem Bericht über Wahrscheinlichkeit und Zufall, der am 21. August 2002 in der *New York Times* erschien, bemüht sich die Autorin Lisa Belkin darum, nachzuweisen, wie leicht vermeintliche Kausalketten aus Zufällen heraus konstruiert werden. Damals erregte die Todesserie an Mikrobiologen und führenden Wissenschaftlern bereits einige Aufmerksamkeit, Anlass genug, die Wogen zu glätten und den Zufall – beziehungsweise eine übersteigerte Fantasie zusammen mit einem archetypischen Hang zu Verschwörungstheorien – für alles verantwortlich zu machen. Hier wird schließlich die uns seit Urzeiten eigene Gabe zur Mustererkennung bemüht, um Verschwörungstheorien zu entkräften, während jegliche Wissenschaft ständig genau auf Ordnungsschemata und Mustererkennung abzielt. Und trotz aller für noch lebende Mikrobiologen sehr beruhigender Forschungsergebnisse, die letztlich Bluthochdruck, Schlaganfälle und epileptische Anfälle als wahre Erklärung für die diversen Tode heranziehen, muss auch Lisa Belkin gegen Ende ihrer Darstellung zugeben, dass selbst einige (noch lebende) Mikrobiologen – und somit also völlig nüchtern denkende Wissenschaftler ohne Hang zur Verschwörungstheorie – sich allmählich Sorgen um ihre Zukunft machten. So zitiert Belkin auch Phyllis Della-Latta, Chefin der klinischen Mikrobiologieabteilung des *Presbyterian Medical Center* der New Yorker Columbia-Universität. Auf einem Internet-Forum hatte sie einen Artikel über die mysteriöse Todesserie gefunden. Diese Diskussionsseite allerdings konstituierte sich keineswegs aus ein paar verrückten Geisterjägern, die wieder hinter neuen Hirngespinsten her waren, sondern aus den Direktoren klinischer Mikrobiologie-Labors rund um den Globus. Die mit Lisa Belkin schon länger in Kontakt stehende Forscherin sandte ihr den Artikel und fragte: »Siehe beigefügt, zur Kenntnisnahme. Sollte ich mir Sorgen machen??? Ich werde morgen & für die nächste Woche eine Geschäftsreise nach Italien antreten. Falls ich nicht zurückkomme, schreibe meinen Nachruf.« Später erklärte Dr. Della-Latta: »Es ist wahrscheinlich nur Zufall. Aber wenn wir vieles zurückverfolgen, was wir einst als Zufall abgetan haben – Ausländer nehmen Flugstunden [bezogen auf die vermeintlichen Terroristen des 11. September, Anm. d. Verf.] –, würden wir feststellen, dass das alles überhaupt kein Zufall war. Man wird paranoid. Man muss es sein.« Doch wo liegt die Grenze zwischen Vorsicht und Paranoia? In echten Wahn verfällt wohl nur derjenige, der eine bestehende Möglichkeit zur Notwendigkeit und Wahrheit erhebt. Wenn jemand mit gutem Grund erwägt, dass sein Telefon abgehört wird, vielleicht, weil er an sensiblen Projekten mitarbeitet, und bestimmte Gespräche nur unter bestimmten Vorsichtsmaßen führt, versucht er lediglich, präventiv tätig zu werden. Denn die Möglichkeit besteht real. Sobald er aber ohne wirkliche Beweise erklärt, er werde ständig abgehört und verfolgt, sobald er überhaupt keine andere Möglichkeit als diese in Betracht zieht, dann hätte dies wohl paranoide Anklänge.

Dr. Della-Latta riskiert den Blick zurück und erkennt dabei die gefährliche Leichtfertigkeit, mit der vermeintliche Zufälle bereits gehandhabt wurden. Ihre Haltung hierzu scheint ausgewogen und sinnvoll.

Was nun den Mord an Robert M. Schwartz angeht, sind trotz aller Ergebnisse und Aussagen, trotz ausnahmsweise auch dingfest gemachter Täter, immer noch einige bemerkenswerte Fragen offen geblieben. Der okkultistisch offenbar mehr als »angehauchte« Täter, der selbst Opfer der teuflischen Clara Jane Schwartz zu sein scheint, gestand zwar unter größtem Bedauern den Mord an deren Vater, beharrte aber darauf, dem Opfer kein Kreuz in den Nacken geschnitten zu haben. Wenn er die Wahrheit sagt, wie kam es dann dorthin? Und warum werden seit dem 13. Februar 2002 laut einer richterlichen Verfügung sämtliche neuen Beweise in der Akte Clara Schwartz unter Verschluss gestellt? Warum gewährte Richterin Pamela Grizzle einen zeitweiligen Maulkorberlass, der sämtlichen Strafverfolgern, der Polizei sowie den Verteidigern verbietet, Details und Informationen zum Fall öffentlich zu diskutieren?

Tod in der Luftschleuse

Natürlich besteht weiterhin die Möglichkeit, dass Robert M. Schwartz einem familiär bedingten, tragischen Gewaltverbrechen zum Opfer gefallen ist, das mit seinem beruflichen Hintergrund in keinerlei Zusammenhang steht. Dann fügte sich der bestialische Mord an ihm auch nur rein zufällig genau in die anhaltende Todesserie hochkarätiger Wissenschaftler ein. Doch die damalige Serie erweist sich mit sehr hoher Wahrscheinlichkeit als real, andernfalls wäre sie wohl überhaupt nicht aufgefallen oder sie wäre aber ein fortwährender Zustand ohne Anfang und ohne Ende. Dann hätte der Berufsstand des Mikrobiologen wahrhaft ein richtig großes Problem! Aber ähnlich wie bei den insgesamt 25 teils sehr ungewöhnlichen Toden von Wissenschaftlern des SDI-*Star-Wars*-Programmes der US-Regierung, die sich zwischen 1982 und 1988 ereigneten, lassen sich auch die Todesfälle unter Mikrobiologen zeitlich auf eine »Welle« in den Jahren 2001 bis 2003 eingrenzen. Und nicht allein die Häufung macht wiederum das Ungewöhnliche aus, auch die Art und Weise, auf die viele der Opfer umgekommen sind. Die meisten wurden außerdem nicht einmal 50 Jahre alt!

Unmittelbar nach Schwartz kam ein weiterer Forscher ums Leben. Über das genaue Datum herrscht keine Einigkeit, die Angaben variieren etwa zwischen dem 10. und 14. Dezember 2001. Jedenfalls ereignete sich dieser Fall höchstens einige Tage nach dem dubiosen Mord im Farmhaus. Diesmal das Opfer: der vietnamesische Wissenschaftler Set Van Nguyen, der seit 15 Jahren am *Commonwealth Scientific and Industrial Research Laboratory* in Geelong, Australien, tätig war, wo Anfang desselben Jahres ein außergewöhnlich virulenter Stamm Mäusepocken hergestellt worden war. Die Sorge unter den dortigen Forschern war damals groß, dass eine vergleichbare genetische Manipulation auch eine entsetzliche Pocken-Biowaffe schaffen könnte. Set Van Nguyen befand sich laut Angaben der Polizei von Victoria gerade auf dem Weg in ein Kältelager und sei in der Luftschleuse kollabiert. Aus einem Leck ausgetretenes Stickstoffgas habe ihn getötet. Doch Nguyen, als jemand, der durch seine alltäglichen Laboraufenthalte mit der Situation vertraut und über die nötigen Sicherheitsmaßnahmen unterrichtet worden war, hätte die Gefahr wohl rechtzeitig erkennen und sich retten können. Nämlich bei den ersten Anzeichen der Kurzatmigkeit und Müdigkeit. Außerdem hätte ein Stickstoffleck das Alarmsystem ausgelöst, nicht zuletzt, weil ein derart massiver Stickstoffverlust auch einen Ausfall der nötigen Kühlung verursacht und zu einem Alarm geführt hätte. Der Fall bleibt ungeklärt. Wie so viele andere Fälle auch …

Am laufenden Band

Die folgende Aufzählung an mysteriösen Unfällen, Suiziden und Morden ist bei Weitem nicht komplett, doch dürfte sie bereits einen einigermaßen »ausreichenden« Überblick über die gehäuften Todesfälle unter diversen Forschern vermitteln. Immer wieder ist dabei erstaunlich, was der viel zitierte Zufall alles vermag!

- Im Januar 2002 sterben die beiden russischen Mikrobiologen Ivan Glebov und Alexi Brushlinski, jeweils Mitglied der russischen Akademie der Wissenschaften und erstklassige Forscher. Glebov wird von mehreren Tätern überfallen und getötet, Brushlinski in Moskau umgebracht.

- Am 28. Januar 2002 stirbt Dr. David W. Barry, ein Pionier der AIDS-Forschung, Gründer von *Triangle Pharmaceuticals*, unter nicht wirklich geklärten Umständen in Kalifornien. Robert Amundsen von *Triangle* ließ nur verlautbaren, dass Barry »anscheinend« eine Herzattacke erlitt. Nur zehn Tage zuvor hatte *Triangle* angekündigt, bei der Entwicklung eines Präparats gegen AIDS endlich einen Schritt weiter gekommen zu sein. Barry hatte sich 30 Jahre lang mit Biotechnologie befasst. Der Herzanfall ereilte ihn auf einer Geschäftsreise.

- Am 9. Februar 2002 wurde der Tod des Mikrobiologen Victor Korshunov bekannt. Er war Leiter der mikrobiologischen Unterfakultät der Russischen Staatsuniversität für Medizin. Korshunov war brutal ermordet worden. Man fand ihn am 8. Februar mit eingeschlagenem Schädel im Eingangsbereich seines Hauses. Laut einem Bericht der *Pravda* hatte Professor Korshunov entweder einen Impfstoff gegen biologische Waffen entwickelt oder aber sogar eine eigene neue Waffe.

- Eine Woche später wird der 40-jährige Ian Langford in seinem Haus bei Norwich, England, tot aufgefunden. Der Forscher an der *University of East Anglia* galt als hervorragender Experte auf seinem Gebiet. Ausnahmsweise kein Mikrobiologe, sondern Fachmann für globale Umweltrisiken. Der tote Dr. Langford wurde unter einem Stuhl eingeklemmt entdeckt. Er hatte keine Hosen an. Im ganzen Haus fand die Polizei Blutspritzer. Etliche Verletzungen am Körper des Leichnams deuteten die Ermittler als selbst beigebrachte oder zufällig entstandene Wunden. Der Wissenschaftler muss wohl mehrfach hingefallen sein, vielleicht wegen eines Alkoholproblems. Angeblich sei Langford täglich in einem nahe gelegenen Spirituosengeschäft aufgetaucht, um eine große Flasche Wodka zu kaufen, doch die Zeugen hierfür bleiben ungenannt. Die Polizei erklärte den Fall als »unverdächtig« – diese Entscheidung habe man laut einer Polizeisprecherin aufgrund von »postmortalen Untersuchungen« getroffen.

– Zwei Wochen nach dem Tod Langfords, am 28. Februar 2002, wird die aus Russland stammende Mikrobiologin Tanya Holzmeier vor ihrem Haus in Mountain View, Kalifornien, mit mehreren Schüssen aus dem Hinterhalt niedergestreckt, als sie abends einem Pizzaboten die Türe öffnet. Aber sie hatte gar keine Pizza bestellt. Holzmayer war auf die Entwicklung von Medikamenten gegen AIDS und Krebs spezialisiert. Sie starb auf der Stelle. Ihr Mörder rannte im Schutz der Dunkelheit die Straße hinunter und entkam in seinem *Ford Explorer*. Zwei Stunden später wurde dann die Leiche des Mikrobiologen Guyang »Matthew« Huang in einem Park bei Foster City in Kalifornien entdeckt. Er war an einem einzigen Kopfschuss gestorben, neben ihm lag die Waffe, eine halbautomatische Pistole, Kaliber 38. Huang war ein Ex-Arbeitskollege von Holzmayer, genauer gesagt war sie sogar seine Vorgesetzte in der Biotechnologiefirma PPD – und hatte ihn entlassen. Was gäbe es für ein besseres Motiv? Huang schien eben Rache an ihr geübt und sich anschließend selbst umgebracht zu haben. Wirklich ein klarer Fall? Weit gefehlt, denn Huang wusste, dass seine Chefin auf Anordnung aus den höchsten Etagen handeln musste. Dort hatte man nämlich vermutet, Huang habe nebenher noch für eine andere Firma gearbeitet. Holzmayer wollte ihn überhaupt nicht entlassen. Und außerdem: Diese Ereignisse lagen bereits acht Monate zurück! Konnte es wirklich sein, dass Huang erst so lange wartete, bis er schließlich Rache übte? Und das, obwohl er damit die Wurzel seines Übels gar nicht erwischen würde? Wieder müssen wir die offizielle Erklärung hinnehmen, Aussagen als gegebene Fakten akzeptieren. Die Polizei von Mountain View erklärte, Huang habe seine Frau angerufen und ihr sein Vorhaben erklärt, außerdem auch den Selbstmord angedroht. Was aber fehlte, waren ein Beweis hierfür sowie ein echtes Motiv – und auch, wie der Ex-Polizist Michael C. Ruppert anmerkt, »jeglicher ballistische Nachweis, der Huangs Waffe mit dem Holzmayer-Mord verbindet«. Seltsam auch, dass PPD keinerlei Kommentar abgibt und lediglich bestätigt, dass beide Wissenschaftler für das Unternehmen tätig waren. Und noch eine Frage bleibt: Wer war der Pizzabote?

- Am 24. März 2002 stirbt der Astrobiologe David Wynn-Williams. Er hatte für den *British Antarctic Survey* ganz besondere Mikroben studiert, die unter extremsten Bedingungen existieren und sogar im Weltraum überleben können. Wynn-Williams wurde in der Nähe seines Wohnhauses in Cambridge, England, von einem heranrasenden Auto erfasst und getötet.

- Einen Tag darauf stürzt der Bioterrorismus-Experte Steven Mostow, wegen seiner extensiven Influenza-Studien auch als »Dr. Flu« bekannt, nahe Denver, Colorado, mit dem Flugzeug ab. Der Privatflieger saß selbst am Steuerknüppel.

- Am 12. November 2002 wird der Zellbiologe Dr. Benito Que von der *Miami Medical School* nahe seinem Labor von vier Unbekannten brutal zusammengeschlagen. Man findet ihn komatös an jener Stelle, wo er gewohnheitsmäßig seinen *Ford Explorer* abstellte. Dr. Que überlebt die Attacke nicht.

- Im April 2003 stirbt der Epidemiologe Dr. Carlo Urbani in Bangkok. Am 11. März war er wegen einer SARS-Infektion ins Krankenhaus eingeliefert worden. Dr. Urbani selbst zählte zum Kreis derer, denen die Identifizierung dieser erstmalig im November 2002 in China aufgetretenen Krankheit gelang. Offenbar hatte er sich SARS, das *Schwere Akute Respiratorische Syndrom*, durch seinen täglichen Kontakt mit Patienten zugezogen. Sein Tod birgt daher offenbar keine wirklich unerklärliche Komponente. Hinzuzufügen bleibt allerdings, dass die Wissenschaftlerin, die Dr. Urbanis Aufgaben übernahm, am 27. März am Flughafen von Jakarta, wie es heißt, »eines natürlichen Todes« starb. Doch was mit ihr geschah, wurde nie wirklich geklärt. Prof. Dr. Aileen Joy Plant war eine Kapazität auf dem Gebiet tödlicher Infektionskrankheiten.

- Zwei Monate später, am 24. Juni 2003, stirbt dann ihr Berufskollege Leland Rickman, ebenfalls Experte für Infektionskrankheiten. Der kalifornische Wissenschaftler war seit dem 11. September 2001 Berater in Sachen Bioterrorismus und hielt sich zum Zeitpunkt seines Todes im kleinen Königreich Lesotho im Süden Afrikas auf. Dort bildete er medizinisches Personal zur Behandlung von AIDS aus. Prof. Rickman klagte kurz vor seinem Tod über Kopfschmerzen und legte sich hin. Als er nicht zum Abendessen erschien, schaute sein Kollege Dr. Chris Mathews nach ihm und fand ihn tot auf.

– Nur wenige Wochen darauf wird Dr. David Kelly nahe seinem Haus tot aufgefunden, davon war bereits ausführlich die Rede.

– Im Oktober 2003 verunglückt der 46-jährige Mikrobiologe Prof. Michael Perich nahe dem Ort Walker, als er mit seinem *Ford-Pickup*-Truck vom Highway abkommt. Laut dem örtlichen Polizeichef Elton Burns stürzte der Wagen von Perich in einen von Regenwasser überfluteten Bereich. Da Perich seinen Sicherheitsgurt nicht rechtzeitig lösen konnte und vielleicht auch bewusstlos war, ertrank er in seinem Fahrzeug.

– Wiederum lediglich knapp einen Monat später wird der 45-jährige Virologe Robert Leslie Burghoff in South Braeswood, Houston, auf dem Bürgersteig von einem weißen Kleintransporter erfasst und schwer verletzt. Der Van rast davon, Zeugen berichten, dass ein kleiner Lateinamerikaner am Steuer gesessen und die Frontscheibe einen Sprung aufgewiesen habe. Dr. Burghoff starb wenige Stunden später im *Memorial Hermann Hospital*.

– In den kommenden Monaten ereignen sich wiederum mehrere ungewöhnliche Todesfälle unter Wissenschaftlern. Dann, am 27. Juni 2004 und somit knapp ein Jahr nach dem vermeintlichen Selbstmord an Dr. Kelly, stirbt Dr. Paul Norman aus Salisbury in Wiltshire, England. Dr. Kelly war Chefwissenschaftler auf dem Biowaffensektor. Er arbeitete in *Porton Down*. Dr. Norman war Chefwissenschaftler auf dem Gebiet der chemischen und biologischen Verteidigung. Er arbeitete ebenfalls in *Porton Down*. Wieder eine bemerkenswerte Koinzidenz. Nur wurde Norman nicht tot an einen Baum gelehnt entdeckt. Er kam beim Absturz einer *Cessna 206* ums Leben. Unfall?

– Am 12. August 2004 stirbt der Leiter jenes weltbekannten Biotechnologielabors, das auch Klonschaf *Dolly* hervorbrachte. Professor John Clark, Chef des *Wilmut Roslin Institute* in Midlothian/Roslin, Schottland. Hier befindet sich ganz neben-

bei bemerkt auch die berühmte Rosslyn Chapel. Der Wissenschaftler wird erhängt in seinem abgelegenen Landhaus in Cove,
an der Küste von Berwickshire, aufgefunden. Angeblich litt
Professor Clark an Depressionen. Selbstmord?
- In der Nacht des 13. Oktober explodiert ein Privatfahrzeug auf
dem *Wal-Mart*-Parkplatz von Kissimmee in Osceola County,
Florida. In dem ausgebrannten Fahrzeug wird der Leichnam
eines 32-jährigen Mannes gefunden. Es ist der Molekularbiologe Matthew Allison. Zeugen hatten wahrgenommen, wie er sich
noch außerhalb seines *Ford Taurus* befand, die Tür öffnete, kurz
in den Innenraum griff, noch einmal aufstand und sich dann
plötzlich wieder in das Auto hineinlehnte oder -fiel. In diesem
Augenblick explodierte der Wagen und stand innerhalb von
Sekunden komplett in Flammen. Allisons Oberkörper lag auf
dem Beifahrersitz, die Beine ragten auf der Fahrerseite noch
durch die offene Türe heraus. Ermittler fanden kleine Propangas-
kanister, einen ebenfalls kleinen Benzinbehälter sowie die Holz-
klotz-Attrappe für einen künstlichen Kamin im Wagen. Selbstmord? Die Polizei ging dieser Theorie nach, doch die engsten
Verwandten des Toten weisen die Idee als abstrus von sich. Seit
zwei Jahren war Allison mit Carol Toler verheiratet. Die Ehe sei
absolut harmonisch gewesen. Das gesamte Szenario scheint
kaum auf einen Selbstmord hinzudeuten. Weder wäre das Umfeld typisch noch die Situation. Allison scheint mitten in einem
Bewegungsablauf von der Explosion überrascht worden zu sein.
Doch wer sollte ein Interesse daran gehabt haben, ihn zu töten?
Der Molekularbiologe arbeitete in einem Warenhaus in Orange
County! Hatte er vielleicht noch einen anderen Job?
- Am 7. Januar 2005 wurde der emeritierte Biochemie-Professor
Jeong H. Im tot aufgefunden. Er lag im Kofferraum seines
brennenden *Honda*, den er auf einem Parkdeck der Columbia-
Universität abgestellt hatte. Die Autopsie ergab, dass Prof. Im
zuvor mit mehreren Stichen schwer verletzt worden war, die
auch die Todesursache gewesen seien. Captain Brian Weimer
von der Polizei Missouri erklärte, die gesammelten Indizien und
Zeugenaussagen ließen darauf schließen, dass der tote Professor
zwischen 10.30 und 10.45 Uhr in den Wagen gelegt wurde.

Erstaunlicherweise kehrten ein oder mehrere Verdächtige aber erst gegen 12.20 Uhr zu dem Fahrzeug zurück, um es in Brand zu setzen. Fühlten sie sich so sicher bei dem, was sie taten? Jedenfalls wurde Selbstmord in diesem Fall immerhin ausgeschlossen. Die Detectives suchten einen Verdächtigen, der zwischen Mittag und ein Uhr in der Nähe des Tatortes gesehen wurde; er habe einen Benzinkanister in der Hand gehalten und eine Atemschutzmaske aufgehabt, so wie Maler sie tragen. Das *Columbia Police Department* der Universität Missouri veröffentlichte seine achte und gleichzeitig *letzte* Pressemeldung über den Fall bereits am 4. Oktober 2005 und erklärte, weiterhin aktiv zu recherchieren. Doch trotz einer ausgesetzten Belohnung von 25 000 Dollar, die aus Einnahmen durch Parkverstöße bestritten werden sollte, meldete sich niemand, der in dem Fall hätte weiterhelfen können.

– Am 8. Februar 2005 wird die 43-jährige Chemikerin Geetha Angara im leeren Tank einer Wasserbehandlungsanlage in Totowa, New Jersey, tot aufgefunden. Dr. Angara überprüfte am Vormittag ihres Todestages die Wasserqualität der Aufbereitungsanlage von Passaic Valley, als es geschah. Dr. Angara führte Routinearbeiten durch, nichts, was besonders gefährlich gewesen wäre. Plötzlich muss sie jemand erwürgt und in den riesigen Tank gestoßen haben, in dem später ihre gefrorene Leiche gefunden wurde. Doch auch ein Jahr nach dem Mord gibt es keine neuen Erkenntnisse. Seltsamerweise hielten die Ermittler die Details der Autopsie unter Verschluss. Jaya Angara, der Mann der Ermordeten, erklärte damals verärgert, dass der Strafverfolger es einfach aufgegeben habe, nach dem Mörder seiner Frau zu suchen. Angara selbst aber glaubte, er müsse unter den Kollegen zu finden sein; es musste jemand sein, der Zugang zu den Anlagen von Passaic Valley hatte. Die Polizei weist die Vorwürfe von sich und betont, jede denkbare Möglichkeit erwogen und jede Spur verfolgt zu haben. Drei Jahre nach dem bizarren Vorfall immer noch nichts. Im März 2008 präsentierte der mittlerweile pensionierte Lieutenant James Wood, der die Untersuchung anderthalb Jahre lang geleitet hatte, eine Erklärung, die vor allem die Familie in Rage versetzte: »Das ist ein schrecklicher Unfall, aber das ist alles, es ist – ein schrecklicher Unfall.«

– Am 18. April 2005 stirbt der 43-jährige Epidemiologe Prof. Dr. Douglas James Passaro in Oak Park, Illinois, laut Informationen der *Stanford*-Universität an einer Herzrhythmusstörung. Näheres wird nicht bekannt.

– Drei Wochen darauf kommt Dr. David Banks, ein führender australischer Spezialist für Infektionskrankheiten und Gründer der *Australian BioSecurity CRC*, bei einem Flugzeugabsturz ums Leben.

– Gerade einmal drei Wochen vergehen, als ein weiterer erstklassiger Wissenschaftler stirbt, der 41-jährige Todd Kauppila. Am 8. Mai erliegt er in der Klinik der *Los-Alamos*-Laboratorien einer blutigen Pancreatitis. Kauppila war zwar kein Mikrobiologe, zählte aber zum Kreis derjenigen Wissenschaftler in den Laboratorien von Los Alamos, dessen Arbeit mit den geheimsten Technologien verbunden war. Angeblich waren nicht einmal Fotos von ihm verfügbar, eben aufgrund seiner so sensitiven Tätigkeit. Am 23. September 2004 kam es zu einer unerwarteten Wende in Kauppilas Karriere, als ihn sein Chef, der allseits gefürchtete George »Pete« Nanos, kurzerhand feuerte. Grund: Der Wissenschaftler sei nicht sofort aus dem Familienurlaub zurückgekehrt, als es im betreffenden Labor zu einer Ermittlung wegen zweier, vermeintlich fehlender Speichermedien gekommen war. Die Datenträger sollten klassifiziertes Material enthalten haben und waren nirgends aufzufinden. Schließlich stellte sich aber heraus, dass diese beiden CDs niemals existiert hatten. Hatte man also nur einen Grund gesucht, den gegenüber seinem Arbeitgeber durchaus kritisch eingestellten, als aufrichtig geltenden Todd Kauppila einfach loszuwerden? Nach seiner Entlassung arbeitete der Forscher noch eine Weile bei dem vielfach interessanten und in zahlreiche geheime Großprojekte verwickelten Konzern *Bechtel Nevada Corporation*, der mit den *Los Alamos National Laboratories* (LANL) kooperiert. George Nanos selbst blieb den Labors auch nicht mehr allzu lange als deren Leiter erhalten und nahm noch im Mai 2008, kurz nach der Entlassung von Kauppila, seinen Abschied, angeblich auch wegen zahlreicher Anschuldigungen gegen ihn. Nanos wurde daraufhin Direktor der Universität von Kalifornien, wo man ihm sein bisheriges Jahresgehalt von 235 000 US-Dollar anstandslos weiterzahlte. Der einstige Vize-Admiral der US-Marine war der kürzest amtierende Chef von LANL.

Wirklich alles nur Zufall?

Beenden wir an dieser Stelle die Liste der ungewöhnlichen Todesfälle. Und dies, obwohl sie keineswegs vollständig ist. Doch die über die letzten Seiten angesprochenen Beispiele sollen genügen. Ganz klar, angesichts der vielen tausend Wissenschaftler, die rund um den Globus forschen, bleiben ungewöhnliche Todesfälle unter ihnen natürlich nicht aus. So könnte man meinen, schnell einer Art Auswahleffekt zu verfallen und somit Zusammenhänge zu sehen, die gar nicht existieren, ähnlich wie das auch Lisa Belkin in ihrem schon erwähnten Beitrag nahelegen wollte. Können wir sämtliche Fälle also allein mittels einer solchen Selbstberuhigung einfach ad acta legen? Wird man damit den Opfern gerecht, solange nicht absolut nachgewiesen ist, dass ihr Tod nicht in einem größeren Kontext zu betrachten ist? Wären bei einer derart oberflächlichen Beurteilung und statistischen Abschätzung nicht auch die Fälle Olson, Ivins und Kelly durchs Raster gefallen? Wir haben gesehen, wie raffiniert die Hintermänner solcher Verbrechen vorgehen – skrupellos, kaltblütig planend, teils auch nachlässig, wo Sorgfalt nicht mehr nötig ist und keine wirkliche Gefahr der Entdeckung besteht. Die Vertuschung siegt, und viele der großen Medien machen sich in voller Absicht nicht die Mühe, die Wahrheit hinter solchen Fällen ans Licht zu bringen. Nicht zu vergessen: Investigative Journalisten haben ihrerseits allzu intensive Nachforschungen immer wieder mit dem ultimativen Preis bezahlt und ihr Leben gelassen, kurz bevor sie am Ziel ihrer Arbeit angelangt waren; also kurz bevor sie dubiose Transaktionen, düstere Regierungsgeschäfte, geheimdienstliche Machenschaften oder mysteriöse Morde aufdecken konnten. Und die entsprechenden Polizeidienste? Auch hier nichts als Fehlanzeige, sobald »höhere Stellen« ihre Hand auf die Ermittlungen legen. Damit verschwinden dann sämtliche Beweise in der Versenkung,

Autopsieberichte bleiben unter Verschluss, Fakten werden verdreht und Zeugenaussagen auf den Kopf gestellt.

Wir dürfen also ganz zu Recht skeptisch sein, wenn uns vermeintliche Selbstmorde und Unfälle zu Ohren kommen, vor allem bei Personen, deren beruflicher Hintergrund alles andere als gewöhnlich war. Immerhin zeigt sich eine bemerkenswerte Zahl keineswegs alltäglicher Todesfälle vorwiegend bei Mikrobiologen in kurzer zeitlicher Folge. Wenn diese ungewöhnliche Todesserie nicht auffallend wäre, so müssten wir ein vergleichbares Phänomen beispielsweise auch bei Musikern, Malern, Ingenieuren, Architekten oder Piloten feststellen. Da dem nicht so ist, scheint offenbar eine reale Anomalie vorzuliegen. Viele der Betroffenen waren noch relativ jung, sie forschten an geheimen Projekten oder standen derartigen Tätigkeiten beruflich nahe. Etliche waren Regierungswissenschaftler.

Mikrobiologen leiden offenbar überdurchschnittlich häufig an Depressionen, Alkoholismus und paranoiden Wahnvorstellungen, sie sind unglaublich schlechte Autofahrer und ganz allgemein gesagt echte Pechvögel. Denn entweder explodieren ihre Autos aus unerfindlichen Gründen oder aber sie gehen gerade dort spazieren, wo der Kraftfahrzeugverkehr auf Bürgersteigen tödliche Ausmaße annimmt. Kaum ein Flugzeug scheint noch sicher, sobald ein Mikrobiologe es betritt, zumindest steigt die Absturzgefahr hochgradig an. Nicht anders, wenn Geheimdienstler an Bord sind. Wenn man das nur immer im Voraus wüsste! Doch tatsächlich wäre es wohl unsinnig, alles schlichtweg als Zufall abzutun. Das wäre weniger abgeklärter Rationalismus als schlichtweg naiver Dünkel. Bei manchen vielleicht auch Selbstberuhigung. Wie auch immer, Menschen, die in Interessenkonflikte geraten oder sie selbst auszulösen imstande sind, dürften im Alltagsleben nicht sogleich auch zu potenziellen Mordopfern avancieren. Doch hier ist nicht vom Alltäglichen die Rede. Hier geht es um die Interessen, wie sie auf höchster Ebene um jeden Preis durchgefochten werden, hier wird in Kategorien gedacht und gehandelt, die für den »Mann auf der Straße« alles andere als nachvollziehbar sind. Auch dessen sollten wir uns angesichts der schier unglaublichen Zusammenhänge und Vorfälle bewusst sein, die uns hier ständig begegnen. Und wenn Menschen dazu fähig sind, eine voll besetzte, große Linienmaschine in die Luft zu sprengen, nur weil ein paar Geheimdienstler mit an Bord sind, die unbedingt ausgelöscht werden müssen, wozu in aller Welt sind sie dann noch in der Lage? Nun, Menschen zetteln Kriege an, sie nehmen viele Millionen Opfer in Kauf, denn: Es geht eben nicht anders. Die Interessen sind einfach zu bedeutsam. Sollte es also hie und da auf ein paar tausend Opfer ankommen? Oder auf einige wenige austauschbare Figuren?

Die *Raytheon*-Akte

Phantomflug im Learjet

An einem sonnigen Septembernachmittag machte das Flughafen-personal des *Tampa International Airport*, Florida, einen privaten *Learjet* startklar, der gerade erst von Fort Lauderdale eingetroffen war. Jetzt sollte die Maschine einige Passagiere nach Lexington in Kentucky befördern, ein Flug von kaum mehr als anderthalb Stunden.

An sich alles reine Routine. Doch an jenem Nachmittag waren die Dinge gänzlich anders gelagert. Das Personal war aufs Äußerste ange-spannt, obwohl sonst kaum etwas zu tun war. Am Flughafen herrschte eine geradezu gespenstische Stille. Warum?

Man schrieb den 13. September 2001, gerade einmal zwei Tage waren seit den verheerenden Anschlägen auf New York und Washing-ton verstrichen. Und kein privates Flugzeug durfte von der Piste abheben. Die Behörden hatten bekanntlich ein striktes Flugverbot verhängt, für das es nur wenige Ausnahmen gab. Am Himmel regte sich nichts. Und nun rollte trotz des Verbots eine kleine zivile Maschi-ne auf die Startbahn. Um halb fünf Uhr nachmittags hob der zwei-strahlige *Learjet* ab und verschwand im leeren Blau. Wieder war es totenstill. Niemand wollte mehr davon wissen, dass dieser Flug je existierte. So erklärte Chris White von der *Federal Aviation Administration* (FAA), der US-Luftaufsichtsbehörde: »Dieser Flug ist nicht bei uns verzeichnet …, er hat nicht stattgefunden.« Das war zumindest die offizielle Aussage. Dennoch gab es ein paar Leute, die sich ganz gut daran erinnerten, was damals in einem speziellen Terminal des *Tampa Airport* geschah, dem Terminal eines geheimnisvollen Konzerns, der einige seiner Spitzenkräfte am 11. September 2001 verlor. Wieder waren Wissenschaftler in ein tödliches Spiel verstrickt.

Zwei bewaffnete Personenschützer berichteten später von ihren Erlebnissen, die damals auf dem *Tampa Airport* begannen. Einer der beiden war der 49-jährige Ex-Polizist Dan Grossi. Gegen elf Uhr

214

vormittags des betreffenden Tages erhielt er einen Anruf von ehemaligen Kollegen der nachrichtendienstlichen Einheit aus Tampa. Man benötige Hilfe in einer speziellen Angelegenheit. Die Polizisten seien zur Bewachung von drei jungen Männern aus Saudi-Arabien abgestellt worden. Zumindest einer der Jugendlichen studiere an der Universität Tampa. Aufgrund der aktuellen Situation seien sie besorgt und wünschten sich, in die Heimat zurückzukehren. Und genau dies sollte jetzt so schnell wie möglich organisiert werden. Doch warum so viel Aufregung um drei saudi-arabische Teenager, die erst drei Wochen zuvor ins Land gekommen waren, offenbar, um an der Universität Englisch zu studieren?

Nun, zunächst scheint sogar erstaunlich, warum die drei Studenten nicht sofort als Verdächtige in Gewahrsam genommen wurden. Wir wissen doch, wie schnell das normalerweise geschieht. Vor allem, da die drei Saudis keinen Monat zuvor zuvor ins Land eingereist waren, hätte eine direkte Verbindung zu den Attacken bestehen können. Immerhin hatte FBI-Chef Robert Mueller bereits am Abend des 12. September und damit überraschend früh, nämlich nur gut 24 Stunden nach den terroristischen Vernichtungsschlägen, angekündigt, die Entführer seien identifiziert, und die Spur zu bin Laden verdichte sich. Zeitungen weltweit berichteten von dieser hyperschnellen FBI-Meldung. So titelte unter anderem das *Hamburger Abendblatt*: »Sie wissen, wer's war«, der österreichische *Kurier* meldete: »FBI enttarnt Araber als Täter«, *Le Monde* verlautbarte: »Suspect numéro un – Oussama Ben Laden« – »Verdächtiger Nummer eins – Osama bin Laden«.

FBI-Chef Robert Mueller spielt bereits seit seiner Zeit im US-Justizministerium eine recht dubiose Rolle. Und schon am 12. September 2001 erklärte er, die Entführer der vier Maschinen seien identifiziert. Mueller war sowohl US-Chefermittler zum Fall Lockerbie als auch Leiter der 9/11-Ermittlungen.

Bei den drei Jugendlichen handelte es sich wiederum keineswegs um gewöhnliche Studen-

ten, sondern um den Nachwuchs hochrangiger arabischer Regierungs-
angehöriger. Einer war sogar der Sohn des Prinzen Sultan bin Abdul
Aziz. Der Prinz ist saudischer Verteidigungsminister und nimmt damit
die dritthöchste Position in der Regierung ein. Aufgrund der wahr-
nehmbaren Gefahr wünschte die Familie eine unmittelbare Ausreise
der Jugendlichen und hatte bereits zuvor ihren Schutz erbeten. In den
Aufzeichnungen der Polizei von Tampa findet sich der Chef des arabischen Generalpräsidiums für Jugendwohlfahrt, Sultan bin Fahad, als
Antragsteller, der unmittelbar nach den Anschlägen bei Lieutenant
Mark Barnard von der Polizei in Lexington, Kentucky, vorstellig wurde, also genau in jener Stadt, in welche die Jugendlichen zunächst auch
sicher verbracht werden sollten. Manche leiten hieraus ein Vorauswissen des arabischen Königshauses aufgrund enger Kontakte zu Osama
bin Laden ab. Man habe zu jenem Zeitpunkt auch noch nichts darüber
gewusst, dass 15 der insgesamt 19 Flugzeugentführer tatsächlich arabischer Herkunft seien. Immerhin hatte ein Vertreter des Weißen Hauses
am 13. September 2001 um exakt 17.22 Uhr erklärt, man habe noch
nicht verlautbart, dass bin Laden hinter den Attacken stand.

Wie konnte also Prinz Sultan bin Abdul Aziz dies alles geahnt oder
gar gewusst haben?

Alles, was recht ist, aber zu jenem Zeitpunkt brachten Tageszeitun-
gen rund um den Globus längst schon entsprechende Schlagzeilen.
Mit Vorauswissen hatte die Aktion wohl wenig zu tun. Vielmehr müsste
man sich fragen, warum der Prinz, sofern er tatsächlich ein Vorauswissen besaß, die Jugendlichen drei Wochen zuvor überhaupt erst in die
USA reisen ließ. Wenn also, so hätte er erst sehr kurz vor den Anschlägen irgendetwas darüber wissen können. Viel erstaunlicher aber sind
ganz andere Vorgänge und Hintergründe des 13. September 2001.

Mark Barnard jedenfalls kümmerte sich um den sicheren Transport
der drei saudi-arabischen Jugendlichen. Gleich am Vormittag kontaktierte er die Polizei von Tampa und erklärte die Sachlage. Gegen elf
erhielt dann Dan Grossi seinerseits den Anruf der Ex-Kollegen, sie
benötigten Hilfe bei einem heiklen Auftrag. Zusammen mit dem Ex-
FBI-Mann und Terrorfahnder Manuel Perez übernahmen sie den
Schutz der hochgestellten Jugendlichen.

Der Transport wurde in aller Eile organisiert. Während sich die
beiden Personenschützer vorbereiteten, waren auch die Leute der nach-

richtendienstlichen Einheit nicht untätig und holten die drei Schützlinge von ihrem Apartment im Süden Tampas ab, um mit ihnen zum
Flughafen zu fahren, genauer gesagt zu einem privaten Firmenhangar
am Rande von TIA, des *Tampa International Airport*. Hier, am abgelegenen Terminal von *Raytheon Airport Services*, ging die heimliche
Aktion über die Bühne. Die Nachrichtendienstler und Beamten der
örtlichen Polizei atmeten auf – sie hatten die kostbare Fracht sicher
zum ersten Bestimmungsort gebracht, ab hier mussten nun Grossi und
Perez ihren Kopf hinhalten. Die beiden waren in diesen Dingen äußerst erfahren und hatten bereits als Personenschützer der amerikanischen Football-Nationalliga zusammengearbeitet. Was ihnen hier be-
vorstand, hatte natürlich noch eine andere Dimension. Trotzdem handelte es sich bei den ehemaligen Beamten um die besten verfügbaren
Kräfte.

Grossi ging erst im August in den Ruhestand und war bis dahin für
innere Angelegenheiten und Mordfälle zuständig, Perez seinerseits
hatte 29 Jahre für das FBI gearbeitet, kannte eine Menge Tricks und
Kniffe und war erfahrener Bombentechniker. Mittlerweile leitete er
eine eigene Firma, ein privates Ermittlungsbüro in der amerikanischen
Stadt St. Petersburg.

Um halb drei Uhr nachmittags klingelt Grossis Handy. Ein Anruf
der Polizeistelle. Alles ist geklärt, die Aktion kann beginnen. Der
Ex-Kriminalist erinnert sich genau: »Sie sagten, dass es losgeht. Das
war wie direkt aus einem Tom-Clancy-Film.« Die Genehmigung kam
direkt aus dem Weißen Haus, so weiß Grossi. Die Familie des Prinzen
hatte George Bush selbst um den Gefallen gebeten, immerhin habe
Prinz Sultan bin Abdul Aziz sich 1991 als Verteidigungsminister der
Koalition im Golfkrieg angeschlossen und die USA unterstützt. Das
war noch unter George Bush I.

Der Flug war also genehmigt. Doch niemand hätte dies später
offiziell zugegeben. Direkte Anfragen ans Weiße Haus werden ans
Außenministerium weitergeleitet, das wiederum jede Beteiligung an
der behaupteten Aktion abstreitet. Und so geht es weiter. Keine Behörde, keine Kommission äußert sich hierzu. Trotzdem fand der Flug
statt. Am *Raytheon*-Terminal stand der *Learjet* bereit, der von Fort
Lauderdale, Florida, extra eingeflogen worden war. Ebenfalls bereits
ein Flug, der nicht hätte stattfinden dürfen! Der Pilot stellte sich den

elitären Reisegästen noch kurz, aber höflich vor, mehr Zeit blieb nicht. Weit eher war jetzt einige Eile geboten. Um halb fünf war es dann so weit.

Der Jet rollte auf den kilometerlangen, flimmernden Asphalt. Und der hier sonst so alltägliche Düsenlärm wirkte an jenem Tag wie ein Schrei in der Einsamkeit. Die Triebwerke heulten auf und schoben die leichte Maschine mit Gewalt vorwärts. Schnell verschwand sie im blauen Nirgendwo. Der Himmel verschlang, was in diesen Stunden beinahe schon wie ein Sakrileg erschienen war. Am Terminal war wieder Stille eingekehrt. Beim Bodenpersonal normalisierte sich der Puls allmählich wieder.

Des Strahlengottes unsichtbare Schwingen

Perez wurde von beunruhigenden Ahnungen getrieben. Schließlich schnallte er sich los und begab sich ins Cockpit. »Wir werden doch nicht etwa abgeschossen?«, fragte er den Piloten. Immerhin würde die Maschine gut 100 Minuten in der Luft sein. Wenn es irgendwo in der Befehlskette einen einzigen Fehler gab, nur eine kleine Lücke, dann bedeutete dies den sicheren Tod! Und an Bord der Sohn des arabischen Verteidigungsministers!

Zumindest der Pilot schien sich seiner Sache ganz sicher zu sein. Sollte alles gut gehen, standen ihm an jenem Tag ohnehin noch andere heikle Aufgaben bevor.

Grossi wechselte während des Fluges nur einige Worte mit dem Prinzensohn. Der wollte das Land nur noch verlassen, doch sobald die Lage geklärt sei, auch gerne wieder zurückkommen.

Am *Blue Grass Airport* in Lexington standen mehrere private *Boeing 747* »Jumbo-Jets« bereit, alle mit fremdländischen Emblemen und arabischen Schriftzügen. Eine der Riesenmaschinen sollte die drei jungen Passagiere endlich aus der Gefahrenzone schaffen. Am Flughafen warteten bereits saudische Beamte auf die »Flüchtlinge«. Für einen Augenblick wollten sich schon heimatliche Gefühle einstellen, doch die Zitterpartie würde noch eine gute Weile anhalten. Auch für Grossi und Perez, die zwar ihre Schützlinge sicher abgeliefert hatten, jetzt aber mit dem *Learjet* wieder zurück nach Tampa mussten. Von dort ging es für den Piloten gleich weiter zum nächsten Auftrag – keineswegs aber zurück nach Fort Lauderdale. Grossi erfuhr, dass der *Learjet* nunmehr Kurs auf New Orleans nehmen sollte, um dort »jemanden« abzuholen, der einen Flug nach New York benötigte. So viele Flüge, doch keiner ist in den Logbüchern der FAA vermerkt!

Wer durfte nun fliegen und wer nicht? Angebliche Verschwörungs-theoretiker behaupten immerhin, dass Angehörige der Bin-Laden-Familie sowie hochrangige saudi-arabische Staatsangehörige unmittel-bar nach dem 11. September außer Landes geflogen wurden, während noch ein strenges allgemeines Flugverbot herrschte und bevor die Behörden – allen voran das FBI – eine Chance hatten, jene potenziellen Verdächtigen oder zumindest Mitwisser zu befragen.

Einige übereifrige Verfechter der offiziellen Version stellen schlicht-weg fest, diese Darstellung sei falsch. Sie statuieren dies mit einer erstaunlichen Sicherheit – nämlich der Sicherheit derer, denen man allein deshalb nichts anhaben kann, weil sie ja schließlich die offiziell akzeptierte und entsprechend verbreitete Meinung kundtun. Großes Kunststück, wahrlich! Und diese redlichen Kämpfer machen es sich zweifellos sehr leicht, wenn sie aus den offiziellen Texten zitieren, vor allem dem 2004 erschienenen Bericht der *NATIONAL COMMISSION ON TERRORIST ATTACKS UPON THE UNITED STATES*, kurz als *THE 9/11 COMMISSION REPORT* bekannt. Sie zitieren offizielle Quellen als Beweise, um die Kritiker eben dieser offiziellen Quellen zu widerlegen. Wunderbar, das hat Logik, das ergibt einen Sinn! Doch wie nennt sich dieses Verhalten eigentlich? Nun, es mag hierfür mindes-tens so viele Begriffe wie Beweggründe geben. Jedenfalls ist nicht weiter erstaunlich, wenn die einen diesbezüglich von Trittbrettfahrern, die anderen von Mitläufern sprechen. Was hier geschieht, reiht sich wohl bestenfalls irgendwo zwischen Obrigkeitshörigkeit und Oppor-tunismus ein. Von der Wahrheit bleiben sie allesamt jedenfalls soweit entfernt wie Pluto von der Sonne.

Doch auch die Autoren des offiziellen *9/11 Commission Reports*, den manche auch schon als »Omission-Report« (»Auslassungs-Be-richt«) bezeichnet haben, spielen ihre Spielchen. Im Kapitel »Kriegs-zeit« findet sich auf Seite 329 ein Textkasten, der sich Flügen saudischer Staatsangehöriger widmet, welche die USA unmittelbar nach den Anschlägen verlassen hätten. Da heißt es dann: »Wir fanden keine

Der offizielle Bericht über die Terrorangriffe des 11. September, der 9/11 Commission Report. Manche bevorzugen die Bezeichnung »Omission Report« – Auslassungs-Bericht.

Beweise dafür, dass irgendwelche Flüge saudischer Staatsangehöriger, ob nun im Inland oder aber international, vor der Wiedereröffnung des nationalen Luftraumes am Morgen des 13. September 2001 stattgefunden haben.« Interessant. Denn diese Formulierung sagt nichts darüber, was man *nach* dem Morgen des 13. September an nachweislichen Flügen der zur Debatte stehenden Art entdeckt hat! Der Text erweckt zudem den Anschein, dass der fragliche *Learjet*-Flug legal erfolgte, da der Luftraum bereits wieder geöffnet war. Man muss schon das Kleingedruckte lesen, um klarer zu sehen. In den Anmerkungen zum Report wird zu Kapitel 10 in der Fußnote 24 (Seite 556) erklärt, dass der Luftraum am 13. September ab elf Uhr morgens wieder geöffnet wurde – für US-Frachtflugzeuge! Nicht aber für zivile Maschinen, die erst wieder ab dem 14. September starten durften. Dies alles nur nebenbei bemerkt.

Was aber war das für eine private Gesellschaft, in deren Hangar der »Phantom-Flug« des 13. September vorbereitet wurde? Und wem gehörte die Maschine?

Der *Learjet* stand auf dem Gelände von *Raytheon* parat, einem amerikanischen Flugzeughersteller, gleichzeitig aber einem der größten US-Produzenten wirkungsvoller und teils utopisch anmutender Waffensysteme, auf den die Regierungsaufträge nur so herabprasseln. Viele jener technologisch hoch entwickelten Waffen, die im Irak und in Afghanistan eingesetzt wurden, stammen von *Raytheon*. Schon der Name des Unternehmens lässt im Grunde nicht viel Gutes ahnen, so

220

überirdisch er auch klingen mag: Raytheon – *Strahlengott* oder *göttliche Strahlen* also! Damit, wie auch mit seinen exotischen Lasersystemen, scheint *Raytheon* faktisch nicht weit von *Luzifer* entfernt.

Raytheon Aircraft ist die einzige direkt auf dem *Tampa International Airport* gelegene Einrichtung, die einen allgemeinen Flugservice anbietet. Mit dabei sind auch angemeldete Charterflüge. Die Verwaltung von TIA erhält von *Raytheon* entsprechende Informationen. Der Konzern streicht bei derartigen Flügen Landegebühren ein, am 13. September 2001 war dies auch bei einem *Learjet 35* der Fall, Registrierungsnummer 505RP. Doch führt diese Nummer zu einer ganz anderen Maschine, einer *Cessna Citation* im Besitz des Geschäftsmannes Oskar René Poch, der im Frühjahr 2008 wegen Steuerhinterziehung verurteilt wurde. Er bestätigte, eine solche *Citation* zu besitzen, die sich in Kalamazoo, Michigan, befinde und bereits vor den Terrorattacken von 9/11 genau die fragliche Identifikationsnummer trug. Poch fügte hinzu: »Irgendwer muss die Registrierungsnummer in Tampa falsch notiert haben.« Ganz offensichtlich. Brenda Geoghagan, eine Sprecherin des Flughafens, erklärte, der betreffende *Learjet* habe seinen Flug wohl

*Ein **Learjet 35**, ähnlich dem, der am Nachmittag des 13. September 2001 vom **Tampa International Airport** abhob, obwohl allgemeines Flugverbot herrschte.*

in Fort Lauderdale angetreten, möglicherweise bei einer Chartergesell-
schaft namens *Hop-a-Jet Inc.* Denn alle Flüge waren mit dem Kürzel
HPJ32 versehen. Nur gebe es laut *Hop-a-Jet* dort weder eine Maschine
mit der Nummer 505RP noch eine *Cessna Citation* – um die es
ohnehin gar nicht geht.

Ende Juni 2007 präsentierte der amerikanische Journalist Daniel
Hopsicker eine Fotografie, die angeblich den Phantom-Flieger, jenen
unidentifizierten *Learjet* zeigt, der am 13. September mit dem saudischen Prinzensohn und dessen Kommilitonen vom *Tampa Airport*
abhob. Die Registrierungsnummer ist »N36MJ«. Und schon wieder
eine Merkwürdigkeit. Denn diese Nummer führt gleich zu zwei Maschinen. Einmal zu einer von *Raytheon* hergestellten Maschine, einer
Beechcraft Baron (G58), Seriennummer Th-2147, die einer Firma
namens *8-ball Aviation* in Southampton, Massachusetts, gehörte und
später durch Don Mercer zum Verkauf angeboten wurde, dem Vize-
Präsidenten von *Raytheon Aircraft Holdings*. Die gleiche Registrierungsnummer führt aber tatsächlich auch zu einem *Learjet*, einem *Gates
Learjet Typ 35*! Diese Maschine trägt wiederum die Nummer N36MJ.

Eine **Beechcraft Baron 58** *von* **Raytheon.**

Zwar kann sich die Registrierung eines Flugzeugs über die Jahre mehrmals ändern – ähnlich wie das bei Kraftfahrzeug-Kennzeichen bei einem Besitzerwechsel der Fall ist. Dass aber die gleiche Registrierungsnummer doppelt vergeben wird, kommt in der Regel nicht vor – eine Ausnahme von dieser Regel bildet beispielsweise Absturz und Zerstörung eines Flugzeugs, sodass dessen Nummer wieder frei wird.

Eigner des mysteriösen *Learjets N36MJ* ist die Charter-Firma *ACM Aviation* am *San Jose International Airport* in Kalifornien. Interessant, dass ausgerechnet Justin Briggs, ein ehemaliger *Raytheon*-Manager, im Jahr 2007 in die Führungsetage bei ACM eingetreten ist.

Unter Verschluss

Raytheon scheint geradezu allgegenwärtig zu sein. Der Konzern ist, wie wir gesehen haben, auf eine seltsame Weise an den »Aus-Flügen« der saudischen Elite beteiligt gewesen, doch *Raytheon* spielt auch in allerhand seltsamen Facetten mitten hinein in die Ereignisse des 11. September. Manche fragen sich, inwieweit das erfolgreiche Rüstungsunternehmen hier Opfer war und inwieweit Täter. Rätselhaft ist, dass in drei jener vier Unglücksmaschinen hochrangige Repräsentanten von *Raytheon* saßen. Kann es sein, dass sie sich nicht zufälligerweise in den Maschinen befanden?

Eine genauere Betrachtung der Situation enthüllt einige durchweg verdächtige Zusammenhänge. Die Frage der Beweisbarkeit erscheint geradezu naiv, doch die Indizien vermitteln bereits ein bestechendes Bild. *Raytheon* ist wie die meisten anderen privaten Vertragspartner der US-Regierung von wesentlich mehr als lediglich einer »Aura« der Geheimhaltung umgeben, allein schon aufgrund der sehr deutlichen Nähe zu den großen Geheimdiensten des Landes. Somit werden niemals sämtliche Fakten bereitstehen, die zu einer Klärung aller Zusammenhänge erforderlich sind. Die weitreichende Geheimhaltung kommt der offiziellen Darstellung stets sehr gelegen – denn letztlich dient sie genau diesem einen Zweck, die Wahrheit nicht offenlegen zu müssen. Jahrzehnte oder gar Jahrhunderte werden vergehen müssen, bis aus Ahnungen die letzte Gewissheit werden kann, bis die belastenden Indizien und Dokumente durch die letzten Puzzlesteine ergänzt wer-

John F. Kennedy in Dallas, unmittelbar vor seiner Ermordung.

den, mit denen der endgültige Beweis angetreten werden kann. Die großen Verschwörungen haben einen langen Atem. Paradebeispiel Kennedy-Mord oder auch die nach wie vor heiß diskutierte Frage, warum die Prinzessin von Wales, Lady Di, wirklich sterben musste! Manchmal allerdings sind es jedoch eher unbekannte Zeitzeugen, die auf ungeklärte Weise ums Leben kommen, aber nicht in die Weltgeschichte eingehen. Wir haben schon einige Beispiele kennengelernt. Und einige solcher Fälle sind von einer geradezu beispiellosen Geheimhaltung umgeben, von tiefschwarzen Geheimnissen und schier endlosem Schweigen.

In einigen meiner Bücher bin ich bereits auf solcherlei mysteriöse Tode eingegangen. So berichte ich vor allem in *Die unsichtbare Macht* über zahlreiche angebliche Selbstmorde im Zusammenhang mit einer jahrzehntelangen CIA-Drogen-Verbindung; über ahnungslose Zeugen, die zum falschen Zeitpunkt am falschen Ort waren; über Juristen, die es mit ihrer Arbeit zu genau nahmen; über Journalisten, die heiße Spuren verfolgten und dabei auf der Strecke blieben. Diese Fälle sind Legion. Und nur wenige erregen über längere Zeit das allgemeine Interesse. Hier haben es die Hintermänner verbrecherischer Aktivitäten besonders leicht, vor allem, wenn sie selbst hohe Regierungsämter bekleiden. Andere, ebenfalls nicht allzu bekannte Fälle legen erstaunliche Umstände an den Tag oder aber eine jeder Beschreibung spottende Geheimhaltung. Erinnern wir uns an den Fall von General Sikorski, im Zweiten Weltkrieg zeitweiliger Chef der polnischen Exilregierung. Als er von einer Truppeninspektion aus dem Nahen Osten nach England zurückkehren wollte, wurde seine Maschine über Gibraltar abgeschossen. Ein tragischer Zwischenfall, bedingt durch die äußeren Um-

224

stände? Natürlich, es war ja Krieg! Da werden Flugzeuge nun einmal abgeschossen. Sicher. Das Ereignis datiert auf 1943. Nur: Ist es auch normal, dass sämtliche in Verbindung mit Sikorski und seinem Tod stehenden Unterlagen noch bis zum Jahr 2050 unter Verschluss bleiben?

Ungewöhnliche Passagiere

Hinsichtlich des 11. September 2001 hat das FBI wie schon erwähnt die Rolle eines neuen Geheimdienstes übernommen und ganz im Gegensatz zur damals sonst prädominanten Trägheit eine schier unglaubliche Flinkheit an den Tag gelegt, wenn es darum ging, Beweismaterial zu konfiszieren. Und viele Informationen werden bis in die Gegenwart hinein vertuscht und vernebelt – eigentlich kein Wunder, sind doch auch erst wenige Jahre seit der Katastrophe verstrichen! Selbst um die Passagierlisten der für die koordinierte Terrorattacke missbrauchten vier Linienmaschinen gibt es immer noch Rätselraten. Die beiden betroffenen Fluggesellschaften sind hier kaum auskunftsfreudig, im Gegenteil. Zwar zirkulierten schon sehr bald entsprechende Listen, auch öffentlich. Trotzdem weigerten sich die Sprecher von *American Airlines* und *United Airlines* noch Jahre später, Journalisten diese Dokumente unmittelbar auszuhändigen, oder reagieren gar nicht erst auf entsprechende Anfragen. Da diese Gesellschaften natürlich über ihre eigenen Pressestellen verfügen, kann allein Zeitmangel nicht für dieses Schweigen verantwortlich gemacht werden. Ausländische Vertretungen der gleichen Gesellschaften zeigen sich zwar kommunikativer, machen aber selbst manchmal deutlich darauf aufmerksam, dass vor allem ihre US-Partner keineswegs gewillt sind, die originalen Informationen herauszugeben. *American* und *United* schweigen sich hier aus. So bleiben also immer noch Unklarheiten über die Insassen der Unglücksmaschinen. Klar aber ist, dass sich mehrere führende Mitarbeiter des geheimnisvollen Rüstungsriesen in drei von vier Maschinen befanden. Und sie alle verband noch mehr.

Einer von ihnen war Herbert Homer. Er arbeitete als *Defense Corporate Executive* unter Colonel Bryon Young eng mit dem US-Verteidigungsministerium zusammen. Homer befand sich in der Maschine, die um 9.03 Uhr mit dem Südturm kollidierte (Flug UA 175).

Schäden auf der Stadtautobahn am Pentagon. Vor dem Fahrzeug liegt das von der Maschine abrasierte Fragment eines Laternenpfostens.

Unter den *Raytheon*-Leuten war auch Stanley Hall, Direktor für Programm-Management auf dem Sektor der elektronischen Kriegsführung. Sein Ruf innerhalb des Konzerns war unbestritten, Hall stand an der Spitze seines Fachbereichs. So nannte ihn ein Kollege »unseren Doyen elektronischer Kriegsführung«. Hall war mit Flug 77 unterwegs, jener Maschine, die am 11. September in einem geradezu irrwitzigen Manöver mit der dreifachen Landegeschwindigkeit in die Westflanke des Pentagon raste. Auf Flug 77 befanden sich überdurchschnittlich viele Persönlichkeiten aus den

Bereichen von Forschung und Technologie. Unter anderen reiste hier auch Charles S. Falkenberg mit, Forschungsdirektor der US-Firma *ECOlogic*. Oder auch William

Stanley Hall war Raytheons Direktor für Programm-Management im Bereich elektronische Kriegsführung. Wurde er zum Opfer seiner eigenen Arbeit? Er war an Bord von Flug 77.

E. Caswell, ein Wissenschaftler der US-Marine, der Pionierarbeit auf dem Computersektor geleistet hatte. 1983 schied er aus dem akademischen Leben aus und trat in die militärische Forschung ein, um für das *Naval Surface Weapons Center* tätig zu werden. Seine Arbeit war so geheim, dass seine Familie letztlich überhaupt nicht wusste, was Caswells berufliche Aufgabe war. Sie wusste auch nicht, aus welchen Gründen er Flug 77 nach Los Angeles genommen hatte. Er reiste beruflich oft an die Westküste. »Wir wussten nie, was er dort tat, denn er durfte es ja nicht sagen«, erklärt seine Mutter Jean Caswell, aus der eine gewisse Resignation spricht, wenn sie meint: »Sie lernen einfach, keine Fragen zu stellen.«

Ein anderer führender *Raytheon*-Mitarbeiter war Peter Gay, der im Konzern die Position eines *Vice President of Operations for Electronic Systems* bekleidete und spezielle Aufgaben in einer *Raytheon*-Filiale in El Segundo, Kalifornien, übernommen hatte. Er befand sich in der *Boeing 767*, Flug 11, die um 8.46 Uhr morgens in den Nordturm des *World Trade Centers* donnerte. Um diese Zeit saß Hall noch nichts ahnend in Flug 77, der »Pentagon-Maschine«. Sein Leben sollte 54 Minuten später enden.

Der 54-jährige Peter Gay zählte zu den effizientesten Mitarbeitern von *Raytheon*. Der Sohn eines Juristen aus der Industriestadt Taunton in Massachusetts war schon von jungen Jahren an gründliches Arbeiten gewohnt. Im väterlichen Büro musste er Staub wischen und Möbel polieren, bis alles wirklich blank war. Nachdem er 1969 an der *Northeastern University* einen wissenschaftlichen Abschluss als Elektroingenieur gemacht hatte, sollten bald eine steile Karriere und die Anstellung bei *Raytheon* in Andover folgen. Möbel musste Peter Gay nun schon lange nicht mehr polieren, doch gründlich blieb er in Beruf und Privatleben immer. In der knappen Freizeit zog er es nun vor, seinen Oldtimer zum Blitzen zu bringen. »Der glänzt nicht von selbst«, antwortete er gerne, wenn Besucher den Zustand des gepflegten Klassikers bewunderten.

Peter Gay stand im Jahr 2001 bei *Raytheon* in der Verantwortung, jene kalifornische Fabrik in Schwung zu bringen, die bei der Produktion eines neuen militärischen Radarsystems in Verzug geraten war. Anstatt der fünf pro Tag hergestellten Einheiten zielte *Raytheon* auf neun Systeme ab. Peter Gay steigerte das Tagesergebnis auf 14 Stück!

Peter Gay, ein führender **Raytheon-***Manager,* *starb 2001 beim Absturz von* **American Airlines,** *Flug 77.*

Der unermüdliche Manager befand sich in Begleitung zweier *Raytheon*-Kollegen, Kenneth Waldie und David Kovalcin.

Kenneth Waldie war als leitender Qualitätskontrolleur für die elektronischen Systeme von *Raytheon* tätig und stand im Ruf eines äußerst disziplinierten Mitarbeiters, eine unabdingbare Voraussetzung gerade in seinem Aufgabenbereich. Waldie trieb extrem viel Sport, und seine Frau Carol erzählte später stolz, dass er sich seit seinem 20. Lebensjahr kaum verändert habe. Die Jahre hatten ihm weder äußerlich zu viel angehabt noch hatte er je die Freude am Spielerischen verloren. So sah Carol Waldie in ihrem Mann immer auch ihr »fünftes Kind«, und das sei genau das gewesen, was sie letztlich gebraucht habe.

Kenneth Waldie galt als sehr hilfsbereit, was ihm sogar einen Spitznamen eingebracht hatte, der in Anbetracht seines Todes retrospektiv allerdings einer wahrhaft düsteren Ironie des Schicksals zu entspringen schien: »911« nannten ihn seine Freunde, nach der landesweiten US-Notrufnummer. Wenn jemand Hilfe benötigte, so brauchte er eigentlich nicht dort anrufen, sondern nur bei Kenneth Waldie. Und 9/11, in amerikanischer Schreibweise der 11. September und heute spezifisch das Datum jener furchtbaren und heimtückischen Angriffe auf die US-Zivilbevölkerung, wurde zum Todestag jenes Mannes, dessen Lieblingszahl auch noch die 11 war und der mit *Flight 11* der *American Airlines* sein grauenvolles Ende im Nordturm des WTC fand.

Sein Kollege David Kovalcin arbeitete als Maschinenbau-Ingenieur in einer Führungsposition bei *Raytheon*, ebenfalls im Bereich elektronische Systeme. Der 42-jährige Kovalcin lebte mit seiner Familie in New Hampshire und sollte zusammen mit Gay und Waldie zu einem beruflichen Aufenthalt nach Kalifornien fliegen. Der Ingenieur hätte bei *Raytheon* längst noch weiter aufsteigen können, wollte aber mehr Zeit mit seiner Familie verbringen und lieber abends früher nach

Das brennende Pentagon am 11. September 2001.

Der **Raytheon**-*Mitarbeiter Kenneth Waldie starb zusammen mit zahlreichen Berufs- und Firmenkollegen beim Absturz von Flug 77 ins Pentagon.*

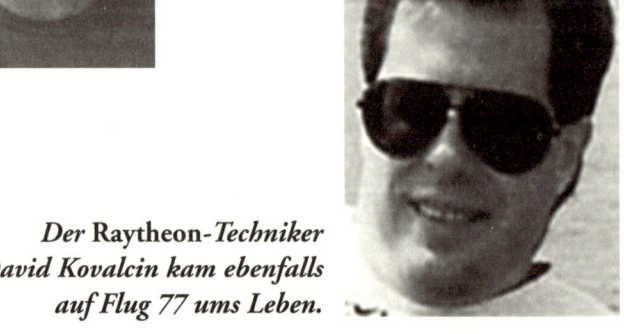

Der **Raytheon**-*Techniker David Kovalcin kam ebenfalls auf Flug 77 ums Leben.*

Hause kommen als unbedingt mehr verdienen. Manchmal saß er vor dem Badezimmerspiegel und malte skurrile Familienporträts ins beschlagene Glas. Seine Schwägerin war sich sicher, dass er jeden zum Lachen bringen konnte, allein schon, weil er auf alles eine humorvolle Antwort parat hatte.

Doch die Ereignisse begannen ihre Schatten vorauszuwerfen. Elizabeth Kovalcin erinnert sich genau an die Abende vor der Katastrophe. Und sie erinnert sich daran, dass ihr Mann bald von schweren Schlafstörungen geplagt wurde. Am 9. September 2001 weckte er seine Frau um drei Uhr früh und erklärte ihr, er könne nicht schlafen, er würde die ganze Zeit unruhig im Haus umherstreifen. »Er war extrem bedrückt, hatte aber keine Ahnung, warum« – so erinnert sich Elizabeth Kovalcin und fügt nur noch seufzend hinzu: »Dann, drei Tage später, kam mir das alles wieder in den Sinn, und ich dachte bei mir: ›Heiliger Strohsack, um was drehte es sich da wohl?‹« Am Morgen des Abflugs hinterließ er noch eine Notiz an seine beiden Kinder und seine Frau: »Rebecca, Marina und Mami, ich werde jeden von euch sehr vermissen. Sehe euch am Freitagabend … Ich habe die Hunde gefüttert, die Fische aber nicht.« Fast schien er selbst nicht zu glauben, seine Familie je wieder zu sehen. Und offenbar plagten ihn bereits deutliche Ahnungen. Oder wusste er vielmehr sogar, dass ihm bald etwas zustoßen könnte? Nur, warum?

Oftmals vergessen wird ein weiterer ungewöhnlicher Passagier: der Luftwaffenoberst Charles E. »Chuck« Jones aus Bedford, Massachussetts. Er war immerhin Programm-Manager eines bedeutenden *Raytheon*-Partners, *BAE-Systems*. Jones konnte mehrere Abschlüsse vorweisen, unter anderem auch in Aeronautik und Astronomie, die er am berühmten *Massachusetts Institute of Technology* erworben hatte. Er war vollständig ausgebildeter und qualifizierter Nutzlastspezialist für die *Space-Shuttle*-Missionen. Einer seiner Freunde und Kollegen, Claude Messamore, verbürgt sich für den Nationalstolz von Charles E. Jones: »Er liebte sein Land.« Nichts anderes bestätigt seine Frau: »Er wäre auf der Stelle dafür gestorben, und ich vermute, das tat er auch.« Das klingt fast schon kryptisch, zumindest aber ahnungsvoll. Selten findet zudem der Elektroingenieur Robert Penniger Erwähnung, der interessanterweise ebenfalls bei *BAE Systems* tätig war. Und die Liste ist noch länger. Neben *Raytheon*- und *BAE*-Personal waren an Bord von Flug 77 zahlreiche andere Techniker und Aeronautiker, unter anderem von *Boeing* und *Lockheed-Martin*. In der Maschine befanden sich überdurchschnittlich viele Fachleute aus Luft- und Raumfahrt.

Kontrolltechnologie

Raytheon und BAE finden sich auch unter den federführenden Unternehmen, die ihre Hände bei HAARP im Spiel haben, jener viel zitierten Forschungseinrichtung in Alaska, die von der Luftwaffe, der Marine, der Universität Alaska und diversen Denkfabriken finanziert wird. Mit einem leistungsfähigen Antennensystem werden extrem niederfrequente Wellen ausgesandt und die Ionosphäre aufgeheizt. Gegner der Anlage, darunter Naturwissenschaftler und Kongressabgeordnete, sehen für die Zukunft eine faktische Gefahr vielfachen Missbrauchs jener Einrichtung, beispielsweise als geophysikalische Waffe, vor allem, da HAARP vom Marine-Forschungsbüro (*Office of Naval Research*, ONI) sowie dem Forschungslabor der US-Luftwaffe (*Air Force Research Laboratory*) finanziell mitgetragen wird. *BAE-Systems* ist seit 2003 für den Ausbau von HAARP verantwortlich. Der Konzern arbeitet wie gesagt eng mit *Raytheon* zusammen. Im Juni 2005 vergab die US-Luftwaffe dann einen 12,9 Millionen Dollar schweren Vertrag an einen *BAE-Raytheon*-Verbund, um das altgediente *U2*-Aufklärungsflugzeug zu modernisieren, das bereits in den 1950er-Jahren auf der geheimen Forschungsbasis DET3/AFFTC am Groom Lake in Nevada entwickelt und geflogen wurde. Außerdem beinhaltet der Vertrag die Entwicklung von Software für geheimdienstliche Überwachungs- und Aufklärungsmissionen. Am 18. Mai 2007 testeten BAE und *Raytheon* auf dem *White Sands Missile Range* in New Mexico *Excalibur Block Ia-2* – wie es damals hieß –, das weltweit erste völlig autonome und mit einer bis dahin nicht gekannten Präzision gelenkte Artilleriegeschoss.

Präzisionsgelenkte Waffen und die Fernsteuerung von Flugzeugen sind sowohl zentrale Aufgabengebiete von *Raytheon* und seiner Partner als auch zentrale Aspekte, die sehr kontrovers diskutiert werden, sobald es um die exakt ausgeführten und schier unglaublichen Flugmanöver geht, die am 11. September 2001 zur mehrfachen Katastrophe führten. Wie in meinem ebenfalls und naturgemäß kontrovers disku-

*Der Antennenwald des bedrohlichen HAARP-Projekts in Alaska. Was als harmloses Forschungsprojekt ausgewiesen ist, besitzt das Potenzial zu einer mächtigen Waffe. An HAARP sind auch **Raytheon** und **BAE** wesentlich beteiligt.*

tierten Buch *Die Terror-(F)Lüge* ausführlich beschrieben und anhand von persönlichen Gesprächen mit Wissenschaftlern, Augenzeugen und Geheimdienstlern nachgezeichnet, konnten die halsbrecherischen letzten Kursänderungen und Sinkflüge der Terrormaschinen nach Ansicht von Fachleuten nicht einmal von erfahrenen Piloten ausgeführt werden, geschweige denn von Entführern, die zuvor lediglich auf Kleinflugzeugen und im Simulator trainiert hatten. Bezeichnend und besonders augenfällig ist die radikale 270-Grad-Kehre von Flug 77, dessen Entführer Hani Hanjour nach einem extremen Sturzflug in Idealkurve auf das Pentagon zuraste, die *Boeing 757* dabei auf ihrer letzten Wegstrecke knapp vor dem riesigen Verteidigungsministerium in die Horizontale brachte, um sie noch einmal kräftig zu beschleunigen und mitten in die soeben renovierte, fast menschenleere Flanke *Wedge One* zu jagen. Der Linienjet donnerte dabei mit rund dreifacher Landegeschwindigkeit haarscharf über die Grasnarbe hinweg und ignorierte Strömungseffekte am Erdboden mit einer geradezu mystischen Stabilität. Was erfahrene Piloten nur nach ausgiebiger Übung und mit einigem Glück bewerkstelligen hätten können, gelang hier einem stümperhaften Flugzeug-(Ent)Führer auf Anhieb!

Kein Wunder, wenn sich angesichts dessen schnell Skepsis breitmachte. Nicht viel anders hinsichtlich der Angriffsflüge auf die beiden

WTC-Türme. Die Anforderungen überstiegen die Fähigkeiten der Entführer. Wer aber sollte die Maschinen sonst in die Gebäude gelenkt haben? Die ursprünglichen Piloten sicher nicht. Sie wussten, dass sie sterben mussten, und wären wohl niemals bereit gewesen, durch eigene Hand noch eine derartige Katastrophe heraufzubeschwören. Sie hätten vielmehr alles Menschenmögliche versucht, den Terrorangriff weitgehend zu vereiteln und die Maschinen in wenig besiedeltem Gelände niedergehen zu lassen. Wenn es aber weder die Entführer selbst gewesen sein konnten noch die Piloten, dann bleibt doch nach allem logischen und vor allem vorurteilsfreien Dafürhalten nur eine einzige Möglichkeit übrig: die Steuerung *von außen*. »Irgendwer« muss das Ruder der Maschinen in den entscheidenden letzten Flugphasen übernommen und damit überhaupt erst die »Mission« gelingen haben lassen. Es bleibt gar nichts anderes übrig. Die Frage, wer allein über das Potenzial verfügte, eine derart komplexe Attacke zu planen und auch umzusetzen, beantwortet sich geradewegs von selbst. Genau diese Frage, wer hier operativ tätig war, wer für die Realisierung dieser »neuen Dimension des Terrors« zuständig war, führt uns aber wiederum teilweise direkt zurück zu verdeckten Regierungsprojekten des *Raytheon*-Konzerns, aber auch zu Schauplätzen diverser Generalproben für den »Tag X«.

Besuch im Aerospace Valley

Ferngesteuerte Linienmaschinen als Terrorwaffe? Der 11. September 2001 als Geheimprojekt der US-Regierung oder einer hinter ihr stehenden Schattenregierung? Science Fiction oder Realität? Natürlich klingt das zunächst absolut unwahrscheinlich. Da aber die Argumente bei näherer Betrachtung nicht von der Hand zu weisen sind, hält die Diskussion bis heute an. Denn zum einen gab es eine ganze Menge an Profiteuren jener enormen Terroranschläge, und zwar auf US-amerikanischer Seite. Darunter natürlich auch Rüstungskonzerne wie *Raytheon* oder *Carlyle* und zahlreiche andere, deren Aktien im Wortsinne mächtig stiegen. Dazu an dieser Stelle nur so viel: George Bush hatte sein »Pearl Harbour« des 21. Jahrhunderts und schien von da an als Präsident eine echte Aufgabe gefunden zu haben. Nach dem Ende des

Kalten Krieges folgten nun der unabdingbare neue Feind und der Krieg gegen den Terror, gleichsam auch ein Kampf ums kostbare Erdöl. Und zum anderen gab es bereits auch die erforderliche Technologie. Selbst wenn immer noch die Rede davon ist, dass große Flugzeuge nicht völlig extern steuerbar sind, besteht genau diese Möglichkeit völlig real.

Und *Raytheon* spielte hier eine Hauptrolle. Der Konzern war verantwortlich für wesentliche elektronische Systeme und Steuerelemente der in einiger Hinsicht revolutionären *Global-Hawk*-Technologie beziehungsweise des gleichnamigen unbemannten und somit ferngesteuerten, militärisch-geheimdienstlichen Flugkörpers, der Drohne *RQ-4 Global Hawk*. Finanziert wurde das *Global-Hawk*-Programm von DARO, dem *Defense Airborne Reconnaissance Office*, jener US-Behörde, deren Arbeit in der Aufklärung des Luftraums im Sinne von Verteidigungsaufgaben besteht. Die Verwaltung oblag der US-Luftwaffe sowie der für zahlreiche hochtechnologische Forschungen verantwortlichen DARPA, deren Name letztlich auch nichts anderes nahelegt: *Defense Advanced Research Projects Agency*.

Zudem findet sich bald die komplette Welt jener oft auch für Geheimprojekte zuständigen Firmen bei *Global Hawk* wieder, wie sie großteils im berühmten *Aerospace Valley* in Kalifornien ansässig sind – benannt in Analogie zum *Silicon Valley*, dem Eldorado der Computerindustrie. Das *Aerospace Valley* heißt in Wirklichkeit allerdings *Antelope Valley* und ist »bis zum Rand« mit Militärbasen und mächtigen Kontraktoren vollgepfercht. Auch die umliegenden Berge sind Heimstätte abgesicherter Militäranlagen und Testgebiete. Hier führen schmale Schotterstraßen zu verschlossenen Toren, angeblich privates Ranchgelände, doch wer sich ins Sperrgebiet vorwagt, sieht plötzlich Radarkuppeln und ausfahrbare Pylone zur Ermittlung der Stealth-Eigenschaften geheimer Flugzeug-Prototypen.

Beteiligt an der *Global-Hawk*-Drohne ist als Hauptkontraktor *Teledyne Ryan Aeronautical* beziehungsweise das *Northrop Grumman Ryan Aeronautical Center* im kalifornischen San Diego. Mit von der Partie sind auch *Lockheed Martin Communications Systems* sowie *Hughes Aircraft*, wobei *Hughes* 1997 an *Raytheon* verkauft wurde. Und sieben Jahre früher ging bereits *E-Systems* an *Raytheon*. *E-Systems* war untrennbar mit geheimdienstlichen Aktivitäten verwoben. Zu seinen Hauptkunden rechneten die CIA, die NSA sowie die NRO, das große Dreigespann der weit zahlreicheren US-Geheimdienste. Bald ging das Wort, *E-Systems* sei letztlich nicht mehr von seinen Auftraggebern zu unterscheiden – »Der Kongress bittet um Beratung durch *E-Systems* und ein CIA-Programm-Manager erscheint«, so war schon zu vernehmen.

Natürlich würde es hier jetzt zu weit führen, sich nun auch noch in die spannende Geschichte von *E-Systems* zu vertiefen, die mitten hineinführt in verdeckte Operationen der US-Drogenfahndung, nachdem *E-Systems* 1975 die taiwanesische *Air Asia* aufkaufte, eine CIA-Flugzeugwerkstatt, die wiederum auch für *Air America*, die »CIA-Airlines«, arbeitete …

Aber zurück zu *Global Hawk*. Denn genau die Technologie dieses »Globalen Falken« führte letztlich ganz offenbar zum fatalen Ende der Terrorflüge – und damit nicht zuletzt auch zum Tod der *Raytheon*-Mitarbeiter. Ein Paradoxon, das sich allerdings leicht auflöst.

Die mit massiver Unterstützung von *Raytheon* entwickelte Aufklärungsdrohne ist in der Lage, bis zu 42 Stunden lang in der Luft zu bleiben, mit 25 000 Kilometer einen globalen Aktionsradius zu erreichen – daher auch der Name – und in Höhen von etwa 20 000 Meter

Die **Global-Hawk-***Drohne. Die Steuer- und Kontrollsysteme stammen von* **Raytheon.** *Stand das* **Global-Hawk-***System Pate für die Attacken vom 11. September 2001?*

aufzusteigen. Am 28. Februar 1998 fand ein knapp einstündiger Testflug des völlig autarken Systems statt, im Frühjahr 2001 brach *Global Hawk* dann offiziell sogar gleich zwei Weltrekorde:

Am 21. März 2001 war die utopisch aussehende Drohne über 30 Stunden lang in der Luft und flog in fast 20 000 Meter Höhe. Dieser Flug begann östlich des *Antelope Valley* auf der *Edwards Air Force Base* und verlief südlich über Mexiko, Mittelamerika und die nördlichen Regionen Südamerikas. Von dort aus führte die Route wieder zurück zum Ausgangspunkt. Was sich da Erstaunliches am Himmel zeigte, war kein UFO, kein *unbekanntes* Flugobjekt, sondern ein *unbemanntes* Flugobjekt (*Unmanned Aerial Vehicle*, kurz UAV). Das Objekt tauchte am 23. April 2001 wieder auf. Diesmal stand ein neuer Rekord an: die ferngesteuerte, unbemannte Überquerung des Pazifik. Tatsächlich meisterte *Global Hawk* auch diese Übung mit Bravour und überbrückte die 14 000 Kilometer lange Strecke mit einer automatischen Präzisionslandung auf der *Edinburgh*-Basis in der Nähe von Adelaide, Australien. Die Drohne mit der Spannweite einer ausgewachsenen Linienmaschine hatte ihr Ziel sicher erreicht!

Und solche großen Airliner selbst?

Die Fernsteuerungstechnik hat bereits eine überraschend lange Historie. Abgesehen von britischen Experimenten aus den 1950er-Jahren, die darauf abzielten, Kampfjets von außen zu kontrollieren, kümmerte sich die DARPA dann 20 Jahre später angesichts des boomenden Terrorismus darum, gekaperte Linienmaschinen den Entführern durch Aufschließen auf die Transponderfrequenz gleichsam mit unsichtbarer Hand zu entziehen und sicher zu landen. Piloten wie Piraten wären gleichermaßen machtlos, niemand innerhalb der Maschine könnte in das Geschehen eingreifen. Interessanterweise war mit der verfügbaren Technologie die synchrone Übernahme von maximal vier Flugzeugen möglich.

Die DARPA bemühte sich darum, Hunderte ziviler Maschinen mit dieser Fernsteuer-Option auszustatten, doch gelang dies offenbar nur zeitweilig. Somit bestand aber bereits lange vor *Global Hawk* die Möglichkeit, große Flugzeuge von außen zu lenken. Und nicht nur zu lenken, auch zu starten und zu landen.

Am 1. Dezember 1984 fand auf der *Edwards Air Force Base* am Rande des kalifornischen Antelope Valley ein abschließender Crashtest

NASA Technical Memorandum 4084

Flight Test Experience
and Controlled Impact
of a Remotely Piloted
Jet Transport Aircraft

Timothy W. Horton and Robert W. Kempel

NOVEMBER 1988

NASA

Ein erstaunliches Dokument der NASA: Das **Memorandum 4084** *zum Thema Flugtest-Erfahrung und kontrollierter Absturz einer ferngesteuerten Jet-Frachtmaschine.*

mit einer ferngelenkten *Boeing 720* statt. Die völlig unbemannte Versuchsmaschine wurde zuvor elf Mal gestartet und gelandet, sie absolvierte einen 16-stündigen Flug. Vier Jahre später berichtete das 44-seitige *NASA Memorandum 4084* unter dem Titel *Flugtest-Erfahrung und kontrollierter Absturz einer ferngesteuerten Jet-Frachtmaschine* ausführlich über dieses einzigartige Experiment.

Präzisionsflug in den Tod

Jahre später ging es offenbar um eine verfeinerte Version des Versuchs von 1984. Zwischen Juni und September 2001 (!) testete *Raytheon* zusammen mit der US-Luftwaffe auf der *Holloman Air Force Base* in New Mexico ein »GPS-Landeleitsystem für Militärflugzeuge«, das hoch präzise funktionieren sollte: JPALS, das *Joint Precision Approach and Landing System*. Kurz vor den Angriffen vom 11. September war das komplette System einsatzbereit. Am 25. August 2001 landete eine *FedEx-Express-Boeing 727-200*, gänzlich ferngesteuert mittels einer *Raytheon*-Bodenstation. Der Jet startete, flog und landete

Eine **FedEx-Boeing 727** *landet auf einer vor Hitze flimmernden Rollbahn im Westen der Vereinigten Staaten. Das Besondere daran – sie flog völlig ferngelenkt!*

auch wieder weich ohne jeden Piloten an Bord. Und das insgesamt sechs Mal.

Natürlich konnte JPALS genauso auch in der zivilen Luftfahrt eingesetzt werden, das bestätigte *Raytheon* selbst und stand auch hierfür bei der US-Luftfahrtbehörde FAA unter Vertrag. Die Technologie existierte also nachweislich schon länger und wurde über die Jahre hinweg perfektioniert, unter weiterhin aktiver und weitreichender Beteiligung von *Raytheon*. Vor diesem Hintergrund auch nicht mehr weiter verwunderlich ist die schnelle Reaktion des Rüstungskonzerns, der am 4. Oktober 2001 und damit nur vier Tage nach einer exakt aufs Thema bezogenen Äußerung von Präsident Bush bestätigte, die Technologie zum Schutz entführter Maschinen entwickelt zu haben. George Bush hatte erklärt: »Wir werden alle Arten von Technologien in Betracht ziehen, um zu gewährleisten, dass unsere Fluggesellschaften sicher sind …, einschließlich Technologie, die Kontrolleure befähigt, in Not geratene Flugzeuge zu übernehmen und durch Fernsteuerung zu landen.«

Das, was angeblich erst in Zukunft möglich werden würde, existierte längst. Heute verfügen bereits etliche Nationen über fernlenkbare Linienjets.

Die enorm präzisen Flugmanöver, wie sie die entführten Maschinen am 11. September 2001 kurz vor den Kollisionen ausführten, scheinen beinahe schon der beste Beweise dafür, dass diese Technik schon früher verfügbar war. Und eine ganze Reihe derjenigen, die federführend an dieser Technologie mitgewirkt hatten, saßen in unfassbarer Ironie des Schicksals an jenem Tag genau in den betreffenden Maschinen. In Flugzeugen, die nach allem, was wir heute ableiten

Die USA sind keineswegs die einzige Nation, die über ferngesteuerte Linienmaschinen verfügt. Unter anderem sind mittlerweile auch einige **Boeing 707** *der saudi-arabischen und israelischen Luftwaffe mit solchen Systemen bestückt.*

können, wirklich komplett ferngelenkt waren. Die vermeintlichen Entführer waren demnach selbst Entführte! Und die ahnungslosen Entwicklungsingenieure, zumindest einige von ihnen, flogen mit ihrer Erfindung in den Tod, ohne von deren Einsatz zu wissen. Alle der an Bord von immerhin drei Maschinen befindlichen *Raytheon*-Techniker waren maßgeblich am *Global-Hawk*-Programm beteiligt gewesen. Sie mussten ganz offenbar sterben, weil sie zu viel wussten.

Raytheon hat eine lange Erfahrung in der Produktion von Lenkwaffen, Raketen und verschiedenen militärischen Fernsteuersystemen. Der Konzern produzierte tief in harten Boden eindringende Geschosse, *Bunker Buster* (»Bunkerknacker«), mit denen unterirdische Anlagen zerstört werden können. *Raytheon* verschiffte 100 *Cruise Missiles* nach Afghanistan, baute Leitsysteme für *Hawk*, *Tomahawk* und *Patriot* und entwickelte, ganz wie der Firmenname nahelegt, natürlich auch Strahlenwaffen – utopische Systeme, die mit gerichteten Strahlen arbeiten, seien es nun auf elektromagnetischer Grundlage funktionierende Laser und Maser oder gebündelte Partikelstrahlen. In jedem Fall haben diese *Directed Energy Weapons* (DEWs) eine aussichtsreiche Zukunft beim Militär und reifen zu immer gefährlicheren Waffen heran. Neben *Boeing* und *Litton* stellte auch *Raytheon* solche Mikrowellenwaffen und Lenksysteme her, die an Bord von *Hercules-C-130*-Frachtmaschinen installiert wurden.

Wieder einmal wollte es wohl schlichter Zufall, dass nicht allzu weit hinter der *Boeing*, die um 9.37 Uhr in die Flanke des Pentagon raste, eine *Hercules C-130* auftauchte. Sie wurde von vielen Zeugen gesehen und schien den Linienjet beinahe schon zu verfolgen. Einer unbestätigten Zeugenaussage zufolge soll diese *Hercules* sogar bereits einige Zeit vor dem katastrophalen Einschlag gesehen worden sein. Sie sei im Luftraum nahe dem Pentagon gekreist. Und nachweislich exakt die gleiche *C-130* zeigte sich eine knappe halbe Stunde später in der Region von Shanksville, Pennsylvania. Dort fand die vierte Maschine, jener mysteriöse Flug 93, ein jähes Ende. Wieder wollte es ganz offenbar der von Verteidigern der offiziellen These – oder besser: der *offiziellen Verschwörungstheorie*, wie manche es nennen – bereits arg strapazierte Zufall, dass die *Hercules* nur wenige Minuten vor dem Absturz von Flug 93 exakt am Ort des grausigen Geschehens auftauchte. Der Pilot der *C-130* konnte später als Colonel Steve O'Brien identifiziert werden. Wie er erklärte, befand er sich am betreffenden Morgen auf dem Weg von der *Andrews Air Force Base* zurück zur Heimatbasis in Minnesota. Er habe sowohl die im extremen Sinkflug befindliche *Boeing 757* gesehen, den unmittelbar anschließenden Feuerball am Pentagon sowie später auch die qualmende Absturzstelle des vierten Jets, als er auch dort ganz zufällig vorbeiflog. Hatte er in Wirklichkeit den Auftrag hierzu? Handelte es sich bei der *C-130* um eine jener von *Raytheon* modifizierten Maschinen?

Bisher kann darüber nur spekuliert werden. Tatsache bleibt aber, dass sich die Präsenz ausgerechnet einer *Hercules* an zwei Schauplätzen geradezu nahtlos in das gesamte Fernsteuerungsszenario einreiht und sämtliche Technologie hierzu absolut im realen Bereich anzutreffen ist. Natürlich gab es vor allem für die Angriffsflüge auf New York und Washington genügend andere Möglichkeiten, geeignete Kommandozentralen für die wohl hinterhältigste, verbrecherischste und größte Verschwörung seit Pearl Harbour einzurichten.

Das Ende von Thutmosis III

Am 31. Oktober 1999 ereignete sich ein anderer Zwischenfall, der nicht allein heftige Diskussionen ausgelöst hat, sondern zu einem echten Politikum wurde. Damals geriet eine *Boeing 767-366ER* unter ungeklärten Umständen außer Kontrolle und stürzte rund 100 Kilometer südlich von Nantucket vor der US-amerikanischen Ostküste in den Atlantik.

Der umstrittene amerikanische Autor Webster Griffin Tarpley stellt in seinem Buch *Synthetic Terrorism – Made in USA* eine ungeheuerliche und daher wahrhaft unglaubliche Behauptung auf: Jener Flug, *EgyptAir 990* auf dem Weg nach Kairo, wurde *in voller Absicht* in die Katastrophe geführt. Manche werden nun fragen, was denn daran so unglaublich ist. Denn auch die amerikanische Behörde für Verkehrssicherheit, der *National Transportation Safety Board* (*NTSB*), geht davon aus. Grundsätzlich also scheint an der verbrecherischen Absicht kein Zweifel zu bestehen. Nur an einem Detail scheiden sich die Geister, und dieses Detail bestimmt alles. Der NTSB und vor allem das FBI sehen in diesem tragischen Vorfall, der 217 Menschen das Leben

kostete, einen über alle Maße egozentrischen, skrupellosen Selbstmord – nicht unbedingt einen religiös motivierten Terroranschlag.

Der NTSB ist lediglich für die Ermittlung technischer Unzulänglichkeiten zuständig, um anschließend den Hersteller des jeweiligen
Transportmittels in die Pflicht zu nehmen. Doch nachdem die gebor-
genen Wrackteile der Maschine keine Hinweise auf mechanische Fehler lieferten, war die Arbeit für diese Behörde offiziell erledigt. Allerdings übergab sie sämtliche weiteren Untersuchungen an das FBI, da
die bisherigen Ergebnisse auf einen verbrecherischen Akt hindeuteten,
ausgeübt durch den Co-Piloten Gameel al-Batouti. Nach den Stimm-
recorder-Auswertungen habe er willentlich einen radikalen Sturzflug
eingeleitet, als der Chef-Pilot Mahmoud El Habashy das Cockpit
verlassen hatte, um die Bordtoilette aufzusuchen. Der Auslöser für den
Absturz war demnach ein durchgedrehter Co-Pilot! Nach der offiziellen Darstellung kam die Absicht also »von innen«.

Wenn hingegen Tarpley ebenfalls einen absichtlich eingeleiteten
Absturz beschreibt, so kam seiner Meinung nach der Impuls »von
außen« – ferngesteuert. Jene *Boeing* mit der Registrierung *SU-GAP*,
von den Ägyptern nach einem berühmten Pharao des Neuen Reichs
auf *Thutmosis III* getauft, war somit nichts als eine beispiellos brutale
»Generalprobe« für die *Global-Hawk*-Technologie und eine geheimdienstliche Hinrichtungsmission, so glaubt nicht allein Webster Tarpley.
Denn an Bord befanden sich über 30 hochrangige ägyptische Militärs,
die in den USA trotz massiver Einwände der israelischen Regierung
gerade eine Ausbildung zum Flug von *Apache*-Helikoptern absolviert
hatten. Und so vermuteten auch ägyptische Medien eine CIA-*Mossad*-
Verschwörung mit vielleicht unterschiedlichen Zielen, jedoch glei-
chem Ergebnis. Die einen wollten den Tod einer ganzen Gruppe allzu
gut ausgebildeter ägyptischer Offiziere, die anderen wollten nicht
allein unter Testbedingungen sehen, ob das *Raytheon*-System funktionierte, sondern in einem absolut realen Szenario über dem Ozean
erproben, was sich rund zwei Jahre später, am 11. September 2001, auf
dem amerikanischen Festland wiederholen sollte. Eine wirklich ungeheuerliche Behauptung.

Aber was untermauert die offizielle These vom wild gewordenen
Co-Piloten? Echte Beweise gibt es hier nicht, und die ägyptischen
Behörden bezeichneten die entsprechende FBI-Behauptung als ebenso

lächerlich, wie die amerikanischen Behörden natürlich jegliche Alternativtheorie als abstrus einstufen. So ist das eben in derartigen Fällen.

Die Ägypter behaupten, der Co-Pilot müsse entweder einem anderen Flugzeug ausgewichen sein, es habe vielleicht auch einen mechanischen Fehler gegeben oder aber der Absturz war das Ergebnis von Sabotage, um die Offiziere aus dem Weg zu räumen. Doch die US-Ermittler sprechen von privaten Problemen und Streitigkeiten, die Batouti mit Kollegen gehabt hatte. Und bei der Bergung der Wrackteile wurden die Tonaufzeichnungen gefunden, die *Cockpit Voice Recordings* (VCR), aus denen die letzten Worte der Piloten hervorgehen. Als es Captain Habashi mit größter Anstrengung schaffte, das Cockpit wieder zu betreten, während der rapide Sturzflug bereits eingesetzt hatte, fand er einen verblüffend gefassten Co-Piloten vor, der mit ruhiger Stimme insgesamt elf Mal wiederholte:

»Ich vertraue auf Gott.«

Der letzte Dialog:

Habashi: Was ist los, was ist los?

Batouti: Ich vertraue auf Gott, ich vertraue auf Gott.

Habashi: Was ist los, Gameel? Was ist los?

Habashi: Was ist das? Was ist das? Hast du die Triebwerke gestoppt?

Habashi: Mach fort mit den Triebwerken! … Mach die Triebwerke aus!

Batouti: Sie sind aus.

Habashi: Zieh hoch! Zieh mit mir! Zieh mit mir! Zieh mit mir!

Stille.

Nachdem die Maschine in nur 36 Sekunden mehr als vier Kilometer Höhe verloren hatte und bereits mit Überschallgeschwindigkeit zu Boden stürzte, gelang es den beiden Piloten offenbar noch, sie wieder aufzufangen. Doch die auf die gesamte Struktur einwirkenden Kräfte waren bei diesem Tempo viel zu extrem und rissen den Jet auseinander. Die letzten Minuten ließen sich noch aus dem Radarprofil rekonstruieren, doch die Ursache für den Sturzflug war nicht klar. Die Computer der New Yorker Luftsicherung zeigten nur noch »XXXX« an, eine Fehlermeldung wegen unzulässiger Werte. Der Flugschreiber hatte allerdings aufgezeichnet, dass Batouti offenbar zwei Aktionen fast simultan ausführte: Zunächst setzte er den Schub auf annähernd Minimum ab, dann, nur eine Sekunde später, drückte er das Höhenru-

242

der am Heckleitwerk nach unten und leitete damit den Sinkflug ein. Folglich scheint klar, dass er in voller Absicht handelte. Auch sein ruhiges Verhalten sprach für eine vorbereitete Tat. Die FBI-Ermittler gehen davon aus, dass Captain und Co-Pilot während der letzten zwei Minuten ihres Lebens einen verzweifelten Kampf gegeneinander führten. Der Captain versuchte, das Höhenruder auf seiner Seite hochzuziehen, gleichzeitig aber drückte Batouti das Ruder nach unten. Und als man später das abgerissene Heckleitwerk aus dem Wasser fischte, habe man dann auch die beiden genau entgegengesetzt gestellten Höhenruder gesehen. Völlig anomal, doch in diesem Zusammenhang wohl verständlich.

Trotzdem hinterließ der Fall vor allem bei den ägyptischen Behörden ein gewaltiges Fragezeichen. Sie forderten Tests von *Boeing*, wie sich das Leitwerk und andere technische Komponenten unter dem Einfluss von Überschallgeschwindigkeit verhielten – hierfür war das Flugzeug schließlich nicht konstruiert worden. Zudem ging aus den VCRs nicht eindeutig hervor, dass Batouti den Absturz willentlich

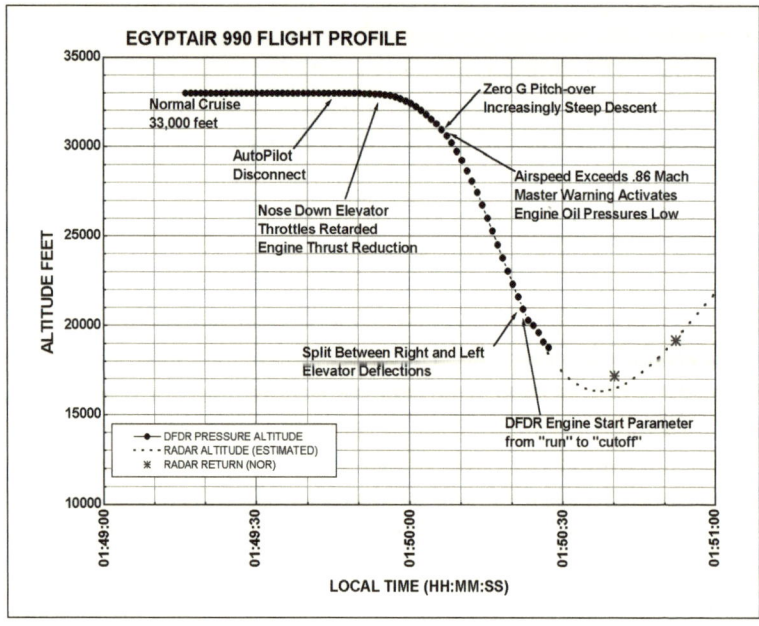

*Kurve des Todes – der fatale Flugverlauf von **EgyptAir 990**. Was war die Ursache?*

eingeleitet hatte. Auch die Äußerungen Habashis legen dies keinesfalls nahe. Er fragt, ob Batouti die Turbinen gestoppt habe, und Batouti bestätigt dies. Der Captain schreit nicht ein einziges Mal »Was tust *du* da?«, sondern »Was ist los?« – Dieser Unterschied ist so unbedeutend nicht. Hier soll es nicht darum gehen, um jeden Preis zu beweisen, dass Batouti *nicht* der Auslöser der Katastrophe war, doch zumindest darauf hingewiesen werden, wie die US-Ermittler aus einer letztlich unklaren Situation einen ziemlich eindeutigen Schluss ziehen und damit die Täterschaft des Co-Piloten gleichsam festnageln. Gameel al-Batouti wäre demnach ein ägyptischer Selbstmordattentäter gewesen, dem der Tod von über 200 Passagieren nichts bedeutete. Was war er für ein Mann?

Al-Batouti stammte aus einer wohlhabenden Familie und hatte jahrelang in der ägyptischen Armee gedient. Dort erhielt er auch seine Ausbildung als Pilot und Fluglehrer. Im Herbst 1987 kam er zur *EgyptAir* und flog auf verschiedenen Maschinen, vor allem *Boeing 767*. 1999 war er der dienstälteste Pilot und stand unmittelbar vor seiner Pensionierung – denn wer älter als 60 Jahre ist, darf keinen kommerziellen Jet mehr steuern. Noch drei Monate, dann wäre al-Batouti in den Ruhestand gegangen. Zum Zeitpunkt seines Todes hatte er geschlagene 12 538 Flugstunden absolviert. Der vermeintliche Suizid-Pilot musste sich keine finanziellen Sorgen machen, war verheiratet und hatte fünf Kinder; seine zehnjährige Tochter litt an Lupus, wurde aber in Los Angeles erfolgreich behandelt. Die Familie besaß ein schönes Haus in Kairo und ein Ferienhaus am Mittelmeer. Wiederholt versuchten westliche Medien, eine Verbindung Batoutis zu terroristischen Organisationen nachzuweisen, doch nichts. Nach Aussagen von Freunden und Familienangehörigen war er weder sonderlich politisch noch sonderlich religiös. Er sympathisierte mit den Vereinigten Staaten, kannte jede Einkaufsstraße in New York und hatte Donald Duck, der in Ägypten und der arabischen Welt als »Batout« bekannt ist, zum Familienmaskottchen gewählt.

Alles in allem erweist sich der zuverlässige *EgyptAir*-Pilot bislang kaum als geeigneter Kandidat für eine suizidale Terrorattacke. Hinzu kommt die in Ägypten kulturell tief verwurzelte Abneigung gegen jegliche Form von Selbsttötung.

Was aber konnte ihn dann doch zu jener Wahnsinnstat bewogen haben? Private Probleme? Laut einiger Recherchen soll Batouti einen offiziellen Verweis erhalten haben, da er sich im New Yorker *Hotel Pennsylvania* einigen weiblichen Gästen gegenüber ungehörig verhalten habe. Wie es heißt, führte die Beschwerde eines Passagiers von Flug 990 (Route Los Angeles–New York–Kairo) dazu, dass die Behörden al-Batouti das Privileg untersagten, künftig die Vereinigten Staaten anzufliegen. Das bedeutete, der betreffende Flug sollte in jedem Fall sein letzter sein. Löste also verletzter Stolz die Katastrophe vom 31. Oktober 1999 aus? War das Grund genug für einen altgedienten Piloten, am Steuerknüppel durchzudrehen?

Viele Ägypter sind temperamentvoll. Aber wer Temperament besitzt, ist deshalb in aller Regel noch lange nicht irre. Drei Monate später hätte al-Batouti privat in die Staaten einreisen können. Und wenn ihm schon die 200 Fluggäste egal waren, dann doch sicher nicht seine Familie. Sofern er wirklich den Todessturz auslöste, muss das auf jeden Fall eine völlig unerklärliche Kurschlusshandlung gewesen sein. Einen Tag zuvor hatte er noch einen Autoreifen in New Jersey gekauft und im Reisegepäck nach Kairo dabei, außerdem einige Viagra-Tabletten – wie es heißt, als »Geschenk für Freunde«. Allmählich wird die Geschichte vom Selbstmörder al-Batouti, der aus verletztem Selbstwertgefühl heraus einen extrem barbarischen Freitod im Linienjet wählte und damit zum Massenmörder wurde, immer unwahrscheinlicher. Sein Ehrgeiz schien sich ebenfalls in Grenzen zu halten. So hatte er schon längst darauf verzichtet, vom Co-Piloten zum Captain aufzusteigen, da sein Englisch für die Prüfung wohl nicht ausreichend war, außerdem wollte er gar nicht weiter avancieren, da er als langjähriger erster Offizier seinen Flugplan ohnehin recht individuell gestalten durfte. Das kam natürlich auch der Familie zugute. Insgesamt spricht das alles kaum für einen von Ehrgeiz zerfressenen Menschen, dessen Verstand plötzlich aussetzte, als der Captain kurz auf die Bordtoilette ging.

Eine mörderische Generalprobe?

Angesichts all jener Widersprüche und weiterer Mysterien um Flug 990 gelangen Autoren wie Webster Griffith Tarpley zu der bizarren Alternativthese, dass Batouti zwar zum üblichen Sündenbock gemacht wurde, zum Vorzeigetäter, dass er aber nie und nimmer das tödliche Manöver der *Thutmosis III* ausgelöst hatte. Der Steuerbefehl kam Tarpleys Ansicht nach möglicherweise nicht aus dem Cockpit, sondern von außen: »Vielleicht stand *Egyptair 990* nicht mehr länger unter der Kontrolle seiner Piloten, sondern wurde nun aus der Ferne vom *Global-Hawk*-System der *Air Force* gesteuert, der gleichen Technologie, die zur Lenkung der in Afghanistan eingesetzten *Predator*-Drohne genutzt wurde ... Vielleicht war *Egyptair 990* die ausgewählte *Boeing* für die Generalprobe zu 9/11. Im Lichte der nachfolgenden Ereignisse ist diese Hypothese bei Weitem glaubwürdiger als die absurde Erklärung, wie sie vom NTSB und seinem Lakaien Langewiesche verfochten wird.« Tarpley bezieht sich hierbei auf den ehemaligen amerikanischen Piloten und Autor William Langewiesche, der kurz nach dem 11. September 2001 einen ausführlichen Artikel über den Absturz von *EgyptAir 990* veröffentlichte und darin versuchte, die offizielle Darstellung zu verteidigen.

Eine, gelinde gesagt, merkwürdige Rolle spielte auch der Fluglotse von *EgyptAir 990*, Pete Zalewski. Es ist derselbe Zalewski, der zwei Jahre später in der Bostoner Flugleitzentrale für die beiden *Boeing 767* zuständig ist, die in Turm 1 beziehungsweise Turm 2 des *World Trade Centers* hineinrasen.

Als Flug 11 den Kurs ändert und der Pilot nicht mehr auf weitere Weisungen reagiert, versucht Zalewski noch ganze zehn Minuten lang, eine Verbindung herzustellen, anstatt sofort Alarm zu schlagen. Offenbar sieben Minuten nach Kontaktabbruch, um 8.21 Uhr (hier werden unterschiedliche Zeiten angegeben) schaltet irgendjemand den Transponder im Cockpit ab. Zalewski, der nunmehr schon begonnen hat, sich Sorgen zu machen, sagt später aus, zu diesem Zeitpunkt sei ihm klar geworden, dass etwas mit der Maschine ernstlich nicht stimmen könne. Erst jetzt zieht Zalewski angeblich einen Vorgesetzten hinzu. Um 8.24 Uhr muss jemand in der Maschine den Talk-back-Knopf gedrückt und damit den Funkkanal geöffnet haben. In der Bostoner Leitzentrale war nun in gebrochenem Englisch zu hören: »Wir haben einige Flugzeuge. Bleiben Sie einfach ruhig und es wird Ihnen nichts geschehen. Wir fliegen zurück zum Flughafen.« Zalewski erklärt, er habe nicht verstanden, was gesprochen wurde, und zurückgefunkt: »Wer versucht mich zu rufen?« Sekunden später hört er aus der Maschine: »Niemand bewegt sich. Alles wird in Ordnung kommen. Wenn Sie versuchen, irgendwelche Bewegungen zu machen, gefährden Sie sich und das Flugzeug.« Zalewski versteht immer noch nicht, und ein FAA-Vorgesetzter gibt später zu Protokoll: »Wir wussten nicht, woher die Übertragung kam, was gesagt wurde und wer es sagte.« Ein anderer leitender Beamter der gleichen Behörde ergänzte: »Der Funkspruch war keinem Flug zugeordnet. Niemand gab eine Flugnummer durch.« Und in einem der ersten offiziellen FAA-Berichte ist die Rede davon, dass diese Funksprüche »von einem unbekannten Ursprungsort« herrührten.

Nachdem Flug 11 um 8.46 Uhr als Feuerball im Nordturm verschwunden ist, »kümmert sich« Zalewski um die zweite Maschine, und wieder tut er im Grunde nichts, bis das Flugzeug in den Südturm donnert. Somit war dieser Fluglotse für insgesamt drei Maschinen verantwortlich, die allesamt verunglückten. Manche haben behauptet, Zalewski sei in Wirklichkeit ein CIA- oder *Mossad*-Agent, doch wurde weder dies noch das Gegenteil wirklich nachgewiesen.

Um noch kurz auf *EgyptAir 990* zurückzukommen und die Schilderung hier abzuschließen: Wenn sich mit dem Vorfall nicht eine ganz besondere Hintergrundgeschichte verbindet, warum weigern sich dann die US-Behörden, bestimmte Daten freizugeben, die auf verschiedene unidentifizierte Radar-Echos aus der Umgebung von Flug 990 hindeuten? Irgendetwas scheint dort gewesen zu sein. Vielleicht gar eine *C-130*? Könnte also Webster G. Tarpley mit seiner zunächst weit hergeholt wirkenden Vermutung am Ende doch recht behalten, dass jene Flugkatastrophe eine konzertierte Geheimaktion war, eine Generalprobe des *Global-Hawk*-Systems? Waren schon damals bei einigen *Raytheon*-Mitarbeitern dieses Projekts gewisse Verdachtsmomente aufgekeimt, welches Spiel hier wirklich getrieben wurde? Nur, die seltsamen Manöver von Flug 990 konnte niemand direkt sehen, die Maschine stürzte vom dunklen, abendlichen Himmel in den Atlantik. Der 11. September hingegen entwickelte seinen albtraumhaften Schrecken im Licht der ganzen Welt, jeder konnte sehen, was dort geschah. Jeder konnte die wahnwitzigen, die halsbrecherischen Manöver vor allem des Pentagon-Fluges bald ohne Weiteres nachvollziehen, die Publizität war also hier eine ganz andere. So schnell Flug 990 im Ozean versank, so schnell versank er auch bei den meisten in Vergessenheit. Und die

Behörden legten ihre offizielle Erklärung zügig vor, das Ganze war demnach ein wirklich »klarer Fall«.

Die Widersprüche von 9/11 ließen sich nicht so leicht unter den Tisch kehren. Wer bis dahin ahnungslos an *Global Hawk* mitgearbeitet hatte, würde allerdings wohl spätestens am 11. September erkannt haben, wofür er hier seine ganze Kraft und seine Ingenieurskunst missbrauchen ließ. Nein, die betreffenden und später selbst vom hausgemachten Terror betroffenen *Raytheon*-Mitarbeiter mussten keineswegs schon zuvor in ein solches Vorhaben eingeweiht gewesen sein. Vielleicht sind es gerade einmal zwei Dutzend extrem loyale und skrupellose Persönlichkeiten im Dunstkreis der US-Schattenregierung, die überhaupt die ganze Wahrheit von 9/11 kennen und damals auch die komplexe Planung übernahmen.

Wer jedoch an geheimer Technologie arbeitet, muss noch längst nicht wissen, wofür diese Technologie dann später eingesetzt wird. Diese Aufgabe fällt nicht mehr in das Ressort der Entwickler, genauso wenig wie es Aufgabe des NTSB ist, über festgestellte technische Mängel hinaus auch noch Nachforschungen zu einem möglicherweise mit einem Verkehrsunglück zusammenhängenden Verbrechen anzustellen.

Die Geheimhaltungsstufe ist nicht alles. Wer über eine *Top-Secret-Clearance* verfügt, besitzt damit nicht automatisch auch Zugang zu sämtlichen »TS« eingestuften Informationen, ebenso wenig wie jemand, der im fünften Stock eines Bürohauses wohnt, automatisch Zugang zu jedem Raum dort hat. Die horizontale Schichtung der Geheimhaltung wird ebenso strikt vertikal unterteilt und in einzelne, meist nur sehr schmale Tortenstücke geschnitten. Die Bemessungsgrundlage dieser Sektionierung nennt sich »need-to-know«, jeder darf nur so viel wissen, wie zur Erfüllung seiner Aufgabe absolut erforderlich ist. Nicht mehr und auch nicht weniger. In der Praxis nicht immer leicht bestimmbar, doch das System funktioniert trotzdem. Mancher ahnt vielleicht das eine oder andere, möglicherweise wird gemunkelt, Gerüchte gehen wie überall, wo es Menschen gibt, auch in diesen »Sphären« um. Außerdem bietet sich vor allem hier das Verwirrspiel mit der Geheimhaltung und der Desinformation oft ebenso sinnvoll an wie auch in der öffentlichen Berichterstattung.

Ja, gewisse Ahnungen mögen die *Raytheon*-Leute schon gehabt haben. Nicht zuletzt David Kovalcin, der kurz vor den Anschlägen des

11. September plötzlich von ungewöhnlichen Schlafstörungen geplagt wurde, mag diese gewissen Ahnungen entwickelt haben. Eine Ursache muss sein unruhiger Schlaf doch gehabt haben. Richtig: Zufall – und nichts anderes, wie immer eben! Möglich aber, dass diese an *Global Hawk* arbeitenden *Raytheon*-Leute bereits skeptisch wurden, als sie vom Schicksal des *EgyptAir*-Fluges 990 erfuhren, und dass sie zudem noch andere fragmentarische Kenntnisse besaßen, die sich allmählich zu einer vagen Befürchtung verdichteten. Nur dass nichts davon wirklich greifbar gewesen wäre. All jene Ahnungen hätten sich allerdings am 11. September 2001 zwangsläufig materialisiert, und genau das musste verhindert werden. Das so oft gefahrene Zeugenbeseitigungs-Programm trat wieder in Aktion. Diese Männer wussten wahrlich zu viel. Sie zählten aber nicht zum skrupellosen Kreis derer, die wirklich für 9/11 verantwortlich zeichneten. Und genau deshalb stellten sie eine ernste Gefahr dar. Sie hätten angefangen zu reden, sie wussten, dass sämtliche Technologien existierten, um die Flugzeuge ferngesteuert in die Gebäude zu fliegen. Sie können weitere schwer belastende Einzelheiten gekannt haben. Nein, beweisen lässt sich das alles nicht. Naiv, dies in Anbetracht der Umstände zu erwarten! Denn das große Puzzle von 9/11 mit all seinen Facetten ist weitgehend unvollständig. Die US-Behörden haben zu viele Teile davon geraubt, die wichtigsten nämlich. Beweismaterial wurde konfisziert oder schleunigst beseitigt. Was die offizielle Verschwörungstheorie gefährdete, kam unter Verschluss. Wie üblich eben. Dennoch blieben genügend Steinchen im vermeintlich bereinigten Bild zum Vorschein, die so gar nicht reinpassen wollen.

Vorbereitungen für »Projekt 9/11«

Flug 990 mochte eine Generalprobe gewesen sein oder nicht. Auch dies ist ungewiss. Doch weitreichende und streng geheime Tests und Vorbereitungen für den hausgemachten Terror müssen irgendwo durchgeführt worden sein. Nur wo?

Die amerikanische Öffentlichkeit stellt sich schon lange die Frage, was in aller Welt die immense Abschottung der legendären US-Forschungs- und Teststätte am Groom Lake in Nevada rechtfertigt, jener berühmten *Area 51* – auch als »Dreamland« bekannt. Denn diese Abschottung geht weit über das Gewohnte hinaus. Immer noch wird allein die Existenz dieser einzigartigen Basis von offizieller Seite großteils abgestritten. Der gesperrte Luftraum R-4808E darf nicht einmal von Fliegern der angegliederten *Nellis Air Force Base* überquert werden, sämtliche direkten Blickpunkte bis auf 40 Kilometer Distanz sind bereits von den Betreibern vereinnahmt worden, und jeder, der in das Gelände eindringt, darf erschossen werden. Tikaboo Peak, der einzige verbliebene Ort, von dem aus die Basis sichtbar ist, liegt in weiter Ferne und erhebt sich auf eine Höhe von fast 2500 Meter. Dorthin weist kein markierter Wanderpfad! Ein steiler Aufstieg durch unwegsames Gelände führt über weite Granithänge zu einem »falschen Gipfel« und von dort über einen schmalen Grat schließlich hinauf zur kargen, steinigen Bergspitze. Nach Westen öffnet sich von hier ein grandioses Panorama über das breite Tikaboo Valley. Jetzt schimmern die hellen Dachflächen der riesigen Hangars von *Area 51* ganz in der Ferne durch die flirrende Luft, dort unten am Fuß der Groom-Berge. Ein erster Blick – aus über 40 Kilometer Distanz. Da bedarf es schon sehr starker Optiken, um brauchbare Bilder jener immer noch hoch geheimen Forschungsstadt zu schießen. Immer wieder tauchen hier unbekannte Flugkörper am Himmel auf. Geheimnisse werden sichtbar, und wenn nur für Augenblicke.

Schon das Land bis zur eigentlichen Sperrzone gilt als rechtsfreie Grauzone, eine Pufferzone, die gespickt ist mit Sensoren und Kameras. Hier patrouillieren Spezialeinheiten rund um die Uhr, um US-Bürger sogar von öffentlichem Land möglichst schnell zu vertreiben. Auf dem Terrain von »Dreamland« schließlich treten die US-Gesetze vollends außer Kraft. Was kann es sein, so fragen demnach engagierte Beobachter des Geschehens, was in aller Welt kann es sein, das so geheim ist und so massiv vor den Augen aller verborgen werden muss? Die Antwort erhielt die Welt am 11. September 2001.

Area 51 steht als Teststätte des Luftwaffen-Flugtestzentrums der schon erwähnten kalifornischen *Edwards Air Force Base* in der langen Tradition von geheimer Flugtechnologie an der vordersten Front des US-Militärs und der großen Geheimdienste des Landes. »Schwarze Projekte«, die in den Budgetlisten des Pentagon nicht mehr ausgewiesen sind, haben hier ihr Zuhause. Die auf *Area 51* getesteten Fluggeräte sind so utopisch, dass manche vermuten, sie stammen nicht von dieser Welt. Immer mehr in den Vordergrund rückt dabei vor allem die Entwicklung unbemannter Systeme, also von Drohnen – darunter neben etlichen anderen auch *Global Hawk*!

Wer *Area 51* wirklich betreibt, das steht nirgends offiziell geschrieben. Dennoch sind über die Jahre so manche Informationen darüber ans Licht gekommen.

Ursprünglich eine CIA-Einrichtung, finden sich ebenso der für Satellitenaufklärung zuständige Geheimdienst NRO und der technische Geheimdienst NSA dort wieder, Regierungsbehörden wie das Atomenergieministerium und natürlich das Pentagon, ebenso die US-Marine und -Luftwaffe, aber auch einige mächtige Konzerne – darunter vorrangig *Lockheed* und *Northrop*. Lange Zeit federführend agierte auf *Area 51* das einflussreiche Unternehmen *EG&G Technical Services*. Noch spannender wird alles durch die Tatsache, dass auch *Raytheon* seine Finger tief im Spiel um *Area 51* hat, allein schon als NRO-Kontraktor. Sowohl *Raytheon* als auch *E-Systems* fanden sich bereits vor ihrer Fusion auf der geheimen Basis wieder. Die Verflech-

Die massiv gesicherte und abgeschottete geheime Test- und For-schungsstätte **Area 51** *im US-Bundesstaat Nevada. Hier agieren die großen Geheimdienste, das Militär und Rüstungskonzerne gemein-sam, eine Exekutive der US-Schattenregierung. Wurden hier auch Vorbereitungen für 9/11 getroffen?*

tungen werden immer spannender, denn auch *Hughes Aircraft*, heute
ebenfalls zu *Raytheon* gehörend, ist auf der abgelegenen Wüstenbasis
anzutreffen. Hinzu gesellt sich *Bechtel*, ein für riesige Bauprojekte und
Tunnelkonstruktionen zuständiger Konzern, der auch unmittelbar zu
den Bergungsarbeiten bei *Ground Zero* in Manhattan hinzugezogen
wurde. Als enger Verbündeter darf hier natürlich auch die *Carlyle
Group* nicht fehlen, in der die zarten Bande der Familien Bush und bin
Laden zusammenlaufen – und in der auch das einzige zur Herstellung
eines Anthrax-Impfstoffes legitimierte Unternehmen seine Wurzeln
hat. Noch unheimlicher aber: Im Herbst 1999 ging das bis dahin als
wesentlicher Betreiber von *Area 51* angesehene Unternehmen *EG&G
Technical Services* temporär in den Besitz von *Carlyle* über. Damit stand
Area 51 unter dessen wesentlicher Kontrolle. Um sich genau drei Jahre
später wieder auszuklinken. Schon interessant, dass ausgerechnet jene
Firma sich zwei Jahre vor den gewaltigen Terrorangriffen und nur
wenige Wochen vor dem *EgyptAir*-Absturz in *Area 51* einkaufte, um
ein Jahr nach 9/11 wieder andere Wege zu gehen!

Recht seltsam! Noch im Mai 2001 entstand ein neues Rollfeld auf
der immer stärker abgeschotteten Anlage, und einige Beobachter des
Geschehens vermuten, dass diese neue Piste vor allem für Drohnen
ausgerichtet wurde. Alles wirklich blanker Zufall?

Die hinter hohen Bergen in einem gewaltigen Niemandsland der
Geheimhaltung verborgene Wüstenbasis von »Dreamland«, das sich
über rund 1600 Quadratkilometer erstreckt und selbst nur ein kleiner
Teil der weit größeren *Nevada Test Site* ist, wäre wohl der am besten
geeignete Ort für eine verborgene Generalprobe der *Global-Hawk*-
Technologie und des 11. September 2001 gewesen. Hier konnten die
Schattenregierung der USA und ihre Handlanger völlig unbeobachtet
tätig werden. Dieser Feind in den eigenen Reihen scheint die beste
Erklärung für die enorme Abschottung zu sein, die hier praktiziert
wird. Auch wenn es sich wohl nie beweisen lässt, »Dreamland« dürfte
die erste Wahl für zahlreiche Vorbereitungen von »Projekt 9/11« gewesen sein.

In diesem Buch ging es um wirklich viele ungewöhnliche und
ungeklärte Todesfälle, um vermeintliche Selbstmorde wie auch Unfälle. Bis auf wenige Ausnahmen standen sie alle in einem mehr oder
minder direkten Zusammenhang mit der grauenvollen Terrorwelle,

wie sie am 11. September 2001 in Manhattan und Washington einsetzte. Mächtige Interessen waren hier wie stets die wesentlichen, die bewegenden Kräfte. Wir haben im Grunde nur ein Kapitel der unfassbaren Geschichte beleuchtet und das Augenmerk auch nur auf einen engen Ausschnitt aus dem tödlichen Panoptikum gerichtet, das wir um zahlreiche wirklich große Verschwörungen beinahe stets antreffen.

Mysteriöse Todesserien folgten dem 11. September 2001 ebenso wie seinerzeit dem Attentat auf John F. Kennedy oder der Entwicklung des »*Star-Wars*-Projektes«. Sie finden sich bei finsteren Aktivitäten im Dunstkreis des US-Justizministeriums wie im Umfeld von Bankenskandalen oder auch der CIA-Drogen-Verbindung. Mysteriöse Todesserien sind ein weltweites »Phänomen«. Denken wir auch nur an die Erkenntnisse des russischen Geheimdienstlers Alexander W. Litwinenko und seinen tragischen Tod. Er hatte brisante Informationen über die Zerschlagung des russischen Ölkonzerns *Jukos* aufgedeckt und war an Unterlagen gelangt, die ganz offenbar harte Beweise für eine Todesserie unter Mitarbeitern des Unternehmens lieferten, vor allem auch dafür, dass es sich um Morde handelte, an denen die Regierung beteiligt war. Das war nur eine Facette von Litwinenkos Nachforschungen.

Am 1. November 2006 stellte der Geheimdienstler deutliche Vergiftungserscheinungen an sich fest und ließ sich mit einer furchtbaren Vorahnung in die Klinik einweisen. Litwinenko verfiel in den folgenden Tagen zusehends. Die Ärzte stellten radioaktive Substanzen in seinem Körper fest, vor allem Polonium-210. Drei Wochen später starb der Geheimdienstler qualvoll. An jenem letzten Tag seines Lebens gab er noch ein Interview für die Londoner *Times* und erklärte den Journalisten völlig entkräftet, vom Kreml zum Schweigen gebracht worden zu sein. Wenige Stunden später war er tot.

Juristen, Journalisten und Geheimdienstler starben teils wie die Fliegen weg, sobald sie allzu gefährliches, weil verräterisches Wissen angesammelt und sich zu tief in den Morast jener finstersten Winkel verborgener Aktivitäten vorgewagt hatten. Verdeckte Mordserien dieser Art hat es immer gegeben, und es wird sie immer geben. Sie sind leider keine Produkte der Fantasie, sondern bittere Realität. All jenen Opfern der Macht ist eines gemein:

Sie mussten unbedingt sterben, denn sie wussten zu viel!

Ergänzende Literatur

Dieses bewusst kompakt gehaltene Verzeichnis erhebt naturgemäß keinerlei Anspruch auf Vollständigkeit. Es stellt weder ein Quellenverzeichnis des Autors noch eine Empfehlung dar, sondern listet teils auch allgemeine Literatur zum Thema auf. Viele der aufgeführten Werke sind in der Regel relativ leicht zugänglich, liegen bis auf einige Ausnahmen in deutscher Sprache vor und lassen eine weitere eigenständige, ergänzende Beschäftigung mit dem Thema zu. Das Verzeichnis enthält keine Zeitschriftenbeträge oder Zeitungsartikel.

Die Auflistung spiegelt keine Identifikation mit den jeweils vertretenen Theorien oder politischen Ansichten der Autoren wider. Hier können selbst völlig konträre Ansichten zur Sprache gebracht sein.

Ben-Zwi, H. (Hrsg.): *CIA – Geheime Macht oder modernes Regierungsinstrument*; Geo, Düsseldorf 1976

Brisard, Jean-Charles; Dasquié, Guillaume: *Die verbotene Wahrheit – Die Verstrickungen der USA mit Osama bin Laden*; Pendo, Zürich/ München 2002

Ford, Franklin L.: *Der politische Mord – Von der Antike bis zur Gegenwart*; Rowohlt, Reinbek 1972

Grey, Stephen: *Das Schattenreich der CIA – Amerikas schmutziger Krieg gegen den Terror*; dva, München 2006

Hatfield, James H.: *Das Bush-Imperium – Wie George W. Bush zum Präsidenten gemacht wurde*; Atlantik, Bremen – Montréal 2002

Hopsicker, Daniel: *Barry & The Boys – The CIA, The Mob and America's Secret History*; MadCow, Noti/Oregon (USA) 2001

Ignatieff, Michael: *Das kleinere Übel – Politische Moral in einem Zeitalter des Terrors*; Philo, Hamburg–Berlin 2005

Jacobs, Peter: *Auftrag Mord – Attentäter und ihre Hintermänner*; Weltkreis, Köln 1987

Kalinka, Werner: *Der Fall B. – Der Tod, der kein Mord sein darf*; Ullstein, Frankfurt–Berlin, 1993

Kean, Thomas H.; Zelikow, Philip et al.: *The 9/11 Commission Report – Final Report of the National Commission on Terrorist Attacks upon the United States*; mit deutschsprachiger Einführung; Ringier, Berlin 2004

Liman, Paul: *Der politische Mord im Wandel der Geschichte – Eine historisch-psychologische Studie*; Hofmann, Berlin 1912

Middendorf, Wolf: *Der politische Mord – Ein Beitrag zur historischen Kriminologie*, Bundeskriminalamt, Wiesbaden 1968

Ostrovsky, Victor: *Geheimakte Mossad – Die schmutzigen Geschäfte des israelischen Geheimdienstes*; Goldmann, München 1994

Pearl, Mariane: *Ein mutiges Herz – Leben und Tod des Journalisten Daniel Pearl*; Scherz, Frankfurt 2004

Raith, W., Schmid, T.: *Politische Morde – 17 Fälle des 20. Jahrhunderts*; Die Werkstatt, Göttingen 1996

v. Rétyi, Andreas: *Bilderberger – Das geheime Zentrum der Macht*; Kopp, Rottenburg 2006

v. Rétyi, Andreas: *Die unsichtbare Macht – Hinter den Kulissen der Geheimgesellschaften*; Kopp, Rottenburg 2002

v. Rétyi, Andreas: *Geheimbasis Area 51 – Die Rätsel von Dreamland*; Kopp, Rottenburg 1998

v. Rétyi, Andreas: *Macht und Geheimnis der Illuminaten*; Kopp, Rottenburg 2004

v. Rétyi, Andreas: *Skull & Bones – Amerikas geheime Macht-Elite*; Kopp, Rottenburg 2003

v. Rétyi, Andreas: *Streng geheim – Area 51 und die Schwarze Welt*; Kopp, Rottenburg 2001

v. Rétyi, Andreas: *Die Terror-(F)Lüge – Der 11. September 2001 und die besten Beweise, das wirklich alles anders war*; Kopp, Rottenburg 2007

Ruddy, Christopher: *The Strange Death of Vincent Foster – An Investigation*, Free Press; New York 1997

Ruppert, Michael C.: *Crossing the Rubicon – The Decline of the American Empire at the End of the Age of Oil*; New Society Pubs, Gabriola Island (Kanada) 2004

Thomas, K., Keith, J.: *The Octopus – Secret Government and the Death of Danny Casolaro*; Feral House, Portland 1996

Tozzer, K., Kallinger, G.: *Todesfalle Politik – Vom OPEC-Überfall bis zum Sekyra-Selbstmord*; NP, St. Pölten–Wien 1999

Zentner, Christian: *... den Dolch im Gewande – Politischer Mord durch zwei Jahrtausende*; Südwest, München 1968

Bücher, die Ihnen die Augen öffnen

In unserem kostenlosen Gesamtverzeichnis finden Sie Klassiker, Standardwerke, preisgünstige Taschenbücher, Sonderausgaben und aktuelle Neuerscheinungen rund um die Themengebiete, auf die sich der KOPP VERLAG spezialisiert hat:

- Verbotene Archäologie
- Fernwahrnehmung
- Kirche auf dem Prüfstand
- Verschwörungstheorien
- Geheimbünde
- Neue Wissenschaften
- Medizin und Selbsthilfe
- Persönliches Wachstum
- Phänomene
- Remote Viewing
- Prophezeiungen
- Zeitgeschichte
- Finanzwelt
- Freie Energie
- Geomantie
- Esoterik
- Ausgewählte Videofilme und anderes mehr

Ihr kostenloses Gesamtverzeichnis aller lieferbaren Titel liegt schon für Sie bereit. Einfach anfordern bei:

KOPP VERLAG
Pfeiferstraße 52
D-72108 Rottenburg
Tel. (0 74 72) 98 06-0
Fax (0 74 72) 98 06-11
info@kopp-verlag.de
www.kopp-verlag.de